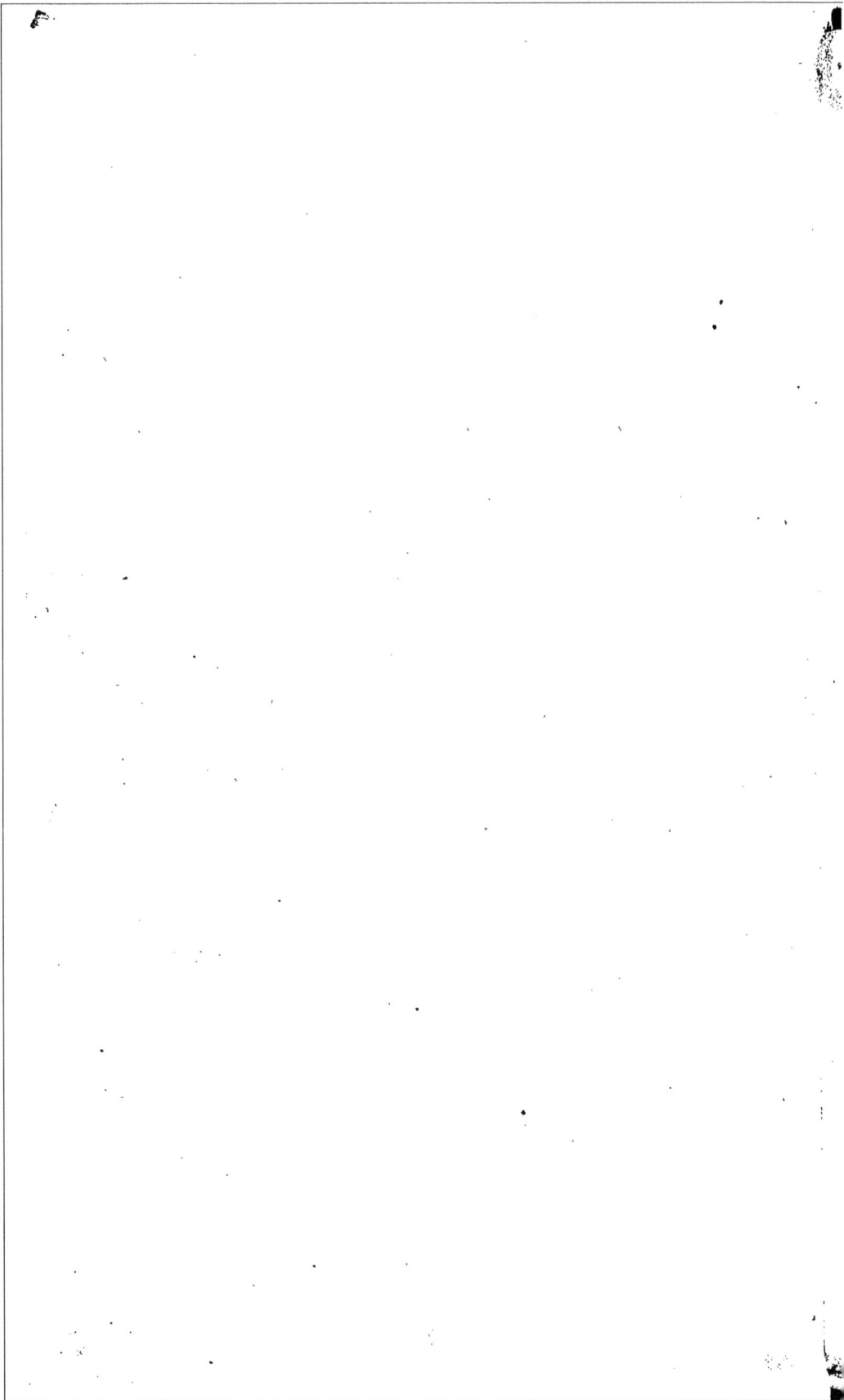

Se trouve A PARIS,

Chez RONDONNEAU, au dépôt des Lois,
place du Carrousel.

PROCÈS

INSTRUIT

PAR LE TRIBUNAL CRIMINEL

DU

DÉPARTEMENT DE LA SEINE,

Contre les nommés SAINT-RÉJANT, CARBON, et autres, prévenus de conspiration contre la personne du premier Consul;

SUIVI

Du Jugement du Tribunal de cassation qui a rejeté le pourvoi des Condamnés.

RECUEILLI PAR DES STÉNOGRAPHES.

TOME SECOND.

A PARIS,

DE L'IMPRIMERIE DE LA RÉPUBLIQUE.

Floréal an IX.

ERRATA du premier volume.

Dans les premières interpellations faites aux accusés par le président, les noms propres des lieux de naissance n'ont point été entendus parfaitement ; il faut les rétablir ainsi qu'il suit :

Page 2, *ligne* 5 : Laureslas, *lisez* Laurelut (Côtes-du-Nord).

      ligne 11 : quarante-un ans, *lisez* cinquante-six ans.

      ligne 13, *ajoutez* Veteuil (Eure).

Page 3, *ligne 3*, *ajoutez* Ploubalay, département, &c.

      ligne 12, *ajoutez* Stains.

      ligne 19 : Rue des Prouvaires, *lisez* Longuivi-Plangras (Côtes-du-Nord).

Page 4, *ligne 32* : Rue de la Loi, *lisez* Dillon (Sarthe).

Page 5, *ligne 8*, *ajoutez* Lamballe.

      ligne 16 : Marcilly, *lisez* Marcigny.

PROCÈS

Instruit par le TRIBUNAL CRIMINEL du département de la Seine, contre les nommés SAINT-RÉJANT, CARBON, et autres, prévenus de conspiration contre la personne du premier Consul.

LE PRÉSIDENT. Le commissaire du Gouvernement a la parole.

RÉSUMÉ du Commissaire du Gouvernement.

[*Gérard*, substitut.]

CITOYENS JURÉS,

J'ai long-temps hésité, et, je l'avoue, j'hésite encore à vous présenter quelques réflexions préliminaires sur l'horrible événement dont vous avez à constater les faits.

Maintenant que tous ces faits vous sont parfaitement connus, aurai-je besoin de vous dire autre chose pour exciter toute votre attention et toute votre sévérité, sinon qu'il s'agit ici de l'épouvantable attentat du 3 nivôse ?

Mais si la connaissance des causes d'un pareil

2.   A

événement peut être nécessaire à l'instruction de ceux qui m'entendent, et de ceux qui leur succéderont ; s'il n'est pas inutile, pour les progrès de la morale publique, de calculer jusqu'à quel point de dégradation les passions peuvent entraîner les hommes, dois-je garder le silence, parce que je sens la faiblesse de mes moyens ?

Non, citoyens jurés ; il faut faire le sacrifice de l'amour-propre à l'intérêt public.

Il suffit de se porter un moment à l'époque du 1.er frimaire an 8, d'observer quelle était la situation des affaires intérieures et extérieures de la République en ce moment, et de la comparer avec l'état actuel des affaires publiques ; il suffit, dis-je, de faire un moment cette comparaison, pour être bien pénétré des craintes qui devaient agiter, des sentimens qui devaient animer les ennemis de la France.

Il est aisé de sentir qu'ils avaient été affligés de la ruine de toutes leurs espérances ; qu'ils se saisiraient de tous les moyens qui pourraient se présenter, pour ramener un état de choses qui ferait renaître ces mêmes espérances ; qu'ils useraient de tous ceux, non pas que la morale, mais qu'une certaine politique permet, mais n'avoue pas ; qu'ils chercheraient à troubler l'ordre public dans leur patrie ; qu'ils chercheraient à contrarier toutes les vues du Gouvernement, à calomnier ceux qui gouvernent ; qu'ils chercheraient enfin à propager, s'il était possible, leurs idées et leurs principes.

Mais de tous ces moyens que l'on conçoit aisément, à celui qui a été employé, il y a une distance incommensurable. Français, combien vous devez être pénétrés d'horreur et pour le fanatisme religieux, et pour le fanatisme de l'ambition, et pour le fanatisme de la vile cupidité, puisqu'ils ont franchi cet immense

íntervalle, et qu'il a pu produire de pareils excès! Ah!
lâches assassins, vous n'avez pas entièrement consommé votre crime : si vous l'aviez consommé, vous
auriez produit un grand mal, un mal affreux. L'œil
ne parcourt qu'avec effroi cet épouvantable abîme,
où la pensée même va s'engloutir. Mais ce mal que
vous auriez fait, il eût été perdu pour l'exécution de
vos projets. J'ai besoin d'avoir cette pensée, pour
que le sentiment de la douleur ne m'entraîne pas trop
loin.

Oui, il eût été perdu pour l'exécution de vos
projets.

Avez-vous oublié, en effet, l'existence de ces
hommes chers à la patrie, que ce magistrat vertueux
avait associés à ses travaux ? Pensiez-vous qu'ils auraient lâchement abandonné le gouvernail de l'État ?
Aviez-vous oublié l'existence de ce Sénat, composé
de vétérans de la raison et de la liberté, qui tous
avaient prêté le serment de maintenir la Constitution de l'an 8, et qui tous auraient bravé la mort
sur leurs chaises curules, avant de trahir leurs ser-
mens !

Aviez-vous oublié l'existence de ce Corps législ-
latif, et de ce Conseil rempli de tant de premiers-nés
à la liberté, et de ses plus intrépides défenseurs !
Aviez-vous oublié l'existence de ce Tribunat, où les
intérêts de la patrie ont été si souvent discutés avec
l'énergie de l'éloquence et de la raison ! Aviez-vous
oublié l'existence de ces phalanges nombreuses de
héros, dont les actions et les triomphes remplissent
depuis dix ans l'univers d'admiration !

Aviez-vous oublié le nombre de leurs vaillans
chefs, les talens qui les distinguent, les principes
qui les animent ! Enfin, avant le développement de
ces moyens, aviez-vous oublié que, malgré les efforts
de la coalition de l'Europe entière, d'une partie de

A 2

l'Asie et de l'Amérique, si quelques portions de la France avaient été ébranlées, sa masse était restée indestructible.

Enfin aviez-vous pu penser que celui qui a fait fermer l'abîme sous les pas du premier magistrat de la République, aurait laissé la vertu sans vengeurs!

Voilà, citoyens, sous quel rapport politique, sous quel rapport moral, peut se présenter cette horrible journée du 3 nivôse. Maintenant je vais examiner avec vous les preuves légales qui constituent les faits. C'est principalement sur cette partie que je dois fixer toute votre attention.

A-t-il été formé un complot tendant au meurtre du premier magistrat de la République!

Vous avez entendu tous les faits, vous connaissez tous les moyens qui ont été employés, vous avez entendu tous les témoins. Eh bien! doutez-vous de l'existence de ce complot!

Pour exécuter ce complot a-t-on construit une machine meurtrière, et justement appelée infernale! En voilà les débris; voilà plus, voilà des preuves des effets qu'elle a produits. Bientôt je vous signalerai les constructeurs; et sans doute vous les avez déjà reconnus.

Cette machine a-t-elle été allumée! Qui peut donc douter maintenant de l'effet de l'incendie qu'elle a occasionné!

Cette machine a-t-elle tué, a-t-elle blessé des ci-toyens! Ai-je donc besoin de rappeler à votre sou-venir les scènes douloureuses dont vous avez été hier les témoins! Eh quoi! citoyens, faut-il encore faire passer en revue les malheureuses victimes de cette atrocité! Vous n'en avez que trop vu; mais vous n'en connaissez pas encore le nombre : vous avez entendu parler des horribles effets qu'a produits dans toutes les parties d'un des vastes quartiers de cette cité, l'horrible explosion de cette machine ; vous avez vu des citoyens qui, privés par elle de la lumière, ne reverront jamais les objets de leur affection, les triomphes de nos braves défenseurs, et la pompe touchante de nos fêtes nationales ; vous avez vu ce jeune homme couvert de tant de blessures, que son existence est une espèce de miracle, et vous l'avez entendu vous témoigner sa juste indignation en vous disant : *Que les constructeurs de cette machine ne l'ont-ils dans leurs entrailles !* Vous l'avez entendue cette jeune personne, vous dire : *En passant dans la rue Nicaise avec mon amie, j'ai été frappée d'un coup de foudre qui m'a renversée ; je ne me suis réveillée que long-temps après de ce sommeil de la mort, et je ne me suis réveillée que pour survivre à mon amie, morte à mes côtés !* Vous avez vu ce jeune époux, âgé de dix-neuf ans, dans un tel état, qu'il est peut-être condamné pour la vie à garder le célibat auprès de l'objet de son affection. Vous avez vu un époux venir vous dire : *J'ai perdu dans ce malheureux moment, mon épouse, qui allait me donner un gage de sa tendresse.*

Vous avez vu cette épouse inquiète vous rendre avec tant d'énergie compte de sa sollicitude, de ses pas, de ses démarches ; portée tantôt par l'inquiétude, tantôt par le désespoir, et au palais du Tribunat, et à la rue Nicaise, et dans les hospices, expliquant quel était son mari, et les gens de l'art, malgré toutes ses explications, douter encore, soit peut-être aussi par pitié, que ce fût lui, que son mari fût une des victimes ; vous les voyez néanmoins, pressés par ses raisonnemens, lui offrir le cadavre de son époux, et cette épouse infortunée aller embrasser ce cadavre, le mouiller de ses larmes ; ce cadavre défiguré et brûlé que le cœur seul d'une épouse pouvait reconnaître.

Eh ! citoyens jurés, vous avez encore vu la stupeur de cette mère, qui est venue vous dire : *On m'a dit qu'ils avaient pris mon enfant, qu'ils l'avaient chargée de garder leur voiture pour un modique salaire de douze sous, pour un modique salaire qui devait lui coûter la vie, et effectivement elle a péri; elle vous a dit : On m'a épargné le spectacle affreux des membres déchirés et palpitans de mon enfant; mais ma famille l'a vue, et j'ai perdu ma fille !*

Voilà les effets de cette épouvantable machine, les preuves vivantes qui vous ont été présentées. Douteriez-vous encore de son horrible effet ! Oh! non, il y a long-temps malheureusement que vous êtes convaincus à cet égard. Douteriez-vous aussi qu'on avait amassé des armes, des barils, des tonneaux, de la poudre, de la mitraille, des balles, des pierres! Tout est encore sous vos yeux. Vous n'avez point entendu un homme que la sensibilité du tribunal n'a pas voulu offrir à vos regards, qui vous aurait dit que dans la boiserie d'un des cafés une platine de pistolet avait été incrustée; ce qui prouve qu'il y avait un pistolet attaché à cette infernale machine. Voilà le rassemblement des preuves parlantes et des preuves muettes; résistez à la conviction.

Maintenant que j'ai examiné cet exécrable attentat sous le rapport moral, sous le rapport politique, sous le rapport des preuves légales qui devaient l'établir, je vais examiner quels sont les auteurs ou complices de cet attentat.

Carbon est-il un des auteurs de cet attentat !

Ai-je besoin de vous faire un nouveau portrait de cet homme! n'êtes-vous pas bien renseignés sur lui! Non, je ne reviendrai pas sur ces détails, je prends Carbon au moment où il arrive à Paris.

Quel était son état! Il en est convenu vis-à-vis de vous; il a dit qu'il était chouan, qu'il était royaliste, qu'il avait servi les chouans. Il ne vous a jamais prouvé qu'il eût eu un moyen honnête d'exister. Ce Carbon

vient ici dans des temps où il est désigné par la
police comme attaquant les voitures publiques ; il
vient se réfugier chez sa sœur. Ah ! sans doute il y a
telle circonstance où l'on peut pardonner à une sœur
de donner l'hospitalité à un frère, quoiqu'elle ait
quelques soupçons : mais quand on a un pareil frère,
mais quand on ne peut douter quelles sont ses ressources, mais quand on lui porte une telle affection
que l'on ne peut pas ignorer quel est le fond de sa
pensée, quand on lui porte une affection assez forte
pour partager son lit avec lui, certes on a tort de
procurer un asile à un pareil homme. Mais j'y reviendrai quand j'examinerai la conduite de la femme
Vallon.

Voilà donc Carbon ancien chouan, Carbon dont
vous connaissez toutes les actions, le voilà qui trouve
un refuge dans cette capitale, le voilà qui va à l'instant mettre la main à l'œuvre.

Qui voit-il ? vous le savez, tous ceux qui avaient
déchiré le sein de leur patrie, tous ceux qui voulaient
le déchirer encore, tous les contumax dans cette
affaire. A-t-il vu quelques hommes attachés à la patrie ?
Non, aucun exemple de moralité de sa part ne vous
est offert. Qui voit-il ? l'homme sur lequel vous n'avez
pas à prononcer en ce moment, mais l'homme qui
joue un rôle si épouvantable dans cette affaire : il va
servir Limoelan ; tous ses pas, toutes ses démarches,
ont été dirigés par cet homme dangereux.

Enfin Saint-Réjant arrive. Carbon, le commissionnaire de Limoelan, Carbon, ancien chouan,
ne refusera sûrement pas ses services à Saint-Réjant.
Effectivement, à peine Saint-Réjant est-il chez la
femme Leguilloux, que Carbon lui rend des services.

Mais il y a quelque chose de mieux, et vous ne
l'avez pas perdu de vue : c'est à ce moment que le

complot, le dernier complot, fut entièrement formé ;
c'est à ce moment qu'on s'est occupé de tous les
moyens de son exécution, et vous allez voir maintenant Carbon s'occuper de tous les détails ; vous allez
le voir chercher des blouses, chercher les barils,
allant chercher tout ce qui était nécessaire ; vous
allez le voir chercher par précaution un logement à
Saint-Réjant, à Saint-Réjant qui en avait déjà un
clandestinement, un dans un endroit où il voyait
tous ceux qui se rassemblaient pour les mêmes effets ;
il va lui en chercher un rue d'Aguesseau ; il va lui
procurer un logement qu'il connaissait être celui d'un
Anglais arrêté ici comme espion.

Il va lui procurer ce nouveau logement. Ensuite
on a besoin d'une voiture : Carbon va s'informer s'il
y a une voiture à vendre ; il va trouver un ferrailleur
rue de la Corderie ; le ferrailleur ne peut lui procurer
une charrette ; il ira avec lui rue Meslée, chez le
C.^{en} Lambel ; là il examinera une voiture, et là il
examine si cette voiture est propre à l'emploi auquel
on la destine : il la trouve propre à cet emploi ; et
comme il connaît parfaitement bien cet emploi, non
seulement il en fait l'acquisition, mais encore il va
ordonner qu'on y mette un berceau, afin qu'elle
puisse supporter une bâche qui cache à tous les
regards ce qu'elle pourrait contenir. Il sait si bien
l'emploi de cette voiture, que quand ce berceau est
fait, il le trouve trop élevé, le fait raccourcir d'un
demi-pied de chaque côté ; et ce n'est que dans cet
état qu'il amène la voiture et le cheval rue de Paradis : il refuse la remise du C.^{en} Lambel, parce
qu'il ne peut seul en avoir la clef.

Mais avant d'aller dans la rue de Paradis, au moment où il achetait cette voiture pour l'exécution de
ses desseins, il avait été chez le propriétaire de la
remise rue de Paradis ; il lui avait demandé cette

remise pour quelques jours ; car il savait bien qu'elle ne servirait que quelques jours : le propriétaire ne l'ayant pas voulu , il avait payé 25 francs pour les trois premiers mois.

Qui va venir amener cette voiture ? c'est Carbon avec Limoelan , et un autre qu'il n'a pas voulu nommer , mais qu'il connaît parfaitement bien ; car vous n'oubliez pas , citoyens jurés , que dans tout ce qui concerne Carbon , il y a une partie et une forte partie avouée par lui , parce qu'il a cru que cette partie ne le compromettait pas , et qu'il y a une autre partie sur laquelle il a voulu garder le silence , sur laquelle il ne présente qu'un système de dénégation , mais sur laquelle il n'existe pas des preuves moins évidentes , comme je le démontrerai , que sur les faits qu'il a avoués.

Nous voici arrivés dans cette rue de Paradis , avec Limoelan et un autre conjuré. Si cette opération était innocente , si on n'avait rien à craindre , il n'était pas besoin de se cacher ; et cependant on se cache , on examine cette voiture , sur le devant de laquelle il y avait une caisse , au milieu de laquelle était attaché un cadenas. Vous ne perdrez pas ces détails de vue.

Ce n'est pas tout d'avoir le cheval , la voiture ; maintenant pour opérer , il faut avoir les ustensiles propres à la fabrication de la machine. Dès le lendemain matin, Carbon achète un tonneau, va chercher le tonnelier pour le faire cercler ; il le fait cercler. Celui qui dirigeait ces travaux vient encore, Saint-Réjant vient lui-même, et on ne trouve pas ces travaux comme il faut. Comme alors un nouvel ordre va être donné, on ira commander, acheter un autre tonneau, une pièce de Mâcon ; on la fera sécher ; et quand elle aura été séchée, on ira chercher un tonnelier pour y mettre des cercles de fer, et recouvrir les cercles de fer par des cercles de bois. Le tonneau sera commandé pour le lendemain, et il est effectivement amené le lendemain ; il est mis dans la voiture. On a aussi besoin, pour l'exécution du projet, de faire faire deux trous aux bâtons de la voiture, et ces deux trous ont été faits par ordre de Carbon ; et quoiqu'il eût été plus facile, plus commode de les faire par terre, parce qu'on aurait eu plus de force, on se garde bien de baisser la voiture, pour qu'on ne voie pas ce qui était dedans. Enfin on a soin d'arrêter la bâche de manière à ce que rien ne puisse plus paraître.

Ce n'est pas tout. Carbon revient, le 2 nivôse, avec un panier excessivement lourd ; ce panier est apporté dans la remise, ce panier est vidé dans la remise. Ce panier n'est pas le seul objet qu'on a apporté, on a été aussi chercher un baril. On avait été chercher un autre tonneau, et cette circonstance est bien importante ; car, vous le savez, il y a eu trois tonneaux dans cette affaire ; il y en a eu un troisième qui a été posé rue Saint-Denis. Jamais Carbon n'a voulu convenir de ce fait : mais vous avez entendu le témoin qui a vu Carbon avec le tonneau sur l'épaule ; et vous vous souviendrez de l'existence de ce troisième tonneau, qui n'a pas été apporté sous la remise ; de l'existence de ce baril qu'on a fait fabriquer, qui depuis a été porté chez la femme Vallon, ainsi que les blouses qui devaient déguiser les conjurés.

Vous savez enfin ce qui s'est passé le jour même, le jour où l'on devait partir ; le soin avec lequel on a fait couper une partie de la bâche pour couvrir le derrière de la voiture, afin qu'on ne pût voir ce qui était dedans ; le soin qu'on avait eu de mettre dans la voiture tout ce qui existait dans la remise, non-seulement les tonneaux, non-seulement le panier lourd qu'on avait apporté, mais encore la paille, le foin, le fumier, tout ce qui pouvait servir à produire l'incendie.

Vous n'avez pas perdu de vue cette circonstance, que, lorsqu'il faisait faire ce tonneau, il disait que c'était pour mettre de la cassonade (il devenait alors inutile de faire faire des renfoncemens); cette autre circonstance, qu'un jour il demanda un très-gros entonnoir pour remplir ce tonneau, et que n'ayant pas d'entonnoir, il prend une tasse qui appartenait à la portière; qu'il fait avec cette tasse l'opération qu'il voulait faire avec l'entonnoir, et que, quand il rend cette tasse, quoiqu'il l'eût déjà nettoyée, elle sentait tellement la poudre, que la portière a été obligée de la laver à l'eau chaude. Cette tasse est ici représentée.

Voilà toutes les circonstances qui accompagnent la conduite de Carbon. Vous l'avez entendu vous dire que Limoelan était venu dans la remise; que Saint-Réjant y était venu; qu'un autre y était venu; qu'il était parti de cette maison avec Limoelan; que Limoelan était couvert d'une blouse; qu'il avait été avec cette voiture et ses associés jusqu'à la porte Saint-Denis; qu'à la porte Saint-Denis. on avait fait ôter un des tonneaux par des porteurs; qu'ensuite on avait été chercher un autre tonneau, qui a été mis dans la voiture, lequel tonneau a été apporté sur un haquet. Vous l'avez entendu ensuite dire : Je suis parti avec Limoelan et Saint-Réjant, et je les ai accompagnés jusqu'à la rue des Prouvaires; chemin faisant, j'étais chargé de ramasser les pierres et les pavés, et je les mettais sur le devant de la voiture. Cette circonstance des pierres et des pavés a dû sensiblement vous frapper.

Ici commence la dénégation de Carbon; ici il dit qu'il n'a pas accompagné Saint-Réjant et Limoelan au lieu de l'exécution du crime. Mais, citoyens jurés, croirez-vous à la version faite par Carbon, que depuis six heures du soir il était resté jusqu'à neuf heures sur les boulevarts le 3 nivôse par le temps qu'il faisait alors, et dont vous devez vous rappeler! Croirez-vous que cet homme, qui n'est rentré comme les autres qu'après l'explosion, n'était pas présent à l'exécution, ainsi que tous les autres? Croirez-vous que celui qui ne pouvait pas douter à quoi était réservée cette machine, qui en avait acheté tous les ustensiles, qui en avait préparé tous les matériaux, n'aurait pas voulu être témoin comme les autres, quand même on le lui aurait défendu! Mais vous pouvez juger de sa volonté par son caractère moral, de son moyen de dénégation par l'invraisemblance de ce même moyen.

Voilà les faits qui chargent Carbon; voilà les faits qui précèdent, qui accompagnent l'exécution du complot. Voyons quels vont être les faits qui suivront.

Carbon est rentré après l'explosion. Carbon va le lendemain trouver, qui! Limoelan; où! au rendez-vous que Limoelan avait donné; quoi faire! recevoir la gratification que Limoelan lui donne; et Carbon n'aurait pas été complice! C'est dans ce moment que Carbon reçoit l'avis de Limoelan de se tenir caché, qu'il exécute l'avis de celui qui avait dirigé tous ses pas. C'est quelques jours après qu'il reçoit l'avis de ce même Limoelan de partir de chez sa sœur, parce qu'on faisait des recherches. C'est Limoelan qui répandait avec adresse, *qu'on attribuait l'événement à des jacobins; mais qu'en cherchant les uns, on pourrait trouver les autres.*

C'est dans ce moment qu'il le fait déguiser; qu'il tâche de faire disparaître les preuves du crime qui existaient encore; c'est à ce moment qu'il fait briser le baril qui avait été construit, et qui était plein de poudre. C'est à ce moment qu'il dit : *Voilà du bois à brûler, c'est du bois bien cher ;* et l'on voit que ce baril avait été plein de poudre ; c'est à ce moment qu'il indique à Carbon un rendez-vous. C'est le 7 nivôse suivant qu'il vient le trouver, et qu'il lui annonce (vous ne perdrez pas cette circonstance de vue), qu'il annonce qu'il lui a trouvé un asile, et cet asile il savait bien où il était ; car il lui avait dit qu'il lui procurerait un asile chez des personnes, où il serait très-bien ; il savait bien où il était, car il lui donnait rendez-vous dans le quartier prochain de cet asile ; il lui avait donné rendez-vous devant le portail de l'ancienne église de Saint-Sulpice ; il savait bien où il était, et qui le lui procurerait, car il va avec lui jusqu'à la rue Cassette. Là, Limoelan le laisse une demi-heure ; c'est au bout de cette demi-heure qu'il le prévient de suivre les dames qui vont l'emmener ; c'est alors que Carbon suit les accusées de Gouyon ; c'est alors qu'il est recommandé à l'accusée Duquesne ; c'est alors que l'accusée Duquesne n'ayant pas encore de chambre à lui donner, l'accusée Gouyon le reçoit dans son antichambre, et lui fait passer la nuit sur un lit de repos ; c'est dans cet asile, dont il s'est échappé un seul jour pour avoir des nouvelles de sa famille, qu'il a été arrêté ; et voilà où les faits de l'instruction finissent pour Carbon.

Avez-vous vu un seul moment d'intervalle entre le projet du crime, son exécution, sa révélation ? et avez-vous rien vu avant, pendant et après, qui ne vous convainque parfaitement que Carbon est un des coupables ; qu'il est un des constructeurs de la machine infernale, un de ceux qui savaient à quoi elle était destinée, un de ceux qui se sont cachés après qu'elle a eu produit son effet ?

Examinons maintenant si Saint-Réjant est un des auteurs de cette machine infernale, et s'il y a mis le feu.

Vous avez entendu le compte qu'a rendu Saint-Réjant de sa conduite pour venir à Paris, de ses motifs ; mais est-ce donc d'aujourd'hui que Saint-Réjant est connu ? est-ce donc d'aujourd'hui que ses principes sont parfaitement connus de la police ? ce Saint-Réjant qui avait refusé le bénéfice de l'amnistie, qui avait des intelligences avec les chouans ; ce Saint-Réjant qui était annoncé ; ce Saint-Réjant qui, quand il arrive à Paris, se trouve immédiatement placé chez des gens du parti , chez des gens à qui on l'avait recommandé , par des hommes qui sont accusés contumax dans cette affaire, et qui y jouent un si grand rôle; ce Saint-Réjant qui, pour ainsi dire, à Paris, où il prétend qu'il venait se faire rayer de la liste des émigrés , n'a fait autre chose qu'aller de la rue des Prouvaires au Carrousel , du Carrousel à la rue d'Aguesseau , et de la rue d'Aguesseau à la rue des Prouvaires; ce Saint-Réjant chez lequel se sont réunis plusieurs fois tous ceux qui avaient part au complot; celui qui les dirigeait , qui s'était réuni avec toutes ces personnes-là , qui avait été annoncé comme l'exécuteur, et qui effectivement arrive au moment même où on concevait l'exécution de ce projet; ce Saint-Réjant chez qui vous avez vu apporter de la poudre, apporter des blouses; ce Saint-Réjant que vous avez vu s'assurer d'un nouveau local pour pouvoir se cacher avec plus de sûreté; qui était obligé de se cacher; qui n'avait pas de carte, ou, s'il en avait une, elle était fausse, et c'était un délit de plus ; qui va tantôt de l'un à l'autre de ces domiciles; qui va deux fois, le 1.er et le 2 nivôse, sur la place du Carrousel à l'hôtel Longueville; qui, sur cette place, tire sa montre, calcule la distance, le mouvement rapide des voitures, ce que peut entraîner de temps le départ de la voiture depuis le château jusqu'à l'arrivée rue Nicaise ; ce même homme qui rentre chez lui pour commander qu'on lui achète de l'amadou, qui fait couper cet amadou, qui ce même matin essaie un morceau d'amadou, qui met de la poudre sur le morceau d'amadou ; qui dit, en tirant sa montre, Cela doit partir dans trois secondes ; qui répète trois fois cette opération, parce qu'elle n'avait pas répondu à son attente ; ce même Saint-Réjant qui quitte, le 3 nivôse, après cette opération dont je viens de vous entretenir, qui quitte la rue d'Aguesseau pour revenir rue des Prouvaires, qui part avec Limoelan, qui se trouve ensuite dans la rue Saint-Denis, à l'endroit où était une des portions de la machine infernale, qui s'y trouve couvert d'une blouse, qui fait porter cette portion sur la voiture, qui suit la voiture avec Limoelan et Carbon, qui va jusqu'au Carrousel ; ce Saint-Réjant qui vous a dit ici, malgré toutes les preuves établies contre lui, qu'il était sorti de la rue des Prouvaires pour s'en aller à un spectacle, rue de Thionville, qu'il s'était arrêté à un café ; que là il avait appris qu'on donnait une pièce nouvelle au théâtre de la République, et qui, pour voir cette pièce nouvelle, va passer, à huit heures du soir, dans la rue Nicaise, quand probablement on ne pouvait avoir de place qu'à cinq ou six heures ; ce Saint-Réjant qui, comme je vous l'observe, avait le plus grand intérêt de se cacher, et se cachait véritablement, qui n'avait pas de carte, ou qui avait une carte fausse ; ce Saint-Réjant qui portait alors le vêtement négligé d'un homme de travail. Vous verrez si vous pouvez ajouter foi à ce système ridicule de défense, sur-tout d'après les faits qui vont suivre.

La voiture avait été conduite à-peu-près à l'heure

où devait commencer le spectacle à l'Opéra : elle avait été conduite avant le départ du premier Consul. Là, on observe ; là, on calcule ; on attend ; on dispose la voiture, de manière à ce qu'elle puisse faire embarras ; on la dispose auprès d'un tas de pierres et de pavés, qui devait encore multiplier cet embarras.

La voiture du premier Consul arrive : elle passe avec rapidité ; à peine est-elle passée, que l'explosion se fait. Vous avez entendu ce brave grenadier dire qu'au moment de cette explosion, les tuiles tombaient sur sa tête ; que la voiture du premier Consul a pensé être renversée, et que toutes les glaces ont été cassées.

Vous avez vu en ce moment le premier magistrat de la République, oubliant ses propres dangers, faire arrêter la voiture, et demander quel pouvait être ce malheur. C'est à ce moment que Saint-Réjant est renversé ; que Saint-Réjant revient dans son domicile, rue des Prouvaires. Quelle était sa situation ! Je vous l'ai déjà dit : je vous l'ai peint d'après les expressions de celui qui l'a soigné, d'après ces expressions consignées dans le procès. Il était excessivement agité ; il avait la respiration très-difficile ; il crachait le sang ; il le rendait par les narines ; il avait le pouls concentré, de vives douleurs abdominales ; il était affecté de mal d'yeux, et de surdité à l'oreille gauche. Voilà dans quel état était Saint-Réjant, un moment après l'explosion, au moment où il rentrait chez lui.

Qui va trouver Saint-Réjant là ! Sont-ce des gens étrangers à cette affaire ! C'est Limoelan, c'est Bourgeois. On y va : alors son état est tel, qu'on demande d'envoyer chercher un confesseur. Un confesseur à Saint-Réjant !... et dans ce moment !... Je me dispenserai de toutes réflexions. On envoie chercher

aussi

aussi un médecin ; et vous savez le compte qu'il a rendu de l'état de Saint-Réjant.

Cet homme, dans la position où il se trouvait, aurait bien dû rester dans cet asile, s'il ne devait concevoir aucune inquiétude. Non : le lendemain, il va se presser de partir, il va rue d'Aguesseau ; le lendemain, il va encore rassembler ses amis ; le lendemain on va se concerter sur le parti à prendre : on va déplorer le défaut de succès de l'exécution. Quand je dis, on va déplorer le défaut de succès de l'exécution ; vous lirez avec attention les procès-verbaux : vous verrez de quelle manière ont été trouvées les lettres chez Saint-Réjant ; vous verrez alors ce qu'on avait dit : vous verrez cette lettre dont l'écriture est contrefaite, cette lettre qui était faite pour être ostensible, et qui était faite en partie pour se disculper : vous y verrez ces calculs des malfaiteurs, où ils disent : *La poudre n'était pas aussi bonne qu'on l'espérait ; elle n'a pas répondu à l'attente ; elle a manqué son effet de trois secondes.*

Depuis, Saint-Réjant passe de cet asile de la rue d'Aguesseau à l'asile de la rue des Prouvaires ; là, un particulier vient le 7 nivôse pour le prévenir que Carbon est arrêté. La femme Jourdan croit devoir l'en prévenir ; elle se transporte sur-le-champ rue des Prouvaires, lui donne l'avis. Il en est épouvanté ; il en est tellement en colère, qu'il ne peut s'empêcher de la manifester. Que va-t-il faire ! Il va fuir, retirant de ses poches tout ce qui peut le rendre suspect ; et voilà pourquoi ses lettres ont été trouvées à ce domicile.

Voilà toutes les circonstances relatives à Saint-Réjant : indépendamment de son caractère moral et de ses sentimens politiques, qui viennent vous le signaler comme l'un des auteurs, comme l'exécuteur, comme le brûleur de la machine infernale, dès ce

2.   B

moment cet homme, qui ose se prétendre innocent, est resté errant et vagabond.

Je passe maintenant à des accusés sur lesquels j'ai à vous entretenir aussi de détails importans.

Je parlerai d'abord de la femme Leguilloux. Vous voyez quel est le caractère de cette femme; vous voyez dans quelle circonstance elle a reçu Saint-Réjant; vous avez dû sur-tout observer de quelle manière cette femme était environnée, quels étaient à-peu-près ses moyens d'existence; vous l'avez toujours vue entourée de gens appartenant à ce parti. Vous avez vu cette femme donnant à Saint-Réjant un asile, à Saint-Réjant qui n'était nullement en règle, à Saint-Réjant qui recevait tous ces hommes suspects, à Saint-Réjant dont je viens de vous peindre la conduite : vous avez vu cette femme, qui n'a pu douter qu'il avait été apporté des blouses, des cartouches; qu'il y avait quelques machinations; qui n'avait pas douté qu'il avait été emporté de la poudre. Enfin vous pouvez calculer quels devaient être le caractère et la façon de penser de la femme Leguilloux, d'après la conduite qu'elle a tenue dans cette affaire, d'après ses réticences dans le débat.

A l'égard de Leguilloux, il n'est pas sans reproche. J'oubliais de vous dire, relativement à sa femme, que cette femme a soutenu hardiment la négative de tous ces faits; qu'elle a voulu d'abord en imposer à la justice; qu'elle n'a été amenée aux aveux de la vérité que parce que l'évidence était parfaite.

Maintenant son mari est-il donc sans reproche! Mais Leguilloux qu'on vous a représenté comme faisant bien son devoir, Leguilloux, par cela même qu'il est courrier de la poste, est censé un homme qui mérite de la confiance, qui doit en mériter, qui doit avoir un certain caractère soutenu; Leguilloux, qui se dit patriote, qui dit aimer le Gouvernement,

Leguilloux était le maître dans sa maison; Leguilloux ne devait pas souffrir qu'on y donnât asile à un homme qui n'était pas connu, à un homme qui était perpétuellement environné de gens suspects. Voilà la conduite de Leguilloux : vous l'apprécierez. '

Je passe maintenant à l'accusée Vallon. Je vous ai déjà dit quelle était la conduite de cette accusée : mais rappelez-vous, citoyens jurés, la quantité de circonstances, tant morales que résultant des pièces, qui ne pouvaient pas laisser ignorer à la femme Vallon quels étaient le caractère de son frère, et ses occupations, et ses habitudes, et ce dont il avait été chargé, et ses projets, et ses espérances. Cette femme, ainsi que la femme Leguilloux, lorsque la police fut avertie, voulut d'abord nier tous les faits, et fut, comme elle, obligée de rendre hommage à la vérité; mais elle ne le fit que quand elle y fut contrainte par l'évidence.

Vous voyez quelle est la moralité de cette femme et de son frère; qu'elle n'a pu ignorer les intentions, les différentes démarches qui ont été faites; qu'elle avait recélé la poudre, avait recélé les balles. Vous voyez qu'au moment même où on brûla le baril, elle demanda à conserver la poudre. Vous savez que les blouses ont été apportées chez elle; qu'elle a bien connu les motifs de la retraite de son frère. Voilà, citoyens jurés, les circonstances qui environnent cette femme; et je crois que cette masse de charges contre elle est véritablement accablante.

Venons à l'accusée de Cicé. Ce n'est pas sans éprouver un grand soulagement que j'ai entendu une foule de témoins à décharge venir vous présenter un tableau qui faisait une si forte opposition avec l'événement qui vous frappe d'horreur.

Oui, il paraît constant que l'accusée de Cicé est une personne très-charitable; il paraît que c'est une personne *extrêmement* pieuse : mais les charges qui s'élèvent dans cette affaire, sont-elles donc détruites par cette première impression ! ces charges ne sont-elles pas au contraire une nouvelle preuve de cette vérité, c'est que souvent les extrêmes se touchent !

Et dans le caractère particulier des témoins que vous avez entendus, n'avez-vous pas pu reconnaître quelques-uns de ces élémens qui servent à échauffer l'imagination et à l'entraîner au-delà du bien !

L'accusée de Cicé a procuré l'asile chez l'accusée Duquesne à Carbon ; l'accusée de Cicé prétend qu'elle n'a procuré cet asile que le jour même où il a été accordé ; l'accusée de Cicé prétend n'avoir pas vu ce jour-là Limoelan, qu'elle connaissait ; l'accusée de Cicé prétend que sa conscience ne lui permet pas de nommer la personne qui lui a recommandé ce Carbon, qu'elle est persuadée de son innocence.

D'abord comment croire à la vérité de cette version de l'accusée de Cicé, qu'elle n'avait pas parlé auparavant de l'asile à procurer à Carbon, quand on voit que celui qui lui procure cet asile, va le chercher rue Saint-Martin pour le lui annoncer, qu'ensuite il lui indique un rendez-vous près de Saint-Sulpice ; que de là il l'amène à la porte de l'accusée de Cicé ; que c'est d'après la conférence que Limoelan a eue dans cette maison, que Carbon est emmené par d'autres personnes auxquelles l'accusée de Cicé l'avait recommandé ! Comment croire que l'accusée de Cicé n'a pas parlé à Limoelan, quand les femmes Gouyon-Beaufort prétendent que Limoelan est descendu et que l'accusée de Cicé les a accompagnés ; quand il est certain que c'est Limoelan qui a prévenu Carbon que trois dames allaient le prendre !

L'accusée de Cicé dit que sa conscience ne lui permet pas de nommer la personne qui l'a engagée à procurer cet asile. Mais soyons de bonne foi, qu'est-ce que c'est donc que la conscience! Si mon cœur ne me trompe pas, *c'est le sentiment intime du bien qu'on fait, sans aucune espèce de mal.* Eh! faire le bien particulier pour nuire à l'intérêt général, est-ce donc là de la conscience! compromettre des personnes, est-ce donc là de la conscience! ne pas vouloir dire la vérité, est-ce donc là de la conscience! Mais si vous êtes intimement persuadée dans votre cœur que ces personnes sont innocentes, et n'avaient rien à redouter de la justice, l'État pouvait être instruit, et l'État pouvait être édifié sur les motifs de ceux qui auraient sollicité l'asile. Mais, par cette réticence suspecte qu'on dit faite pour ne pas compromettre un seul innocent, compromettre quatre personnes qu'on assure être également innocentes, les laisser par ce moyen sous le poids d'une accusation terrible, les exposer à subir l'épreuve d'une accusation criminelle, est-ce donc là de la conscience? Mais enfin sommes-nous donc obligés de ne voir que ce que vous nous dites sous ce voile mystique! ne nous est-il pas permis de penser qu'ici c'est un moyen fort ingénieux de jeter des doutes dans l'ame des jurés, et de ne pas éclaircir la vérité, afin de tirer de ce moyen l'argument suivant, *Vous avez du doute, donc vous ne pouvez condamner!*

Mais l'asile a été donné; mais les circonstances paraissent prouver que vous n'avez pas toujours dit la vérité; mais il y a encore d'autres circonstances, c'est cette correspondance tellement étendue, c'est cette correspondance que vous receviez mystérieusement, que vous avez chargé plusieurs personnes de recevoir, cette correspondance que vous dites ici parfaitement innocente. Pourquoi ne pas recevoir une correspondance parfaitement innocente! Cette correspondance, je crois bien qu'on s'attachera à l'expliquer; cependant, je l'avouerai, j'ai été frappé d'une réflexion:

B 3

puisqu'il est si important d'expliquer cette correspondance, personne ne pouvait mieux le faire que l'accusée de Cicé ; vous avez cependant vu son embarras
quand il a fallu le faire. Enfin cette correspondance,
je n'en tirerai pas de passages. Je crois que c'est une
irrégularité, même une injustice. En pareil cas, quand
on présente à des magistrats, à des jurés, des pièces
de cette nature pour établir une accusation criminelle,
on doit s'imposer le devoir de les leur laisser lire
sans réflexions : ils ont leur conscience aussi, les jurés,
et ils verront si c'est ainsi qu'on tient une correspondance innocente, si cette correspondance n'a pas des
points de contact avec toutes celles qui nous ont tant
nui depuis long-temps ; si les obscurités, les réticences, si tous les caractères dont elle est revêtue ne
doivent pas leur donner à penser qu'elle n'est pas
ce qu'on veut leur faire croire. Voilà, citoyens jurés,
toutes les charges qui s'élèvent contre l'accusée de
Cicé.

Je passe à l'accusée Gouyon-Beaufort. Mais, je
l'ai dit lors de l'exposé de cette affaire, s'il m'est
échappé quelques inexactitudes, je m'empresserai de
réparer cette erreur involontaire. Ici, je n'ai commis
ni inexactitude ni erreur ; mais je dois hommage à la
vérité : j'ai reçu des renseignemens officiels ; ces renseignemens ne sont que des notes ; ces notes n'ont
point été appuyées des pièces que j'ai demandées :
je dois en faire la déclaration, et je dois vous recommander d'oublier ce que je vous ai dit relativement
à ces notes.

L'accusée Gouyon, vous le savez, avait été obligée
de sortir de sa patrie ; elle arrive tout récemment
d'Angleterre, et c'est dans de pareilles circonstances
qu'elle se trouve chez l'accusée de Cicé, justement
au moment où il s'agit de donner et de conduire
Carbon dans un asile, et qu'elle y consent sans

difficulté. Vous avez vu de quelle manière assez mystérieuse l'accusée Gouyon s'est ici expliquée à cet égard; vous avez dû être frappés de cette réflexion, que, quelle que soit la confiance qu'on a dans une personne, quel que soit l'intérêt qu'elle nous inspire, il est bien difficile que cette confiance puisse nous déterminer, dans des circonstances aussi extraordinaires que celles qui existaient alors, dans un moment où tout Paris était imbu de l'événement malheureux qui était arrivé, où tout Paris était instruit des mesures qu'on prenait pour empêcher les coupables d'échapper; il est bien extraordinaire, dis-je, que ce soit dans ce moment où l'on doit tout craindre lorsqu'on n'est pas encore parfaitement en règle, lorsque tant de circonstances précédentes nous ont appris à être circonspects, il est bien singulier que cette confiance nous fasse accepter, sans la moindre réflexion, la proposition de donner asile à un homme qu'on ne connaît pas, dont l'extérieur n'était pas prévenant; enfin, qu'on vienne le recevoir, le conduire, le faire entrer mystérieusement, lui donner chez soi un asile, et, le lendemain, recommander qu'on lui en donne un plus commode et pour un plus long temps.

Ici, je dois revenir sur une circonstance relative à l'accusée de Cicé, qui m'était échappée. Vous n'avez pas perdu de vue que, dans le temps que Carbon était dans la maison de l'accusée Gouyon, il avait reçu un billet de Limoelan. Vous avez entendu la lecture de ce billet, vous savez ce qu'il contient; vous savez ce que vous a dit Carbon; il a dit : *Ce billet m'a été remis par l'accusée de Cicé*; et l'accusée de Cicé a nié ce fait. Vous examinerez si c'est sa conscience qui l'a portée à nier ce fait; vous verrez si l'aveu de Carbon à cet égard n'est pas appuyé par toutes les vraisemblances, s'il n'était pas bien naturel que celui qui avait demandé un asile, s'adressât à celle qui l'avait procuré, pour faire parvenir un billet à celui qui l'avait obtenu ; vous verrez si la déclaration que Carbon en avait faite, ne confirme pas la déclaration qu'il a faite depuis ; et n'est pas corroborée par toutes les circonstances de la cause ; et vous demanderez encore quel puissant intérêt porte l'accusée de Cicé à nier ce fait.

Mais d'autres circonstances s'élèvent encore, et ce rapprochement est fâcheux ; c'est que l'accusée de Cicé se servait de sa femme-de-chambre pour recevoir ses lettres, et précisément sur Saint-Réjant on a trouvé l'adresse de cette même femme-de-chambre de l'accusée de Cicé. L'accusée de Cicé fait souvent porter des sommes d'argent, emploie souvent des religieuses, et deux religieuses ont porté chez Saint-Réjant une somme de cinq cents francs.

Voilà, citoyens jurés, des circonstances que j'avais oubliées, et que mon devoir m'imposait de remettre sous vos yeux avant de quitter l'article de l'accusée de Cicé.

Je vous ai entretenus de ce qui concerne l'accusée Gouyon ; je ne vous parlerai pas de ses filles, ni des filles Vallon ; elles sont-là auprès de leurs mères.

Collin figure aussi dans cette affaire ; et certes, citoyens jurés, de fortes circonstances s'élèvent contre Collin.

Collin a de grands reproches à se faire. Saint-Réjant arrive à Paris, Collin lui est indiqué, Collin lui est mené, par qui ! par un homme dont Collin est l'ami intime, et qui lui-même est intimement lié au parti et accusé contumax dans cette affaire. Si l'on n'avait pas été sûr de Collin, l'eût-on présenté à Saint-Réjant ! Collin est trop instruit des affaires de son pays, et de celles des gens qui en revenaient, pour ne pas savoir ce qui se passait, et ne pas concevoir des soupçons, s'il était ami du Gouvernement ? Collin voit un homme qui se cache dans une maison particulière; Collin voit un homme qui réunit plusieurs fois chez lui des individus qu'il devait connaître pour suspects.

Collin est appelé le jour de l'explosion pour examiner l'état de Saint-Réjant : il a rendu compte de cet état; j'ai mis son rapport sous vos yeux. L'explosion venait d'avoir lieu, toute la capitale était encore émue: dès le lendemain matin c'était l'objet de toutes les conversations, de toutes les inquiétudes: dès ce moment le préfet de police avait annoncé et fait afficher par-tout que tous ceux qui pourraient lui donner des renseignemens, devaient les lui donner. Mais, avant l'ordonnance du préfet, il existait une loi qui ordonne à tous les officiers de santé de venir déclarer quand ils pansent des blessés accidentellement. Et quand on a pansé un homme dans cet état dangereux, qu'on l'a saigné à cause de cet état immédiatement après l'explosion; quand certainement le désordre des vêtemens de Saint-Réjant, tous les signes apparens qui étaient sur sa personne; quand sur-tout ses douleurs abdominales, ce mal d'yeux, cette surdité; quand tous ces caractères, trop frappans pour ne pas être remarqués, démontraient l'effet de l'explosion, peut-on feindre qu'on l'ignorait! n'était-il pas du devoir de Collin, de sa prudence au moins, de s'en informer! est-il possible de croire qu'un homme qui n'aurait pas eu quelque attachement au parti, qui n'aurait été frappé que par les circonstances qui l'environnaient, mu que par l'intérêt public, n'eût pas été faire sa déclaration, sur-tout voyant que, malgré l'état pitoyable où se trouvait son malade, il s'était empressé de fuir, il changeait son domicile, sur-tout étant obligé de l'aller chercher dans ce domicile, où il trouve toujours des hommes dont les propos vous ont été rapportés? Voilà toutes les circonstances qui environnent Collin.

Je ne veux pas lui faire un crime de ce qu'il a eu un frère attaché au parti de ces gens-là : mais il a des liaisons, des connaissances; et toutes ces connaissances sont ces mêmes gens attachés au parti, et ses soins sont pour l'homme qui a exécuté l'horrible attentat; et malgré toutes les circonstances qui doivent lui faire voir la vérité, il la dissimule, il est aveuglé par le sentiment que vous apprécierez.

Je passe maintenant à l'accusé Baudet. Baudet est attaché pour peu de chose à cette affaire : cependant il n'y a quelquefois qu'une nuance bien légère entre le clair et l'obscur.

Les renseignemens officiels rendus publics par ordre du Gouvernement, prouvent que parmi les papiers de Lemercier on a trouvé l'adresse de Baudet, comme on avait trouvé l'adresse de ce Bourgeois si connu aujourd'hui pour être l'un des auteurs de cette affaire. Au moment où les premiers qui ont pris part à l'affaire sont arrivés à Paris, gens qui sont aussi signalés dans cette même correspondance, dans ces mêmes pièces officielles, pour des gens très-hardis, impétueux, indociles au joug de la raison, comme je vous les peignais en commençant l'exposé de cette affaire, c'est Baudet qui leur procure un asile; il les a vus depuis : c'est au milieu de toutes ces circonstances qu'il a été arrêté. Ce sera à vous à peser dans votre sagesse si toutes ces circonstances, qui ont dû nécessairement alarmer la police et exciter la sévérité des premiers jurés, peuvent le rendre passible des condamnations de la justice.

Je ne vous ai point encore parlé de l'accusée Duquesne. Vous voyez quelle a été sa conduite dans toute cette affaire. Une femme qui, par son état, ses habitudes, doit s'écarter de toute espèce de relations qui n'y ont pas rapport, cette femme admet dans sa maison un homme inconnu ; elle l'admet, à ce qu'elle prétend aussi, sur la seule confiance que lui inspirait le nom de l'accusée de Cicé. Mais, citoyens jurés, les réflexions que je vous ai faites sur ce que cette confiance a d'extraordinaire relativement à la veuve Gouyon, ces réflexions frappent également sur l'accusée Duquesne.

L'accusée Duquesne n'est pas tellement étrangère au monde malgré sa retraite, qu'elle ait pu ignorer ce qui s'était passé ; elle dit elle-même qu'elle a fait faire des prières dans ces occasions importantes. Eh bien ! comment ne s'assurait-elle donc pas de ce qu'était cet homme auquel elle se permet de donner un asile ! comment ne s'assurait-elle pas que véritablement il était étranger à ces faits, sur-tout quand on lui avait demandé asile pour cet homme pendant trois ou quatre jours, et qu'il y fut vingt jours ; quand elle vit que sa retraite était profonde, qu'il pouvait avoir un grand intérêt à se cacher ? Sans doute, je le répète, cette confiance est bien extraordinaire. Ce sera à vos consciences à en chercher les motifs.

J'arrive maintenant à la partie de cette cause qui vient soulager mon cœur.

Les accusés Lavieuville et sa femme ont aussi été attachés à cette affaire par des circonstances graves. Limoelan avait été plusieurs fois chez eux ; Limoelan avait été loger dans un endroit qui lui avait été indiqué par Lavieuville ; Limoelan avait déposé des caisses d'armes chez eux ; une de ces caisses s'y est encore trouvée. Voilà toutes les charges. Mais je crois m'être aperçu que les raisons qu'ils ont developpées pour leur justification, les disculpaient. Peut-être aussi cette impression a été produite sur moi, et par le caractère, et par le patriotisme, et par le nombre des témoins à décharge qu'ils ont fait entendre, et qui paraissent présenter, dans tout l'ensemble de leur conduite, des personnes attachées à leur patrie et au Gouvernement. Ce sera à vous, citoyens jurés, à voir si ces témoignages contre - balancent les charges qui s'élèvent contre eux dans l'affaire.

Voilà tous les détails de cette affaire, toutes les charges qui s'élèvent contre les accusés en particulier et contre tous en général. Lorsque vous aurez entendu leurs défenseurs, vous descendrez, citoyens jurés, dans votre chambre des délibérations; vous y examinerez avec une attention scrupuleuse tous les procès-verbaux et les pièces de cette affaire; vous porterez un coup-d'œil approfondi sur ce tableau où l'effet des passions humaines est si énergiquement rendu; et après ce mûr examen, vous remonterez, dans ce temple, pour y proclamer votre délibération. Souvenez-vous que l'Europe attentive vous contemple; souvenez-vous que cette délibération est attendue par la société indignée, par la patrie épouvantée, par l'humanité éplorée, par la religion désolée; souvenez-vous que cette déclaration doit préparer l'oracle qui mettra la justice à même de maintenir leurs droits et de venger leur injure.

PLAIDOYER

DU C.ᴱᴺ ROUSSIALLE

Pour Carbon, *dit le* Petit-François.

CITOYENS JURÉS,

Je parle dans cette cause pour Carbon, dit le Petit-François.

Un crime épouvantable a été commis : ce sont les expressions dont s'est servi le ministère public. Il n'a pas d'exemple dans les fastes des crimes; il n'a d'égal que l'horreur qu'il a inspirée aux Français de tous les partis, à tous les peuples de l'Europe.

Le vaisseau de l'État, sous le ciel le plus nébuleux, sans mâts, sans voiles, sans pilote et sans gouvernail, jouet de tous les vents contraires, flottait depuis long-temps sur une mer de malheurs. On avait pu retarder l'instant où il devait être submergé ; mais sa perte n'en paraissait que plus certaine. Tout-à-coup paraît un pilote heureux, habile, intrépide ; tous les malheurs sont réparés. Le gouvernail obéit dans sa main, le ciel s'éclaircit, la mer s'aplanit; et le vaisseau, dont les voiles sont enflées par le vent le plus fortuné, s'avançait majestueusement vers le port. En ce moment un brûlot contenant les matières propres à la plus prompte destruction, renfermant un volcan comprimé dans ses flancs, est lancé contre lui. C'en était fait de la France sans le génie qui préside désormais à sa conservation.

Quelle main, citoyens jurés, a lancé ce brûlot ?

c'est la première question qu'il faudra sans doute que j'examine.

A-t-on saisi les vrais conspirateurs! ou n'ont-ils pas plutôt fui, en laissant seulement dans nos mains quelques fils incertains de leurs trames!

Carbon, dit le Petit-François, que je défends, est-il un conspirateur volontaire! a-t-il sciemment trempé dans le complot! ou n'est-il pas plutôt l'instrument le plus vil, l'instrument le plus abject dont les conspirateurs se sont servis!

Voilà, citoyens jurés, la division naturelle de mon discours; mais, avant d'entrer dans cette discussion, permettez-moi de jeter un regard en arrière, et dans le tableau des maux qui nous ont affligés, de trouver le tableau des maux qui nous menaçaient encore. Malheur à l'homme, malheur au peuple formés par l'adversité, qui ferment à jamais ce grand livre où ils trouveront long-temps de si utiles et de si importantes instructions!

Est-il donc vrai, citoyens jurés, quoique le commissaire du Gouvernement ait pensé que tant de malheurs n'eussent point été la suite du malheur qu'on méditait... mais telle est l'horreur que ce crime inspire, que, pour trouver assez de courage pour parler dans cette cause, j'ai besoin aussi d'épancher mon cœur, j'ai besoin aussi d'accuser le conspirateur... est-il donc vrai, citoyens jurés, que le premier effet de cette machine infernale, si elle eût réussi, était de nous ramener à ces temps d'horreur, de division, de trouble et d'anarchie! O ma patrie! quel eût été ton sort! O ma patrie! Ce mot n'est pas vide d'acception; il parle plus fortement à mon cœur que tout le résultat de ces vaines discussions, de cette philosophie, brillant sophisme de l'imagination, dont on a mis en pratique tous les paradoxes dans le cours orageux de notre révolution; de cette philosophie enfantée par l'erreur, qui enfanta l'erreur à son tour, et qui a amené parmi nous cette maxime éversive de toute société : *La patrie est là seulement où l'on est bien*. Est-il donc vrai, suivant moi du moins, citoyens jurés, que le premier effet de cette machine infernale était de ramener parmi nous la lutte odieuse de tous les partis; de rallumer les flambeaux de la guerre extérieure et ceux de la guerre intestine ; de faire renaître ces temps à jamais exécrés, où un crêpe obscur enveloppait la France, où tous les sentimens étaient éteints, où l'humanité même n'était pas un mot dans notre vocabulaire ; où le père abordait son fils en frissonnant, où le fils voyait un étranger dans son père ; où la justice n'existait pas même dans le temple de Thémis ; où elle était, dans l'enceinte de ce tribunal révolutionnaire, comme une ombre sanglante, armée d'un poignard, délibérant parmi des assassins, siégeant sur un tombeau ; où l'on engloutissait dans le même abîme, et les vertus, et les talens, et la vénérable vieillesse, et les grâces de la jeunesse !

Ce tableau est hideux, j'en conviens; mais devons-nous toujours l'écarter loin de nous ? C'est en comparant la situation où nous avons été avec celle où nous sommes en ce moment, que nous trouvons plus de motifs de chérir le Gouvernement sous lequel nous vivons. Ces temps sont déjà bien loin de nous ; ils fuient de notre mémoire avec d'autant plus de rapidité, que chaque jour nous devenons plus heureux ; et quand la paix générale aura cicatrisé toutes les plaies de l'État, il semblera qu'un torrent de siècles ait coulé sur eux.

Quelle main a fabriqué cette machine ! ou, pour mieux dire, dans quelle tête la conception de cette horrible idée a-t-elle été façonnée ! Faut-il long-temps, citoyens jurés, chercher la solution de ce problème ! Cette question est plus difficile à discuter encore qu'à résoudre. Mais il est une observation que vous avez déjà sans doute saisie, et qui n'a point échappé à tous ceux qui d'un œil observateur suivent la marche des grands événemens; le même projet, la même machine infernale avait été saisie deux mois auparavant, par la police, entre les mains de ceux que nous appelons les exagérés. Ainsi on avait rassemblé des élémens opposés; ainsi on avait rapproché les extrêmes; ainsi on avait confié à tous les partis l'abominable soin de l'assassinat du premier Consul.

Un parti a-t-il dérobé à l'autre cette abominable invention? Est-ce plutôt le dernier mais le plus terrible élan de désespoir d'un parti expirant? Où les fils prolongés de cette conspiration vont-ils se rattacher? à cette main puissante qui depuis les premiers momens de notre révolution, toujours fidèle au même système, ne servait que pour détruire; qui a semé parmi nous les divisions, le désordre, les crimes; qui fomentait la guerre de la Vendée; qui apportait aux révoltés des secours en armes, en poudre, en argent, alors qu'ils étaient pressés par les armées de la République, et qui les abandonnait à eux-mêmes lorsqu'ils faisaient quelques progrès; qui offrait un asile aux émigrés, et qui, à une époque trop mémorable, les a placés sous le double feu de leurs protecteurs et des Français; qui, derrière les rangs des ennemis qu'elle nous suscitait, marchandait et payait le sang qu'on versait pour elle.......
Je m'arrête, citoyens jurés; peut-être déjà j'en ai trop dit. Les temps sont passés où, sur tous les coins de la France, à chaque tribune, l'orateur, et même le plus obscur, se croyait en droit, par ses opinions, de contrarier les vues et les projets du Gouvernement; le citoyen sage, aujourd'hui, doit être sobre de paroles. J'ai dû, dans l'intérêt de ma cause, vous présenter des doutes, des questions à résoudre, je

n'irai

n'irai pas au-delà; j'ai dû poser une masse, les détails vous en appartiennent.

Peut-être en ce moment le Gouvernement traite-t-il de la paix générale.

D'ailleurs, depuis que de grands empires se sont partagé le territoire de l'Europe, qu'ils se prêtent entre eux un mutuel secours, qu'ils forment une confédération qu'on peut faire varier, mais qu'on ne détruit pas; depuis que l'art politique est devenu un art très-difficile en raison de la complication des intérêts de puissance à puissance, il n'est plus de crime irrémissible; c'est dans l'histoire que l'une trouve un vengeur, et l'autre un accusateur. L'histoire peut-être, citoyens jurés, absoudra sinon de l'exécution, au moins de l'invention de cet abominable projet, les Français de tous les partis, de toutes les opinions, ceux-là même que la patrie repousse en ce moment de son sein; mais elle consignera dans l'une de ses pages cette importante vérité : Si des traits multipliés de courage, de vertu, d'héroïsme, de dévouement, ont marqué notre révolution, ils appartiennent au caractère national; si des crimes odieux l'ont souillée, ils sont pour la plupart l'œuvre de l'étranger.

Je m'abstiens d'en dire davantage sur cette question, et je passe à la seconde.

A-t-on saisi les vrais conspirateurs? Après Carbon (et vous le savez déjà, il n'était que le domestique de Limoelan; par son état, par sa naissance, en raison des préjugés de celui qu'il servait, il était placé à une immense distance de lui), après Carbon vient Saint-Réjant; tous les autres accusés peuvent-ils être regardés comme des conspirateurs? Je ne veux pas empiéter ici sur les droits des défenseurs chargés de vous présenter leurs moyens justificatifs; mais peut-être m'est-il déjà permis de poser cette première base de la déclaration que vous allez rendre. Limoelan a fui, il a emporté avec lui les indices qui pouvaient découvrir son complot : devra-t-on s'étonner à l'issue de ce procès, si de vingt-deux prévenus, dont seize seulement sont devant vous, peu ou très-peu sont déclarés coupables ! Je m'occupe maintenant exclusivement de Carbon, dit le Petit-François.

Peut-être ne devez-vous pas perdre de vue, citoyens jurés, que les renseignemens les plus positifs qui sont parvenus à la préfecture de police, on les tient de la bouche de cet accusé ; et vous comprendrez sans doute toute l'acception de cette phrase contenue dans l'acte d'accusation : « Il fut saisi, lui Carbon, » et *dès-lors un foyer de lumière vint éclairer toutes les* » *traces du crime* ». Il a paru devant vous environné de la plus horrible prévention : sans lui cependant tout s'éteignait dans le plus impénétrable mystère. En raison du service qu'il a rendu, ses aveux, dans lesquels il n'a jamais varié, peuvent lui faire un mérite auprès de vous. Et permettez-moi cette observation : sera-ce la dernière conspiration qui aura pour but le renversement de la constitution ! si vous traitez Carbon avec trop de rigueur, espérez-vous encore trouver des dénonciateurs ! que gagneront-ils à vous découvrir toutes les ramifications du complot ! Un conspirateur ordinairement sait mourir, et le même creux engloutira et sa personne et son secret. Je le sais, si en faveur de Carbon il n'y avait que ce moyen, il serait bien insignifiant ; mais telle est l'horreur que ce crime a inspirée, que cet accusé a déjà beaucoup gagné auprès de vous, si, en raison de cette observation que j'ai l'honneur de vous présenter, vous pouvez le voir sans prévention, et prêter une oreille attentive à ses moyens justificatifs.

La France entière, citoyens jurés, réclame ici vengeance de l'horrible attentat de l'explosion de

la rue Saint - Nicaise : nous qui défendons les
accusés, nous la réclamons aussi ; mais c'est la
punition des vrais coupables, de ceux-là seulement
qui seront convaincus. Le Gouvernement est trop
fort, il n'a pas besoin de vengeance ; il abandonne
tous ces accusés à l'action ordinaire de la justice.
Vous êtes placés sur le tertre le plus élevé ; vous
connaissez l'importance de vos fonctions ; vous connaissez votre indépendance ; vous êtes dignes de prononcer dans cette cause, devant vous la justice n'aura
pas de bandeau ; vous tiendrez d'une main ferme sa
balance, et le fer des lois, qui vous est remis, ne
s'égarera jamais sur des têtes innocentes.

Carbon, dit le Petit-François, a-t-il sciemment
servi le complot ! est-il un des conspirateurs ! ou
n'est-il pas plutôt l'instrument le plus vil dont ils se
sont servis ! Avant d'examiner cette question, qui
comprend essentiellement tous mes moyens de défense, permettez-moi d'établir un principe que je
serai peut-être obligé d'invoquer souvent dans cette
cause : ceux qui jugent d'un événement après qu'il
est arrivé, ne peuvent, quoi qu'ils fassent, se mettre
à la place de celui qui en jugeait avant qu'il n'arrivât. Vous voulez être justes, citoyens jurés, et
cependant il ne dépendra pas de vous, qu'alors que
vous allez examiner quel était le but des démarches
de Carbon, que vous allez chercher à connaître
quelle était son intention quand il agissait, l'idée
de l'explosion de la rue Saint - Nicaise ne vienne
douloureusement affecter votre imagination ; qu'elle
ne s'y présente escortée du hideux tableau de tous
les meurtres qu'elle a causés, et de tous les malheurs
qui en eussent été la suite si elle eût réussi : voilà
cependant ce qui constitue la prévention. Si vous
pouviez secouer cette faiblesse (passez-moi cette
expression), si vous pouviez être libres, indépendans

de ce sentiment, c'est alors, et c'est seulement alors que vous rendriez une déclaration vraiment saine, et qui satisferait également et la société qui demande vengeance des crimes, et la justice qui ne veut que la punition des coupables.

Il faut, citoyens jurés, diviser en deux époques la conduite de Carbon ; il faut examiner ce qu'il a fait avant l'explosion, et ce qu'il a fait après. Si avant l'explosion il a eu la moindre idée du but vers lequel on le dirigeait, il est coupable, je vous l'abandonne : après l'explosion il peut en avoir eu l'idée sans être criminel ; mais alors il faut encore examiner sa conduite, et par l'intention de ses actions postérieures, chercher à expliquer l'intention de ses actions antérieures.

Carbon est né à Paris dans l'une des dernières classes de la société. Orphelin de bonne heure, il a servi dans la marine : il n'y a pas fait un chemin très-avancé. Son éducation n'a pas été soignée ; il n'a même reçu que celle que le hasard des circonstances lui a procurée. Familiarisé de bonne heure avec le besoin, le malheur et le danger, il a beaucoup voyagé ; par-tout il a porté cet esprit d'insouciance qui le caractérise. En raison de cet état de dépendance dans lequel il a vécu, et pour lequel peut-être il était destiné à vivre toujours, jamais il n'a porté un regard curieux dans l'avenir ; jamais il n'a calculé le passé ; il est toujours resté enfermé dans le cercle étroit du présent. Il est, citoyens jurés, des hommes qui, de bonne heure, façonnés à l'obéissance, seraient même embarrassés de leur indépendance, et qui suivent aveuglément l'impulsion qu'on leur donne, sans même chercher à deviner quel est le but vers lequel on les détermine : tel est Carbon, dit le Petit-François ; l'insouciance est son caractère. Et peut-être n'est-il pas au-dessous des importantes fonctions qui vous sont confiées , de chercher à connaître quel est celui d'un accusé ; c'est cette connaissance souvent qui vous aide à deviner quelle était l'intention de ses actions. Carbon est devant vous, il court le plus grand danger ; je ne le lui ai pas dissimulé, le glaive de la loi est sur sa tête ; il n'est peut-être attaché que par un crin, et cependant, vous l'avez vu, il a déployé devant vous le même caractère ; il est tranquille ; il est là ce qu'il a été , ce qu'il sera toujours. Un homme comme Carbon a pu être facilement séduit et entraîné. S'il eût vécu parmi les amis de notre révolution, il en eût été sans doute le partisan ; mais le hasard l'a placé sous la dépendance d'hommes qui avaient l'intention de lever l'étendard de la révolte , et Carbon est devenu chouan. Il a servi en Bretagne sous différens chefs de division , et vous savez que c'est particulièrement sous M. de Puisaye. *

Tout dépend ordinairement du premier coup-d'œil que l'on jette dans une cause, du point où l'on se place pour l'observer ; vous ne devez pas oublier ces premiers détails.

Pendant tout le temps qu'il a porté les armes dans la Vendée, il n'a jamais été sous les ordres de Limoelan, ni de Saint-Réjant, ni d'aucun des chefs de chouans qui figurent comme accusés dans cette affaire. Parmi les chouans, il n'a pas eu de grade marquant ; car je suis bien loin de regarder comme gradé ce vain titre de capitaine qu'on lui a conféré dans la dernière campagne , et qui réduisait ses fonctions à-peu-près à celles d'un infirmier soignant les blessés. On le sait assez, dans les derniers temps, quand les chouans étaient réduits au plus petit nombre, on ne trouvait plus suffisamment d'hommes pour placer tous les titres qu'on avait à donner ; il fallait cependant des gens titrés , et de-là l'individu le plus obscur, comme Carbon, obtenait facilement une qualité qui le laissait sans fonctions comme sans émolumens.

Lorsque le chef de division sous lequel il servait a fait sa soumission aux lois de la République, Carbon a fait aussi la sienne. Il est resté quelque temps en Bretagne, ensuite il est revenu à Paris. Il a trouvé un asile chez sa sœur; chez sa sœur il a trouvé l'hospitalité, l'accueil le plus fraternel. Comme il l'en a récompensée! Pour prix de ce service, il a fait languir pendant trois mois dans les prisons, cette mère de famille, pauvre, mais connue pour exercer toutes les vertus douces et tranquilles; il a fait languir pendant trois mois dans les prisons ses deux nièces, enfans intéressans par leur âge, leur figure, leur innocence; il les a placées sur le banc où le crime seul doit s'asseoir. Il semble, citoyens jurés, que par une étonnante fatalité qui s'attache à cet homme, il fait toujours le mal sans le vouloir, sans le desirer, sans le savoir. Encore qu'il eût trouvé un asile, il n'avait pas de quoi exister: sans patrimoine, sans argent, sans état, sans talent, il était, par cela seul, à la disposition du premier qui voudrait l'employer. Toutes ses connaissances se composaient essentiellement de celles qu'il avait faites parmi les chouans. On lui proposa d'abord de servir Châteauneuf, d'être son commissionnaire : il le servit en effet. Châteauneuf n'étant point inculpé dans cet acte d'accusation, cette circonstance repousse d'abord l'idée que Georges ait adressé Carbon à Paris pour l'exécution du projet; car il eût, dès les premiers momens, servi Limoelan, et sur-tout il eût été plus riche. Ce n'est qu'ensuite qu'il devint le commissionnaire de ce dernier; et voilà ce capitaine de chouans s'estimant trop heureux d'être domestique à Paris.

Combien de temps, citoyens jurés, Carbon a-t-il servi Limoelan!

Il faut encore vous arrêter à ces détails. C'est pendant trois mois seulement, avant l'explosion de la rue Saint-Nicaise.

Comment penserez-vous que Limoelan, cet homme sombre, audacieux, profond, dissimulé, qui, occupé d'un pareil projet, devait craindre la moindre indiscrétion ; cet homme qui cachait une ame atroce sous les dehors de l'amabilité, qui, par son caractère aujourd'hui dévoilé, pourra figurer parmi les conspirateurs du premier ordre ; comment penserez-vous, dis-je, qu'il eût été assez imprudent pour confier son secret, celui de ses amis, dont il ne pouvait disposer sans leur aveu, celui peut-être d'une puissance étrangère, à son domestique, qui ne lui était attaché que depuis si peu de temps ! Non, vous ne le croirez pas ; et c'est déjà un puissant moyen justificatif en faveur de l'accusé que je défends.

Carbon, en Bretagne, avait eu quelque connaissance du commerce qu'on y faisait ; il avait même eu quelque idée de se mettre marchand forain, d'aller acheter des toiles à Laval, et de venir les vendre à Paris : mais, pour former ce petit établissement, pour entreprendre ce petit commerce, il lui fallait de l'argent ; il n'en avait pas.

Vers le 26 frimaire dernier, Limoelan lui ordonna d'acheter un cheval et une petite charrette. C'était, disait-il, pour transporter à Versailles et faire ensuite tenir à ses amis, différens effets précieux qu'il ne voulait pas que personne vît. Il pouvait se dispenser d'indiquer son motif ; son domestique ne devait pas lui demander quels étaient le but et l'intention de l'action qu'il exigeait de lui.

Limoelan paraissait-il être l'ami du Gouvernement ? Carbon connaissait-il ses sentimens ! Je n'en sais rien ; mais en raison de son état de misère, il ne pouvait choisir le maître auquel il devait s'attacher. D'ailleurs,

C 4

il avait servi long-temps chez les chouans ; pendant long-temps on l'avait façonné à la plus servile obéissance : il avait appris à exécuter les ordres qu'on lui donnait sans les examiner, sans les apprécier, sans réfléchir. Parmi les chouans, on donnait un ordre ; il fallait obéir ou mourir. Cependant Limoelan daigna cette fois franchir l'immense distance qui le séparait de son domestique ; il lui déclara que s'il remplissait fidèlement la commission dont il le chargeait, il lui abandonnerait ensuite le cheval et la charrette.

Carbon voulait devenir marchand forain. Ce petit cheval et cette petite charrette étaient pour lui une espèce de fortune. Il voyait le moyen d'accomplir tous ses projets. Déjà il se croyait un citoyen de la République ; déjà il croyait qu'il allait avoir un état, être indépendant : il tournait toutes ses vues vers ce bienheureux avenir ; et le voilà désormais disposé à suivre servilement tous les ordres de son maître. Il ne va plus rien examiner ; et sans cela, domestique soumis, ne doit-il pas obéir !

L'acquisition du cheval et de la charrette ont lieu. Limoelan lui ordonne de chercher une remise pour les placer ; Carbon la trouve rue de Paradis, n.° 23 ; et le domestique dépositaire du secret de son maître, par une mal-adresse insigne, loue cette remise dans une des maisons de Paris où les locataires sont en plus grand nombre ; où par conséquent rien de ce qu'il va faire ne pourra échapper aux regards curieux qui vont l'environner.

Limoelan, dit l'acte d'accusation, *se rendit plusieurs fois sous cette remise, et lui et Carbon firent en secret toutes les dispositions que leur infame projet nécessitait.*

N'oubliez pas, citoyens jurés, que Limoelan avait un projet mystérieux ; que, sous ce rapport, il se dispensait de rien confier à Carbon, et qu'il lui interdisait toute question qui n'eût été qu'une indiscrétion.

Il faut que vous voyiez dans Carbon l'ami, le confident, l'égal de Limoelan ; et dès-lors il serait coupable.

Mais le contraire de cette proposition est déjà parfaitement établi, et par le résultat du débat, et par l'instruction même.

Ou il faut que vous ne voyiez dans Carbon que le domestique, l'homme essentiellement obéissant ; et alors, quoi qu'il ait fait, en quoi qu'il ait servi le projet, il n'est plus que l'instrument aveugle, que la machine agissante qui obéit sans motif comme sans idée aux lois d'impulsion de son principe moteur.

Maintenant, citoyens jurés, je vais accepter toutes les charges qui s'élèvent, non-seulement de l'acte d'accusation, non-seulement du débat, mais encore toutes celles qui n'ont été prononcées par aucune déposition de témoins, toutes celles enfin qui naissent de l'imagination la plus indignée.

J'accepte que Carbon ait acheté le cheval et la charrette, qu'il ait trouvé une remise pour les placer, que ce panier qu'on lui a vu apporter le 2 nivôse ait été plein de poudre, que Carbon ait en effet transvasé cette poudre de ce panier dans le grand tonneau, que cette tasse qui a été par lui empruntée à la portière ait servi à cette opération, et qu'alors qu'il l'a rendue, elle ait été imprégnée de l'odeur de la poudre, qu'il ait mystérieusement surveillé la voiture pour empêcher que personne n'en approchât.

Pour cela est-il coupable !

Non, citoyens jurés.

N'est-il pas possible que Limoelan, qui avait été chef de division parmi les chouans, ait eu chez lui une certaine quantité de poudre qui ne fût pas de fabrication nationale ; que n'étant pas en règle pour

ses papiers, et pouvant craindre que la police ne vînt
faire une visite chez lui, il ait ordonné à son domestique d'acheter un cheval et une charrette, de
transporter cette poudre sous la remise, de la vider du
panier dans un grand tonneau, d'acheter également
des blouses pour se déguiser, lui et son domestique,
afin de la transporter d'une manière plus sûre dans
un endroit quelconque, où ils pouvaient être à l'abri
de toutes recherches !

Dites-moi, citoyens jurés, si nul autre que celui
dans la tête duquel le projet de la machine infernale
est tombé, pouvait deviner à quoi devaient servir
un cheval, une charrette et un petit tonneau de
poudre. Si nul autre ne pouvait deviner que ces
différens objets, dans l'intérieur de Paris, fussent
destinés à ébranler les fondemens de notre Constitution et à donner la mort au premier Consul, comment
voulez-vous que, par inspiration, cette idée ait été
se placer dans la tête de Carbon, dans la tête d'un
homme dont le caractère vous est maintenant bien
connu ! Mais, je le sais, dans une cause de cette
importance, où il s'agit du plus cher intérêt de l'État,
où il s'agit d'un attentat contre la personne du premier Consul, ce ne sera pas facilement que vous
accepterez une version justificative, et vous ferez une
réflexion qui m'avait d'abord frappé.

La même machine infernale avait été deux mois
auparavant saisie par la police entre les mains de
ceux que nous nommons des *exagérés*. Dès-lors,
un cheval, une charrette, un peu de poudre, étaient
des indices suffisans pour apprendre à Carbon quelles
étaient les intentions de Limoëlan, et que son maître
combinait une machine semblable. Je l'avoue, cette
première réflexion a fait un tel effet sur moi, qu'elle
m'a fait reculer d'effroi. Je n'ai vu dans Carbon qu'un
coupable, et déjà je l'abandonnais.

Pensez-vous que, dans une cause de cette nature, chacun de nous n'ait pas scrupuleusement examiné la conduite de son client, qu'il n'ait pas rempli les fonctions de premier juré, qu'il n'ait pas sur-tout calculé avec lui-même si sans impudeur il pouvait prendre la parole ! Mais une autre réflexion est venue détruire complétement l'effet de la première. En effet, deux mois auparavant, le même projet, la même machine infernale avait été saisie par la police : mais la police avait enveloppé dans l'ombre la plus épaisse sa découverte ; c'était dans le secret qu'elle cherchait à ramasser les fils de cette conspiration ; ni vous, ni moi, ni Carbon, ne savions rien de l'opération à laquelle elle se livrait. Dès-lors la version de cet accusé reste toute entière : il a pu n'être qu'un instrument aveugle. Le cheval, la charrette, le tonneau de poudre même, si l'on veut qu'il y ait eu de la poudre sous la remise, ne parlaient point à l'imagination de Carbon, n'indiquaient aucun projet de conspiration. Ce pouvait n'être qu'une opération simple et telle que celle que je vous ai indiquée, que faisait Limoelan ; l'intention de l'accusé était donc innocente, ou du moins il est impossible d'établir que ce soit en connaissance de cause qu'il ait agi. Mais si j'ai pu justifier Carbon en acceptant toutes les charges, si j'ai pu faire le *plus,* sans doute je pourrai faire le *moins.* Je vais maintenant vous démontrer que la plupart de ces charges même n'existent pas, que ce ne sont en effet que des suppositions auxquelles je me suis prêté, pour faire ressortir d'une manière plus évidente les moyens justificatifs de l'accusé. Suivons donc les faits dans leur ordre naturel.

Limoelan ordonne à Carbon, comme j'ai eu l'honneur de vous le dire, d'acheter un cheval et une petite charrette. L'acquisition en est faite. Il lui ordonne d'avoir des blouses, parce que, suivant son projet de passer pour marchand forain, il fallait que lui et son domestique fussent déguisés.

Enfin, le 2 nivôse, il lui remet un panier assez lourd et très-bien fermé, pour le transporter sous la remise et le placer sur la charrette. Dans le débat, on a d'abord pensé que ce panier devait contenir ou de la poudre ou de la mitraille; mais sa capacité vous a été indiquée, et cette supposition est détruite de la manière la plus évidente. Si ce panier contenait de la poudre, il était trop lourd; il était impossible que Carbon le portât : s'il renfermait de la mitraille, la même objection se présente.

Que contenait-il donc ? Carbon n'en sait rien : c'est à Limoelan qu'il faut le demander; il a fui; il a emporté avec lui son secret. Ce qu'il y a de certain, c'est que Carbon ne pouvait deviner ce qui y était contenu. Ce panier était fermé, il ne pouvait l'ouvrir; il contenait le secret de son maître; il ne pouvait ni le dévoiler ni souffrir qu'on le dévoilât. D'ailleurs il a été placé sur la charrette, à côté de deux tonneaux vides; et il a été vu ainsi placé, ainsi fermé, par les deux témoins qui ont vu partir la charrette.

On ordonne à Carbon encore d'acheter un premier tonneau ; mais il faut se fixer sur ce point.

A peine a-t-il acheté ce tonneau, à peine l'a-t-il fait entourer de cercles de fer, que Limoelan et un autre particulier se présentent sous la remise, et déclarent qu'il est trop petit, qu'il ne peut servir. Dites-moi, citoyens jurés, si Carbon eût été le dépositaire du secret, se fût-il trompé la première fois ! eût-il manqué son coup s'il eût su ce qu'il devait contenir! ne l'eût-il pas pris de la capacité convenable ! Il a bien dit au tonnelier qu'on devait y mettre de la cassonade; mais c'est une de ces réponses vagues qu'on fait à une question importune. Le fait est qu'il ne savait pas à quoi il devait servir.

Les domestiques sont ordinairement très-curieux de savoir à quel but tendent les actions de leurs maîtres : mais ils cherchent à le deviner ; ils ne le demandent pas. Que répondriez-vous à votre domestique, auquel vous donneriez un ordre quelconque, qui vous interrogerait sur vos motifs et sur votre intention ! ne réprimanderiez-vous pas son indiscrétion ! Cependant l'imagination de l'homme ne reste pas inactive ; et Carbon vous a dit comment il avait pris le change : mais il est certain que le panier ne contenait pas de la poudre ; à quoi aurait-elle servi ! Vous savez que les deux tonneaux sortirent vides de dessous la remise, et que le grand ne fut rempli que dans la rue Saint-Denis ; que le panier était fermé. Il y aurait eu trop de danger à faire transporter de la poudre sous cette remise, et Limoelan était trop adroit pour le faire.

Mais examinons la déclaration de quelques témoins qui ont paru dans les débats.

D'abord, la femme Thomas vous a dit, en se conformant d'ailleurs à la déclaration des différens autres témoins, qu'elle avait vu deux caisses dans la voiture. Ce témoin, vous le savez (et ce n'est pas ici un fait que je controuve, c'est une circonstance qui s'est passée sous vos yeux), ce témoin, indigné sans doute par ce crime, a montré beaucoup de chaleur ; elle a parlé avec beaucoup de vivacité ; elle n'était pas dans ce calme de l'ame, qui convient à un témoin qui vient seulement rapporter un fait et ne dire que la vérité.

Mais à ce premier témoin j'oppose la déclaration de deux autres : d'abord, la déclaration bien tranquille, bien décente du C.en Mesnager, propriétaire de la maison où était située la remise ; le C.en Mesnager vous a dit qu'il avait vu la voiture chargée de tonneaux, mais qu'il n'y avait pas vu de caisses : enfin, la déclaration de la femme Roché, la portière, qui est absolument conforme.

Celle-ci a également vu la voiture, et n'y a pas vu de caisses. Bien plus encore, la déclaration du mari de cette femme, celui qui a fait les trous aux brancards de la voiture, qui a été plus à même qu'un autre d'examiner ce qu'elle contenait, et il vous a déclaré qu'il n'avait vu que deux tonneaux, un panier et point de caisses. La femme Roché a ajouté une autre circonstance à sa déclaration : elle vous a dit que Carbon lui a emprunté une tasse brune qui est sous vos yeux ; que quand il la lui a rendue, elle était imprégnée d'une odeur tellement forte, qu'elle l'a prise pour être celle de la poudre.

D'abord, si Carbon se fût servi de cette tasse pour transvaser de la poudre du panier dans le grand tonneau, il l'eût lavée jusqu'à ce qu'elle eût perdu cette odeur. Comment concilierez-vous cette imprudence avec le mystère dont il entourait cette remise, et avec les soins qu'il prenait pour que personne ne pût apercevoir ce qu'elle contenait ?

Mais il est une autre raison bien plus forte : je ne puis penser que de la poudre que l'on transvase par le moyen d'une tasse, puisse laisser à ce vase l'odeur que la portière croit y avoir reconnue. La poudre ne dépose d'odeur qu'autant qu'elle a été brûlée. Carbon, d'ailleurs, explique cette circonstance de la manière la plus simple et la plus naturelle : il vous dit qu'il avait vu sa propriété dans ce petit cheval, qu'il le soignait avec la plus grande exactitude ; que quelques boutons lui étaient venus au cou ; qu'il avait reçu de son urine dans cette tasse, avec laquelle il avait lavé ces boutons. Sans doute le séjour prolongé de l'urine dans ce vase, lui a imprégné l'odeur que le témoin a prise pour celle de la poudre.

Dites-moi, citoyens jurés, pourquoi donc la femme Thomas, pourquoi la femme Roché se seraient-elles un instant écartées de la vérité dans leur déclaration?

Faut-il en chercher long-temps le motif? c'est cet esprit de prévention qui a saisi nécessairement tous les témoins lorsqu'ils sont venus déposer dans une cause de cette importance, et lorsqu'ils témoignaient contre un homme prévenu d'un crime aussi épouvantable; esprit de prévention d'autant plus pardonnable, que vous-mêmes, citoyens jurés, en êtes saisis en ce moment, que tous ceux qui m'entendent le sont également, et que moi-même qui parle devant vous, je ne sais pas bien si je suis libre encore de ce sentiment.

Vous vous rappelez cette autre circonstance de la déclaration du C.^{en} Roché; c'est lui qui a percé les trous aux brancards de la charrette.

C'est sans l'ordre de Limoelan que Carbon a fait faire ces trous. Il s'agissait d'alonger l'attelage du petit cheval, pour qu'il fût moins fatigué. Or, si Carbon n'eût pas pensé que ce petit cheval dût lui appartenir un jour, pourquoi l'aurait-il soigné avec autant d'exactitude? Il avait bien amené la charrette de la rue Meslée rue de Paradis; il pouvait également la traîner de là dans la rue Saint-Nicaise. A quelle fin alonger l'attelage, appeler inutilement deux yeux de plus sous cette remise? Craint-on de fatiguer un petit cheval dévolu à la mort pour le lendemain? Cette observation est si naturelle, qu'elle a été faite par tout le monde, et je l'ai saisie dans la bouche même du président du tribunal.

Poursuivons. J'arrive, citoyens jurés, à la journée du 3 nivôse, époque de l'explosion. Il est quatre heures et demie, le petit cheval est attelé à la charrette.

Il faut encore fixer un instant son attention sur

ces détails. Pourquoi les conspirateurs partaient-ils à quatre heures ! le premier Consul ne devait passer par la rue Saint-Nicaise qu'à huit heures : c'était celle indiquée pour la représentation de l'*Oratorio*. On a voulu mettre en doute que la version de Carbon fût vraie, quand il a dit que pas un grain de poudre n'était entré sous la remise, que la machine infernale n'y avait pas été fabriquée : mais si on ne devait pas faire une pause, et une pause assez longue, au lieu de partir à quatre heures et demie il suffisait qu'on partît à six heures et demie ; il fallait même que cette voiture ne fût pas long-temps dans la rue, pour qu'elle n'inspirât point de soupçons. De ce qu'elle est partie à quatre heures et demie, je crois pouvoir en tirer l'induction que la version de Carbon est vraie autant qu'elle est vraisemblable ; que la machine infernale n'a pas été fabriquée sous la remise, mais dans la rue Saint-Denis.

Je reviens sur le moyen que j'ai déjà fait valoir : Carbon voyait bien que Limoelan avait un projet mystérieux ; mais, je l'ai déjà dit bien des fois, devait-il chercher à le découvrir ! devait-il dénoncer son maître, le dénoncer sur une circonstance de sa conduite qu'on ne peut expliquer ! S'il l'eût fait, et que son intention eût été innocente, le domestique perdait tous ses moyens d'existence, il perdait toute estime ; aux yeux de tous il n'était qu'un lâche délateur. Comment lui faire un crime de n'avoir pas fait ce que nul de nous ne lui eût conseillé !

Mais il restait de la nourriture du cheval, une botte de foin, une botte de paille et un boisseau d'avoine ; Carbon place le tout dans la charrette : étaient-ce là des moyens meurtriers ! Carbon pensait qu'il allait à Versailles, et que cette nourriture servirait au cheval, soit sur la route, soit à son arrivée. Limoelan l'observe avec ce sang-froid qui tient à

son

son caractère , et , sans doute, il s'applaudit d'avoir ainsi fait prendre le change à son domestique. Avant de se mettre en route, Limoelan trouve que le derrière de la bâche de la voiture était trop clair , et , par Carbon , il fait doubler le derrière de cette bâche par la partie de cette même bâche qui couvrait le devant de la voiture.

On part enfin. Il y avait dans la voiture deux tonneaux vides, un desquels était défoncé ; ce dernier était celui que Carbon avait acheté, et qu'on avait déclaré ne pouvoir servir ; l'autre était celui envoyé par Limoelan. Il y avait, de plus, ce panier dont le contenu est une énigme , et qui peut-être ne contenait rien, qui n'était là que pour fixer les incertitudes de Carbon, amuser son imagination , et l'éloigner davantage du véritable point.

On arrive à la porte Saint-Denis ; là a commencé l'exécution des projets de Limoelan. On charge Carbon de maintenir le cheval : deux commission-naires emportent dans leurs bras le grand tonneau ; ils s'enfoncent dans la rue Saint-Denis , et , quelque temps après, ces deux commissionnaires, rapportant le même tonneau devenu plus lourd sur une charrette à bras, reviennent suivis de deux particuliers, un desquels est Saint-Réjant. Les quatre individus réu-nissent leurs efforts ; on place ce tonneau sur la petite voiture, et on continue la route.

Ici, citoyens jurés, tout, sans doute, devenait en-core plus mystérieux pour Carbon ; mais que vou-liez-vous qu'il fît ! Il ne va plus un instant quitter Limoelan ; il est impossible que la moindre réflexion naisse chez lui. Le voilà désormais, par une fatalité, attaché étroitement aux projets des conspirateurs. On suit les rues Neuve-Égalité et Neuve-Saint-Eus-tache : Limoelan faisait mettre dans cette charrette les grès et les pierres qu'on trouvait ; en raison de ce

2.   D

qu'on avait placé le grand tonneau sur le derrière, la charrette se trouvait trop lourde vers ce côté, et Limoelan ne manque pas de dire que c'était pour former le contre-poids.

Avant d'arriver à la place des Victoires, on congédie Carbon.

Vous voyez, citoyens jurés, que Limoelan n'a confié à Carbon, de ce projet, que ce qui était insignifiant. L'acquisition d'un cheval, d'une charrette, le transport sous la remise du panier fermé, étaient des objets qui ne pouvaient lui inspirer aucune défiance. Vous y croirez, sur-tout si vous vous rappelez ce que j'ai déjà eu l'honneur de vous faire observer : la distance est immense entre les idées d'un homme qui juge d'un événement semblable après qu'il est arrivé, et celles de l'homme qui en jugeait avant. C'est à d'autres mains, c'est à des mains plus sûres, c'est à de vrais conspirateurs que Limoelan a confié le soin de combler le tonneau de poudre et de mitraille. Carbon n'a jamais su où était l'atelier où a été fabriquée cette machine infernale ; s'il l'eût connu, il l'eût indiqué. Ses aveux ont toujours été très-abondans ; il n'y a jamais mis la moindre réticence. Il a nommé toutes les personnes avec lesquelles il a été en relation. Si l'on eût saisi un conspirateur en sa personne, il n'eût rien dit.

Voilà, citoyens jurés, la première époque de la conduite de Carbon ; je crois vous avoir démontré qu'on ne lui a rien fait faire qui pût lui apprendre quel était le but de Limoelan. S'il eût été question d'un crime ordinaire, vous auriez raison de reprocher au domestique de n'avoir pas deviné l'intention des actions de son maître par les apprêts qu'il faisait ; mais c'était un crime nouveau, un forfait tel que les annales du crime n'en fournissent pas d'exemple : et comment voulez-vous que seulement par ce qu'il a vu, il ait pu lire dans l'ame profondément dissimulée de Limoelan! S'il eût été coupable, s'il eût été un conspirateur, il eût assisté à tous les conciliabules; eh bien! il n'a assisté à aucun. En vain voudrait-on m'opposer l'argument que je présente moi-même, que Carbon n'était rien que le domestique de Limoelan; en ce sens, il serait sans force. Vous le savez, alors qu'un domestique est dépositaire des secrets de son maître, que le secret est une conspiration, il devient son égal; il est même l'égal d'un prince, alors que c'est un prince qui conspire.

Mais j'irai plus loin, et j'oserai vous dire : Si Carbon eût été un conspirateur, si Carbon eût eu le secret de la conspiration, n'en doutez pas, nul autre que lui ne devait mettre le feu à la machine infernale. Quand je vous aurai démontré que les conspirateurs ne voyaient pas dans Carbon un homme sûr, qu'ils savaient qu'il était capable de trahir leur secret, vous conviendrez qu'ils ne devaient pas le lui confier, ou que, s'ils avaient eu cette imprudence, ils devaient faire de cet homme leur première victime; rien n'était plus aisé : Carbon a été marin, il a assisté à plus d'un combat, il était capable de mettre le feu à la machine infernale s'il eût trempé dans le complot, et en prêtant ici aux conspirateurs le caractère qui leur convient, ils cherchent toujours à briser l'instrument dont ils se servent. On pouvait, devant Carbon, faire une expérience de la durée du temps qu'il fallait pour que l'amadou mît le feu à la poudre, raccourcir cette mèche ensuite, et Carbon, plein de confiance, eût mis le feu, l'explosion l'eût tué, et les conspirateurs eussent été assurés de son silence.

Mais, citoyens jurés, ce que j'ai eu l'honneur de vous avancer, que Carbon n'avait pas la confiance de Limoelan ni des conspirateurs, se prouve par un propos d'un des prévenus qui n'est pas présent, propos que vous trouverez consigné dans l'acte d'accusation. Ce particulier disait chez la femme Jourdan: *Je connais Sollier, je vous prie de lui faire savoir que je suis venu pour le prévenir de l'arrestation du Petit-François : c'est un coquin qui peut tout découvrir et faire arrêter Sollier ; je suis fâché de ne l'avoir pas fait fusiller dans la Vendée.*

Quoi! c'est à un homme dont on fait une pareille peinture, à un homme qui, dès le moment qu'il sera arrêté, déclarera tout, que l'on confie un pareil secret !

Si Carbon eût été un conspirateur, on ne pouvait craindre de lui aucune espèce d'indiscrétion ; son intérêt personnel la lui interdisait : mais il n'était que l'instrument passif, que l'instrument aveugle; on craignait seulement que, du moment qu'il serait arrêté, il ne dévoilât à la police tout ce qu'il avait vu, tout ce qu'on avait exigé de lui; que la police, ainsi renseignée, ne découvrît bientôt toutes les traces du crime et celles des coupables, et voilà précisément ce qui est arrivé.

Mais, citoyens jurés, d'autres charges s'élèvent encore contre Carbon : on a trouvé dans son domicile un petit tonneau de poudre, on y a trouvé des blouses et des cartouches.

A l'égard de ces cartouches, Carbon vous a dit qu'étant revenu de la Vendée, il les avait sur lui ; qu'il les avait placées dans un endroit quelconque. Ce fait est certain; il est constant par la déclaration des filles Vallon, qui même n'ont jamais vu ces cartouches.

Quant au petit tonneau de poudre, certes, si l'on mêle tous les détails, si l'on veut mêler toutes les dates, il s'élèvera contre Carbon une masse de preuves qui le tuera; mais vous devez à la probité, à l'honneur, à vos fonctions, de ne pas aller au-devant des preuves, de les attendre, de vous tenir au centre de la discussion, libres de tout sentiment de prévention, de laisser chaque détail à sa place, et chaque fait à sa date.

C'est lorsque Limoelan a changé de domicile, qu'il a ordonné à Carbon de transporter chez lui le petit tonneau contenant douze livres de poudre et un tonneau vide; c'est plus de vingt jours avant l'explosion que cette circonstance a eu lieu : qu'y avait-il alors d'extraordinaire que Limoelan eût en sa possession cette quantité de poudre! il était chouan, il avait des propriétés où il pouvait chasser, et cette poudre était de la poudre de chasse.

Quand il vint, après l'explosion, chez la femme Vallon, et qu'il y brisa le petit tonneau vide, il voulait qu'on mît les douze livres de poudre dans un sac et qu'on les fît disparaître; qu'on brûlât le second tonneau, qu'on brûlât les blouses; c'est la femme Vallon qui s'y opposa : cette malheureuse pensait - elle que ce dépôt un jour lui coûterait si cher! Limoelan n'osa pas insister, de peur de faire concevoir des soupçons à cette famille et de provoquer une indiscrétion qui pouvait lui devenir bien fatale : mais du moins, en brûlant le tonneau, il donnait une leçon à Carbon, dont celui-ci eût profité s'il eût été coupable; il lui apprenait comment on faisait disparaître ces témoins insensibles et muets, mais qui n'en étaient que de plus terribles accusateurs. L'imprudence de Carbon, celle de sa sœur et de ses nièces, qui laissaient tous les objets, et notamment les blouses, en évidence dans leur chambre, prouvent leur innocence : et le caractère le plus significatif de l'innocence, n'est-il pas en effet la simplicité, l'imprévoyance!

Les conspirateurs qui ont trempé dans ce complot,

D 3

doivent avoir été en très-petit nombre : il était trop difficile de trouver beaucoup d'hommes capables de se familiariser avec le projet d'un pareil attentat. C'est la seule idée consolante sur laquelle l'esprit fatigué se repose dans ce procès. Oui, ceux qui ont commis ce crime n'avaient pas l'ame façonnée comme celle des autres hommes.

Vous avez déjà jugé sans doute que rien ne démontre suffisamment que Carbon, dit le Petit-François, ait sciemment contribué à l'exécution du complot de la machine infernale. Quelques indices, j'en conviens, paraissent bien s'élever contre lui; mais qu'ils sont loin de former des preuves positives, ou même des preuves morales! Trouvassiez-vous encore de quoi composer des preuves morales, je suis en droit de douter que vous pussiez les accepter. Quand une preuve n'est pas positive, elle n'est plus une preuve; quand une preuve n'est pas matérielle, elle n'est plus une preuve, elle n'est qu'un soupçon, qu'un indice. Grand dieu! des preuves morales quand il s'agit de prononcer sur l'existence d'un homme! Si l'on pouvait employer devant vous toutes les expressions d'un orateur justement célèbre, je vous dirais: Le substantif *preuve* et l'adjectif *morale*, en matière criminelle et quand il s'agit de la vie des hommes, hurlent d'effroi de se trouver ensemble.

Si jusqu'au moment de l'explosion Carbon n'a pas deviné quel était le but vers lequel on le dirigeait, il n'est pas coupable. Après l'événement il a pu en avoir quelque idée; mais il faut chercher à éclaircir par sa conduite l'intention de ses actions antérieures.

Le 3 nivôse, cherche-t-il à fuir! Non, citoyens; il se retire, comme à son ordinaire, au domicile de sa sœur. Le lendemain il trouve Limoelan au rendez-vous indiqué. Celui-ci lui remet deux louis, et lui promet de lui donner incessamment le petit cheval et la petite charrette. Le surlendemain Limoelan vient, pour la première fois, au domicile de la femme Val lon, et, en raison des visites domiciliaires que la police doit faire, il brise le tonneau vide. Vous savez comment il voulait faire disparaître tous les indices. Quelle sécurité ! Carbon, la femme Vallon, ses filles, sont avertis qu'on fera des visites chez eux, et ils conservent ces blouses, ce tonneau de douze livres de poudre, quoique Limoelan les eût pressés de s'en défaire.

Deux jours encore après, Limoelan vient encore chez Carbon ; mais cette fois il emploie l'autorité qu'il avait sur lui, pour l'arracher du domicile de sa sœur et le mettre dans un lieu plus sûr. En vain, en ce moment, Carbon soutiendrait que ses yeux n'ont pas été dessillés ; il est à croire qu'il a enfin compris qu'il avait été l'instrument aveugle du crime atroce de l'explosion de la rue Saint-Nicaise. Mais plus ce crime était abominable, plus il devait craindre qu'on ne le soupçonnât d'y avoir pris part ; et, par la même fatalité qui l'a toujours poursuivi, il se trouvait uni au sort et au destin des conspirateurs. Il était au fond de l'abîme, et il fallait qu'il s'attachât encore à la main qui l'y avait plongé. On pouvait compter sur sa docilité : vous savez comment il a été successivement conduit de la rue Cassette dans la rue Notre-Dame-des-Champs.

Devait-il dénoncer ceux qui l'ont employé ! Oui, sans doute ; et s'il l'eût fait, sa justification en serait plus facile aujourd'hui. Mais vous savez d'abord combien tout homme, pour peu qu'il ait quelque délicatesse, répugne à toute espèce de délation. C'est un système faux. Quand on connaît les indices d'un crime semblable, on doit, soit pour en empêcher l'exécution, soit pour faire saisir et punir les coupables, les dénoncer. Mais peut-être un sentiment de crainte a retenu Carbon ; il a craint d'être compromis. Il voyait qu'il avait été l'instrument du crime ; il craignait que l'horreur qu'il avait inspirée ne formât une charge contre lui, et que ses actions ne fussent regardées comme volontaires, quand en effet elles étaient obligées par ses fonctions et en raison de son état de dépendance auprès de Limoelan : et le sort qu'il éprouve ne justifie que trop bien cette crainte.

Mais il est un fait que vous n'oublierez pas. Suivant Catherine Vallon, et c'est la vérité qui échappe de la bouche de cette enfant, le 3 nivôse, Carbon rentre à neuf heures ; il soupe ; il se couche, et il dort. Le lendemain et les jours suivans, il est tranquille. Carbon, s'il eût été coupable, n'eût-il donc pas été déchiré de soins, d'inquiétude, de remords ! Il eût dormi ! Chez un peuple ancien, on a absous un prévenu de parricide, par cela seul qu'il a été démontré qu'il avait dormi après que le crime a été consommé.

Encore une dernière observation. Tous les conspirateurs cherchent à enfermer leur secret dans le cercle le plus étroit : devaient-ils admettre parmi eux ce Carbon, le domestique de Limoelan, dont ils n'avaient besoin que pour lui faire faire des acquisitions d'objets insignifians ! Il était à leur dévouement, à leur disposition. Le mot de Coste Saint-Victor prouve qu'on n'avait pas grande idée de son caractère ; ils n'ont donc rien dû lui confier. Si après l'explosion ils ont tout fait pour le dérober aux recherches de la police, c'est parce qu'ils craignaient qu'il ne dît tout ce qu'on avait exigé de lui.

Enfin comment Carbon serait-il coupable ! Beaucoup de témoins entendus devant vous ont vu le cheval, la charrette, le panier fermé, les deux tonneaux vides, ont vu le mystère avec lequel on environnait cette remise, et il n'est descendu dans la tête d'aucun que tous ces apprêts fussent destinés à donner la mort au premier Consul.

Quelle différence y a-t-il entre Carbon et eux! Celle-là seule, qu'ils ont vu tous ces objets, et que Carbon les a achetés. Voilà le mot de ma cause ; voilà le vrai moyen justificatif de Carbon. C'est un germe que je dépose dans vos consciences, il doit y fructifier de la manière la plus heureuse en faveur de cet accusé.

Je me suis abstenu d'examiner la question de savoir si l'attentat contre la personne du premier Consul tendait au renversement de notre Constitution. Tant de mains ont essayé de tenir le gouvernail ; une seule l'a dirigé d'une manière habile , et c'est contre cette main que les ennemis de la France ont exhumé tous les feux de l'enfer !

Puisse long-temps le génie protecteur de la France veiller sur les jours de ce jeune héros, qui , sans doute, donnera son nom à son siècle, qui s'est déjà placé si loin des autres hommes, qu'il pourra leur servir de but! En vain on veut le comparer à tant d'autres hommes célèbres qui ont illustré leur âge , notre révolution n'est semblable à aucune de celles qui ont changé tant de fois la surface du globe ; aucun des événemens consignés dans l'histoire n'est semblable à ceux qui se sont passés sous nos yeux. Qu'il sera grand, Bonaparte, quand après avoir sauvé la France , il lui fera sentir les douces influences de la paix générale, qu'il la dirigera vers le haut degré de prospérité qui lui est promis! Un conquérant a dit que l'univers était trop petit pour le contenir. Quelle acquisition Bonaparte aura-t-il encore à faire dans le vaste domaine de la gloire!

Le Gouvernement et le premier Consul, je vous l'ai dit, citoyens, n'ont pas besoin de vengeance. Frappez les coupables ; mais ne frappez qu'eux.

Après vous prononcera l'opinion publique ; après l'opinion publique viendra celle de la postérité. Le temps use la prévention. Ces accusés resteront seuls à côté des charges réelles qui s'élèvent contre eux, on jugera votre jugement. C'est à vous, peut-être, qu'il appartient d'apprendre aux Français que dans toute affaire criminelle, quelqu'intérêt qu'elle comporte, de quelque manière qu'elle se rattache au Gouvernement, c'est la justice, et la justice seule, indépendante, qui prononce ; que le temps est venu où tous les partis doivent se fondre en un seul, où toutes les opinions doivent se réunir à la même ; où tous les Français, enfin, d'un accord unanime, doivent pousser aussi les portes du temple de Janus, que le premier Consul fermera d'un bras victorieux.

PLAIDOYER

DU C.ᴇɴ DOMMANGET

Pour l'accusé Saint-Réjant.

CITOYENS JURÉS,

Combien est pénible la tâche que je me vois obligé de remplir en ce moment! De combien de préventions me semble, en ce moment, environné l'homme qui m'a chargé de sa défense! Dans quel isolement il se trouve! Pas un seul témoin ne s'est présenté pour attester sa moralité. Sa moralité! il a été obligé de vous le confesser lui-même, il fut constamment attaché au char des ennemis de la révolution. On vous l'a présenté comme un homme auquel tous les moyens avaient été propres, qui était descendu jusqu'au rôle vil de voleur et d'assassin pour dépouiller les diligences publiques. On vous l'a présenté comme l'homme dénoncé d'avance pour devoir mettre le feu à la machine infernale. Dans tous les débats, lorsque nous n'avions encore aucune preuve s'il était coupable ou innocent, on lui a constamment adressé cette parole : Vous êtes l'auteur du crime, vous avez mis le feu à la machine, vous la connaissiez. Par-tout, il a été condamné lorsqu'à vous seuls il appartenait de prononcer sur son sort.

Est-il donc, cet homme que je défends, aussi atroce qu'on a voulu vous le montrer! car peut-être dans un crime de cette nature, c'est le caractère de l'homme qu'il faut consulter d'abord. Je n'ai pas, je l'ai dit, de témoins à vous présenter; mais, citoyens

jurés., sans des événemens sur lesquels peut-être il me
sera permis de verser aussi quelques larmes de douleur, j'aurais des témoignages honorables à présenter
pour lui.

Une belle-sœur était venue pour lui apporter dans
sa douleur les consolations, les secours, les instructions dont j'avais besoin pour sa défense ; et à l'instant de son arrivée, elle est mise sous les verroux ,
je ne puis communiquer avec elle , et je suis privé
non-seulement des renseignemens qu'elle m'apportait,
mais encore des renseignemens qu'elle avait préalablement adressés au ministre de la police pour être
remis à l'accusé ou à son défenseur. Ah ! certes, s'il
est du devoir des magistrats supérieurs d'adresser aux
tribunaux tout ce qui est à la charge des accusés ,
dans un crime aussi atroce peut-être aussi était-il de
l'humanité du ministre de me faire parvenir ces
pièces.

Et qu'y eussiez-vous vu ? Vous y eussiez vu un
homme , il faut bien en convenir , qui a fait la guerre
des chouans , mais qui a fait la guerre en guerrier, et
non pas en assassin. Et en effet, il n'a pu me remettre que deux de ces malheureux certificats que je
devrais avoir en grand nombre. Des deux que j'ai,
l'un lui est donné par le maire de sa commune ; ce
certificat vous atteste que quand les sincères répu-
blicains , quand ceux auxquels il faisait la guerre tombaient dans la division qui était sous son comman-
dement, il s'exposait à la fusillade pour leur sauver
la vie : ces certificats seront mis sous les yeux des
jurés. L'homme qui en faisant la guerre avec l'esprit
de parti prend les chefs des administrations , prend
ceux qui sont à la tête du Gouvernement qu'il combat ; lorsque son premier soin est de s'exposer pour
leur sauver la vie, qu'il ne s'occupe que de les renvoyer dans leurs foyers , on croira difficilement que

ce soit un homme assez vil, assez bas pour descendre
au rôle de meurtrier ; on croira plus difficilement
encore que ce soit un homme assez atroce pour concevoir, pour exécuter le complot d'assassiner non-
seulement le premier Consul, mais une partie de la
grande population de cette cité avec une machine
aussi justement dite infernale.

Si donc vous le trouvez, citoyens jurés, dans un
tel dénuement de moyens auxiliaires pour venir à sa
décharge, peut-être aussi en considérant l'atrocité du
crime, en considérant ce qui vous a été dit que
l'idée d'un tel crime ne tombe pas dans des âmes
françaises, qu'il n'y a pas de monstre capable de le
concevoir et de l'exécuter, vous vous rendrez plus
difficiles sur l'admission des moyens qui pourraient
vous convaincre qu'il a été un de ceux qui l'ont
conçu, qui l'ont exécuté.

Je ne m'occuperai pas de ce que l'on vous a dit
des motifs de son retour à Paris : il vous a expliqué
les motifs de ce retour ; il était amnistié, et je répondrai tout-à-l'heure à une objection qui lui a été faite.
Il vous a dit qu'il était amnistié, qu'il venait dans
cette cité pour solliciter sa radiation de la liste des
émigrés sur laquelle il avait été porté, quoique jamais
il n'eût quitté la France, et quoique tous ses efforts
se fussent portés à lui faire une guerre intestine, et
non pas à aller se réunir aux ennemis du dehors.
Cependant, comme il était sur cette liste fatale, il
fallait bien venir solliciter sa radiation. Il vous a dit
que c'était-là son unique motif. Vous a-t-on prouvé
qu'il y en eût un autre ! Vous a-t-on dit que depuis
son arrivée il eût confié à quelqu'un qu'il venait dans
le dessein de servir les royalistes, les ennemis de la
révolution, dans le dessein de renverser le Gouvernement ! Jusqu'à ce que le ministère public, sur lequel
seul pèse l'obligation d'apporter la preuve du crime,

jusqu'à ce qu'il ait apporté la preuve que le retour de Saint-Réjant à Paris a été déterminé par un motif condamnable, dès que l'accusé en donne un vraisemblable, un plausible, qui est vrai, dès ce moment vous croirez ce motif immédiatement, et vous ne pourrez ajouter aucune confiance à une inculpation qui n'est appuyée d'aucune espèce de preuve.

Sa conduite, vous a-t-on dit, et ses principes antérieurs à l'événement ! Nous l'avons dit, il a eu le malheur d'être chouan, d'être attaché au parti des ennemis de la révolution : mais quand un homme est accusé d'un crime atroce devant des jurés, ce n'est pas sa conduite antérieure qui peut opérer la conviction d'un tel crime, il faut des circonstances qui soient relatives directement à l'accusation. Il faut oublier le passé, sur lequel le Gouvernement lui-même a jeté le voile de l'amnistie, pour ne s'occuper que du fait sur lequel vous avez à prononcer ; il ne faut plus parler des circonstances antérieures à l'amnistie, il faut partir du moment où il est arrivé ici ; c'est cette conduite-là qu'il fallait examiner, et non ce qui avait précédé.

On vous a dit que son unique occupation avait été de voyager de la rue des Prouvaires au Carrousel, et du Carrousel à la rue des Prouvaires. Citoyens jurés, de ce que l'on aura été dans un mois ou dans un jour deux fois dans un quartier, faudra-t-il donc dire que c'est-là l'unique occupation d'un homme qui arrive ! et vous avez su dans quel état de santé il est arrivé. Il est arrivé dans un état de santé bien justifié par sa vie antérieure.

Cet homme qui a fait la guerre des chouans, qui a bivouaqué pendant des années entières, vous ne serez pas étonné qu'il ait un catarre pulmonaire, que la première occupation de cet homme lorsqu'il vient auprès des gens de l'art, auprès des hommes les plus éclairés dans l'art de guérir, soit de recourir à un médecin, de veiller à sa santé.

Et vous l'avez entendu, le malheureux qui se trouve compromis pour avoir soulagé l'humanité et rempli un devoir que lui imposaient et son cœur et la nature de son état ; cet homme a décidé que véritablement il était, antérieurement au 3 nivôse, dans un état de santé tellement délabrée, qu'il avait eu besoin de se servir du plus grand régime, qu'il lui avait défendu toute espèce d'exercice violent. Ainsi ne prétendons pas, s'il a fait quelques promenades, quelques voyages, qu'il n'a eu aucune espèce d'occupation ; disons qu'il en a eu une bien sérieuse, celle de rétablir sa santé.

Maintenant nous arrivons à l'événement funeste ; car vis-à-vis de lui on a été obligé de passer avec bien de la rapidité, ne pouvant lui opposer aucun fait intermédiaire. On dit qu'il a été annoncé comme devant être l'exécuteur de la machine infernale. Par qui donc ? Quelques témoins ont-ils paru devant vous ? et sont-ils venus vous dire qu'il avait été annoncé préalablement pour être l'exécuteur ? On vous a parlé d'un rapport fait par le préfet de police ; mais ce rapport qui ne m'a pas été communiqué, ce rapport qui ne peut être mis sous vos yeux, ce rapport qui a été prouvé mensonger dans certaines indications qu'il avait données, ce rapport ne saurait former votre conviction, lorsque vous ne devez former votre conviction que de ce qui est sous vos yeux.

Il ne suffit pas que le ministère public dise ; J'ai été instruit officiellement qu'il a été dénoncé ; il faut qu'on explique qui l'a dénoncé, que la dénonciation soit rendue publique. Voilà ce qu'est ce rapport des agens de la police. Mais les témoins qui pouvaient instruire les jurés de la vérité de la dénonciation, où sont-ils ? On ne vous a rien rapporté de semblable. Vous regarderez cela sans doute comme une simple allégation, et une allégation ne sera jamais le motif de votre conviction.

On a vu quelquefois chez lui Limoelan; on y a vu deux ou trois autres anciens officiers de chouans : Limoelan paraît être l'auteur de la machine infernale, donc il a été le complice de Limoelan! Mais il vient de vous être dit avec tout le talent et toute l'éloquence d'un homme consommé, quoique dans un âge bien jeune encore, il vient de vous être dit que ce Limoelan avait eu le plus grand intérêt de mettre dans sa confidence le moins de monde qu'il serait possible : il faut donc voir si véritablement il vous sera prouvé par quelques témoins que Saint-Réjant ait été dans la confidence de Limoelan; car de ce qu'un homme vient chez moi, de ce qu'il est ensuite prévenu d'un délit, de ce qu'il venait chez moi par suite de rapports naturels, qui sont ceux de militaires qui ont fait une guerre ou légitime ou condamnable, mais enfin qui ont servi sous les mêmes drapeaux, il y a loin de ces visites, de ces liaisons à une conspiration, à la complicité de la conspiration. Il n'y a pas là une conséquence tellement nécessaire, que vous puissiez vous dire : Puisqu'il a vu Limoelan, il a du nécessairement être instruit, être le complice. Non : on pouvait voir Limoelan sans être le complice de Limoelan, sans avoir aucune espèce de présomption; et peut-être tout-à-l'heure je vous présenterai des circonstances qui prouveront qu'il n'a pas dû y en avoir.

Mais enfin, jusque-là je vous dirai que pour condamner, il faut une conviction fondée sur des preuves, sur une telle réunion de preuves, qu'on ne puisse apercevoir la possibilité du contraire. Eh bien ! ici vous ne trouverez pas cet enchaînement de preuves tellement convaincantes, qu'elles ne puissent plus laisser de doute, et de cette liaison

antérieure

antérieure vous ne pourrez pas tirer la conséquence qu'il était nécessairement le complice de tous les projets que pouvait méditer ou exécuter Limoelan.

Limoelan et deux autres personnes ont porté chez lui de la poudre, ont porté chez lui des blouses; et la machine infernale a été exécutée par l'effet de la poudre, par des hommes qui avaient des blouses: Voilà donc le coupable qui est trouvé; c'est au moins la conséquence que tire le ministère public.

Cependant, que vous a-t-il été répondu? Que ces objets avaient été portés chez lui par deux autres hommes aujourd'hui accusés, sur lesquels la justice n'a pu mettre la main. Mais est-il prouvé qu'il en avait fait usage? Mais si cette poudre eût servi à la machine infernale, si ces blouses eussent servi à l'exécution du projet infernal, ni la poudre ni les blouses n'eussent dû se trouver chez lui; et voici comment il paraît bien constant que cette machine infernale n'a point été remplie au domicile de Saint-Réjant? cela est bien constant : il parait au contraire qu'elle aurait été remplie dans un quartier éloigné, dans le faubourg Saint-Denis.

Il paraît, s'il faut en croire la dénonciation, que celui que l'on annonçait avoir paru avec ceux qui apportaient ce baril chargé de poudre, et que l'on veut vous désigner comme Saint-Réjant, était vêtu de sa blouse bleue : mais est-il rentré chez lui le même jour 3 nivôse, vêtu d'une blouse? Non, le 3 il n'est pas rentré vêtu de la blouse; il est rentré vêtu seulement d'une carmagnole, qui ne pouvait convenir qu'à un homme de la fortune la plus médiocre. Mais enfin le fait constant, c'est que quand il est rentré chez lui, il n'était point vêtu de la blouse. Eh bien! il est donc étranger à la machine infernale, puisqu'il n'avait pas été présent au lieu destiné à la remplir; la blouse n'a donc pas servi à l'exécution,

2.   E

puisqu'on rapporte qu'au moment où Saint-Réjant est rentré, il n'était pas vêtu de cette blouse; et vous voyez que je m'empare de cette circonstance même, que la poudre et la blouse s'étaient trouvées chez lui.

Il vous a dit relativement à ces blouses qu'un chouan les avait apportées chez lui, qu'il lui avait demandé ce qu'il en voulait faire; que ce chouan lui avait répondu qu'il les avait achetées pour un carnaval et un déguisement. Ce fait n'était point une excuse pour lui personnellement; elle ne portait que sur celui qui en avait fait le dépôt; et véritablement comme ces blouses ne lui appartenaient pas, vous ne pouvez lui imputer d'en avoir fait aucune espèce d'usage.

On a dit encore à Saint-Réjant : Vous avez fait acheter de l'amadou, vous avez fait acheter un compas, vous avez mesuré l'amadou, vous y avez mis le feu; vous avez voulu compter, la montre à la main, combien de secondes il fallait pour brûler une quantité d'amadou et faire l'explosion de la poudre : donc vous aviez l'intention de mettre le feu à la machine infernale.

D'abord, quelles sont les preuves de cette circonstance? et sont-elles tout-à-fait aussi pures que la justice pourrait le desirer? Une fille seule est venue vous en déposer; et cette fille a-t-elle apporté devant vous le caractère d'impartialité, le calme qui convient à celui qui vient seulement attester un fait? ou bien plutôt ne vous a-t-elle pas montré quelque inimitié, quelque disposition d'esprit, qui ont pu vous faire paraître qu'elle était mue par un tout autre principe que celui qui doit amener un témoin en présence de la justice? Elle en avait une bien grande cause! Cette malheureuse, par suite de l'explosion, a perdu sa mère, qui s'est précipitée et qui s'est donné la mort. Le sentiment seul de cet événement-là ne peut-il pas avoir exaspéré ses esprits, lui avoir fait attacher à des faits innocens une importance qu'ils n'ont pas réellement !

Et en effet, citoyens jurés, on vous a expliqué ce que c'était que cet amadou qu'elle avait vu; on a dit que c'était pour fumer à la cigare; que c'était une manière de fumer tirée des Américains. Eh bien ! si ce fait-là est vrai en lui-même, pourquoi en tirer la conséquence qu'il se rattache à des idées atroces, au projet de mettre le feu à la machine infernale !

Un témoin qui a paru bien plus terrible à l'accusateur public, c'est le coup qu'a reçu Saint-Réjant lui-même au moment de l'explosion de la machine infernale; il vous a présenté l'état dans lequel il avait été trouvé par son médecin; il a dit que cet homme avait d'ailleurs été bien près de l'instrument, puisqu'il en avait reçu une commotion si violente. Mais malheureusement il est très-prouvé que beaucoup de personnes qui en étaient plus près encore n'y avaient aucune part cependant, quoiqu'elles en eussent été victimes. De ce qu'il aurait été atteint, comme tant d'autres l'ont été malheureusement, s'ensuit-il donc qu'il a mis le feu ! ou faudra-t-il dire que tous les malheureux qui ont été atteints de la machine infernale, étaient aussi des conspirateurs ? Citoyens jurés, dès que la chose a pu exister autrement, vous n'y trouverez certes pas une preuve suffisante. Voyons si je n'ai pas une preuve du contraire.

On a voulu se faire contre l'accusé un moyen de ce qu'après l'explosion Limoelan s'est rendu dans son domicile; de ce que, lors de la perquisition faite chez lui, il s'est trouvé dans ce même domicile une lettre qu'on prétend lui avoir été adressée, qu'on suppose avoir été par lui adressée à Georges, pour lui expliquer la cause de la non-réussite de son projet : mais je dirai, moi, que, loin que cette circonstance devienne une preuve contre lui, elle est, au contraire, la preuve de son innocence. Et qu'il me soit permis de le dire; si Limoelan était le véritable auteur de la machine infernale; si Limoelan prenait toutes les précautions pour faire échapper Carbon, qu'il avait employé dans l'exécution de son projet; s'il voulait échapper aux recherches de la justice, n'entrait-il pas dans son intérêt de faire tomber tous les soupçons, la conviction même, contre celui qui n'y aurait eu aucune part !

D'abord, si Saint-Réjant eût écrit les circonstances du non-succès de son expédition, ce ne devait pas être dans la maison de la femme Leguilloux, dans la rue des Prouvaires. Dès le 4, il avait quitté ce domicile, pour se retirer dans un autre quartier. Ce serait dans cet autre quartier que la lettre aurait dû se trouver. Eh bien ! interprétons avec quelque raison la visite de Limoelan, qui s'empresse de lui donner un médecin, de lui apporter tous les secours convenables au coup qu'il venait de recevoir. Si Limoelan est l'auteur de la lettre, et les experts vous ont dit que, d'après toutes les conjectures qui peuvent résulter de l'art, la lettre doit être regardée comme l'ouvrage de Limoelan ; si Limoelan est venu pour se préparer un moyen de justification, vous ne serez plus étonnés de le voir si empressé d'apporter des secours à Saint-Réjant: voilà l'idée qui se présente naturellement. Si Saint-Réjant eût écrit la lettre, on ne l'eût pas trouvée sous son lit. Si la lettre adressée à Soyer eût été à lui, elle n'eût pas été trouvée sous son lit : ce n'est pas là qu'un conspirateur va cacher les preuves de sa conspiration ; il n'a pas la négligence de les jeter sous son lit, où un premier serviteur peut les apercevoir, pour donner un peu de propreté à l'appartement.

Si ces pièces se sont trouvées dans un lieu si peu

caché, s'il était si facile de les trouver, elles n'ont pas été mises là par celui qu'on accuse aujourd'hui d'être le conspirateur : elles ont été mises là plutôt dans l'intention de faire tomber sur lui des soupçons que l'auteur de la lettre voulait écarter de sa propre tête, pour que l'accusation portât contre Saint-Réjant, pour que l'on détournât sur cet homme le coup qui devait être la suite du crime. Je dis donc que, loin que cette circonstance soit une charge, elle pourrait être un moyen de décharge : il doit demeurer pour constant, qu'il eût pris la plus grande précaution pour tâcher de faire disparaître la lettre de Georges.

Et cette lettre, qu'avait-il besoin de la conserver ! elle devait être jetée dans le feu, aussitôt que reçue. On peut croire que si Saint-Réjant avait été un de ceux qui ont exécuté la machine infernale, il aurait été assez sage pour prendre les précautions nécessaires pour effacer les traces de son crime; qu'il n'aurait pas laissé subsister des lettres qui contiendraient des traces du crime. On doit croire que si la lettre eût été destinée par Saint-Réjant à être envoyée à Georges, elle ne devait pas se trouver sous son lit, à l'instant où on est venu : elle devait être mise à la poste soit par Saint-Réjant, soit par les amis qui étaient venus le voir dans ce moment. Il était naturel que, s'il ne pouvait sortir, comme il avait des complices, il pouvait leur dire : « Je veux envoyer cette lettre à mes amis; je ne puis sortir; mettez cette lettre à la poste », et il n'en resterait rien; et tout cela, c'était cependant la conduite qu'il devait tenir, s'il était véritablement conspirateur, s'il avait reçu la lettre écrite pour l'envoyer à Georges.

Dès le moment qu'il n'a rien fait de ce qui convenait à un conspirateur en pareille circonstance, il faut en tirer la conséquence que je tire moi-même, cette conséquence si naturelle, que Limoelan est venu chez Saint - Réjant , sous le prétexte de lui apporter des secours , lui tendre un piége , et jeter sous le lit des pièces qui pouvaient servir de preuve contre Saint-Réjant. Limoelan, dont le premier soin avait été de cacher Carbon, de le mettre dans une maison sûre, a dû chercher en même temps à faire tomber le soupçon sur un autre. C'est ainsi que cette démarche s'explique.

Maintenant, que reste-t-il contre lui ! La déclaration de Carbon. Mais , citoyens jurés , lorsque deux accusés sont en votre présence , faudra-t-il donc s'en rapporter à l'un des deux qui croira , dans la bassesse de son ame , pouvoir échapper, parce qu'il en dénoncera d'autres ? faudra-t-il, parce qu'il a fait des dénonciations, que vous éprouviez dans votre ame la conviction du crime contre celui qui est dénoncé ! Il faut , pour former votre conviction , un témoignage impartial , désintéressé. Eh bien ! le langage de Carbon dans cette espèce est-il désintéressé ! Carbon n'a-t-il pas contre lui un commencement de preuve complète, jusqu'au moment où il prétend qu'il a été renvoyé par ceux qu'il appelle ses complices ! Jusque-là, toutes les preuves sont acquises contre lui, et il a intérêt de rejeter sur un autre l'horreur du crime ; en sorte que s'il a fait des dénonciations, il a fait des dénonciations dictées par l'intérêt. Le ministre de la police l'a dit dans son rapport : il a dit « que dans l'espoir d'être sauvé , il avait » donné de grandes lumières sur la conspiration. »

Mais s'il a fait des dénonciations dans l'espoir d'être sauvé , ce n'est pas dans l'espoir de venir confesser la vérité ; s'il l'a fait dans l'espoir de se sauver, si l'intérêt seul l'y a porté, vous ne devez plus rien croire de ce qu'il vous a dit. Et qu'il me soit permis de le dire , cette déclaration tardive n'a-t-elle été sollicitée par personne ! Il a dit qu'il avait été menacé de persécutions et de vexations ; on vous a dit ensuite qu'il avait fait des déclarations dans la vue d'obtenir sa grâce. Eh bien, citoyens jurés, s'il eût eu du courage, ni les vexations ni les promesses ne l'auraient porté à déclarer des hommes qui n'auraient point été coupables. Ici, lorsqu'il a un intérêt si grand, croirez-vous plutôt Carbon, qui doit donner la preuve de la vérité de son accusation, que Saint-Réjant accusé, qui n'a qu'à dire, Apportez-moi des preuves !

En un mot, je vois dans cette affaire des circonstances éloignées ; les circonstances éloignées, je les reconnais. Oui, j'ai été chouan, mais je n'ai pas été un assassin. Et qu'on ne vienne pas dire que c'est une circonstance qui l'accuse, qu'il a méprisé l'amnistie, qu'il a foulé aux pieds et déchiré l'instrument de grâce qui lui avait été accordé, en disant qu'il n'en voulait faire aucune espèce d'usage. Mais, citoyens jurés, où est donc la preuve de ce fait ! Il y a l'allégation de la police. Mais l'allégation de la police est-elle une preuve admissible ! Si le fait est vrai, et qu'il soit dénoncé, il a dû avoir des témoins ; et personne ne vous a déposé de ce fait. Ce n'est pas aux instrumens de la police que vous pouvez accorder votre confiance ; c'est aux témoins dont vous pouvez peser la vérité, et dans leurs gestes, et dans leur attitude, et dans la concordance de leurs déclarations, et dans le caractère qu'ils peuvent avoir, dans tout ce qui peut frapper les regards de la justice. Dès que le ministre de la police ne produit pas les témoins qui devraient vous présenter l'allégation, je n'ai aucune réponse à faire à cette allégation dénuée de preuves.

Maintenant, parlerai-je de toutes les circonstances dont on a voulu environner votre opinion pour la forcer en quelque sorte ! Oh ! quel est celui d'entre

nous qui puisse voir sans verser des larmes de sang
les malheurs dont la journée du 3 nivôse a offert
le triste spectacle ! Mais, citoyens jurés, tous ces
témoins qui sont venus vous saigner le cœur, peuvent
bien vous attester que des malheurs sont arrivés ;
mais vous attestent - ils quels sont les auteurs des
malheurs ! Vous n'avez plus, dans votre chambre des
délibérations, à vous occuper de ce sentiment d'humanité , bien naturel sans doute, de ce sentiment de
compassion que doivent inspirer tous ceux qui ont
été victimes de l'horrible complot qui vous est
dénoncé : il faut vous dépouiller de l'homme lorsque
vous serez descendus dans cette chambre des délibérations; il faut vous élever à la hauteur, non-
seulement de la postérité , mais de la divinité elle-
même ; il faut que vous deveniez là des hommes
calmes et impassibles ; il faut que toutes les passions
s'écartent de votre ame ; il faut que vous pesiez
dans la maturité et dans le froid de vos réflexions
les traces de preuves qui vous sont offertes.

Si quelques circonstances éloignées restent encore,
elles ne méritent aucune considération. Deux circonstances peuvent être à charge : avoir été frappé
de la machine , et les lettres trouvées dans la chambre.
Avoir été frappé de la machine n'est pas une preuve
qu'on ait conçu le projet. De ce qu'il s'est trouvé
des lettres, ce n'est pas la preuve qu'on les ait
écrites, ou qu'on les ait reçues. Il ne les a pas
écrites; c'est Limoelan : les experts vous l'ont déclaré.
Il ne les a pas reçues; il n'est pas entré dans l'intention de Saint-Réjant de les faire partir, sans cela
elles eussent dû être emportées. S'il les avait écrites,
s'il les avait égarées, il devait retourner chez tous
ses amis, et aller où il aurait pu penser qu'elles
auraient été : il n'a fait aucune espèce de démarche ni de recherche. Si elles se trouvent là ,

quelle est la conséquence qu'il faut en tirer? celle que j'en tire, qu'elles y ont été mises par une autre main, par une main perfide qui voulait le perdre.

Cette réflexion restera dans vos consciences, et j'abandonne l'accusé à votre humanité.

J'oubliais une autre lettre dont il a été question dans les débats, et l'on m'y fait penser ; c'est cette lettre qu'on lui a fait reconnaître, lettre écrite à sa sœur.

D'abord, citoyens jurés, cette lettre devait-elle être sous les yeux de la justice ? devait-elle être sous les vôtres, cette lettre arrachée par un artifice indigne de la force du Gouvernement sous lequel on l'emploie. Cette lettre est une confidence ; mais cette confidence a-t-elle donc quelque rapport à la machine infernale ? Ce malheureux écrit à sa sœur de se rendre à Paris ; il paraît que l'homme qui se montre officieux auprès de lui, que cet homme qui, dans l'ombre du secret où il est enveloppé, a l'air de lui tendre une main protectrice, lui avance quelques deniers, se charge de sa commission, était un homme aposté pour le trahir.

En effet, la lettre écrite à la sœur n'est parvenue qu'un mois après sa date ; et quoique la lettre ne fût pas parvenue, quoique sur-tout sa sœur ne fût pas venue à Paris, quoiqu'elle ne se fût pas blessé la tête dans une diligence, quoiqu'elle ne se fût pas blessé le bras droit dans la diligence, il parvient une lettre au malheureux dans son cachot, une lettre qu'on suppose écrite par le médecin de sa sœur, dans laquelle on dit qu'elle est blessée, qu'il est impossible qu'elle écrive elle-même ; on provoque des déclarations, moyen bas et vil, que tout Gouvernement honnête repousse, qui cependant a été employé. On provoque des confidences, et il dit que la seule chose qui lui fasse de la peine, c'est que sa conduite ne soit pas connue.

A quoi cela se rapporte-t-il! à la machine infernale! On vous a dit que oui, moi je dis que non. Un nommé Hyde, qui est dans cette affaire comme contumax, a imprimé, et cela m'est tombé sous la main ces jours passés ; avait imprimé antérieurement que Carbon et Saint-Réjant faisaient des dénonciations contre tous ceux qui avaient été autrefois employés dans les chouans. Saint-Réjant répond qu'il est fâché que sa conduite ne soit pas connue : il ajoute dans la lettre qu'il n'a fait aucune révélation ; qu'il a été soumis à des tortures dont je ne parlerai pas, puisqu'il n'en a pas parlé, dont je ne parlerai pas, puisque je ne puis pas en administrer la preuve ; il dit cela dans la confidence. Il ajoute : Malgré les tortures, malgré les promesses fallacieuses qu'on m'a faites successivement, malgré la promesse d'une place de général de brigade, et de 50,000 francs, je n'ai porté de dénonciation contre personne.

Eh bien, voilà la vérité. Il y avait à Paris des personnes arrêtées par suite de leur ancien attachement aux chouans, par suite de leurs liaisons avec ce parti : il dit qu'il n'a pas voulu faire de dénonciations à la police contre ceux qu'il considérait comme des compagnons d'infortune, comme des frères d'armes : il ne dit pas qu'il est l'auteur de la machine infernale; il n'y a rien qui y ait rapport.

C'est une réflexion qui, je l'espère, ajoutera à sa défense, et dont l'évidence aura frappé vos esprits.

PLAIDOYER

DU C.ᴇɴ MAUGERET

Pour la femme Vallon.

CITOYENS JURÉS,

Je parle dans cette cause pour la femme Vallon, la troisième des accusés présens au débat.

Jusqu'au moment de son arrestation, la femme Vallon n'avait eu d'autre ambition que celle d'élever deux filles que son époux lui avait laissées en dépôt presque au berceau, et de former leurs ames à la pratique des vertus, qui sont le plus bel ornement de leur sexe. Toujours éloignée des événemens politiques, toujours étrangère à tout ce qui tenait à la révolution, elle avait cru sa tête garantie à jamais des foudres révolutionnaires. Quel a dû être son étonnement de se voir comprise dans un acte d'accusation qui présente à vos consciences à prononcer sur un délit véritablement infernal, sur un délit dont le succès eût replongé l'Europe entière dans l'inextricable chaos de la révolution et de la guerre civile, sur un délit enfin dont la main seule de l'auteur de la nature a pu sauver le héros vers lequel il était dirigé !

La femme Vallon se disait dans le silence de son cachot : Qu'y a-t-il donc de commun entre moi et la machine infernale ! qu'y a-t-il donc de commun entre moi et la conspiration dont cette machine fut le détestable instrument ! Elle attendait donc dans un silence respectueux, que les débats qui allaient s'ouvrir présentassent les charges qui pouvaient peser sur sa

tête ; que le ministère public précisât ces charges. Il
les a précisées : je les ai recueillies ; je vais successivement les passer en revue, les combattre, et, j'ose
le dire, les faire disparaître entièrement. Il ne restera
plus devant vous qu'une femme malheureuse que vous
vous empresserez de rendre à la liberté.

Les charges présentées contre la femme Vallon
par le ministère public , se réduisent à vous dire :
La femme Vallon a dû connaître le projet de la machine infernale ; elle doit en avoir été la complice,
car elle avait reçu son frère ; elle ne l'avait pas déclaré ; elle savait quelles étaient les personnes qui
venaient le voir ; elle savait par quels moyens il existait ; elle a recélé de la poudre ; elle a recélé les
blouses qui ont dû servir aux conspirateurs ; elle a
voulu conserver la poudre d'un baril qu'on faisait
brûler chez elle. Tous ces rapports avec son frère
montrent évidemment qu'elle était coupable, qu'elle
a eu connaissance du projet , qu'elle en a été la
complice.

Et moi je vous dirai qu'en examinant successivement chacune de ces circonstances, en examinant
chacune de ces preuves sous leur véritable point de
vue, non seulement il n'en résulte pas qu'elle savait le projet dont on dit que son frère devait
être le complice, mais encore qu'il existe d'autres
circonstances bien plus fortes et bien plus précises, desquelles résultera la conviction pour vous ,
de l'entière ignorance où elle a été de ce projet
infernal.

Elle a reçu son frère.

C'est la première des charges qu'on lui oppose.
Oui, citoyens jurés, et en disant qu'elle a reçu son
frère, on l'a peut-être entièrement justifiée. Cependant il faut entrer ici dans quelques détails.

Vous le savez , trop long-temps une partie des

Français, égarée par tous les genres de fanatisme avait arboré l'étendard de la rebellion.

Entraîné par des circonstances étrangères à ma cause, Carbon, frère de la femme Vallon, avait servi sous ces étendards. Mais enfin, des circonstances plus heureuses avaient fait luire pour tous les Français la douce consolation de rattacher à la mère patrie cette précieuse portion de ses enfans égarés ; une amnistie avait été proclamée ; le bienfait de la paix avait été offert à tous ceux qui viendraient déposer les armes ; et le frère de la femme Vallon avait été l'une de ces brebis égarées qui se sont empressées de rentrer au bercail.

Arrivé à Paris après sa soumission, où devait-il descendre ? à qui devait-il s'adresser ! Il y avait une sœur ; il en connaissait les sentimens affectueux ; il la connaissait vertueuse, hospitalière, sensible ; c'est chez sa sœur qu'il ira descendre, et il lui dira : « Je n'avais pas partagé l'opinion à laquelle tu avais été attachée ; j'avais même combattu avec les ennemis de la révolution que tu chéris : mais j'ai abjuré mes erreurs, mais j'ai reçu avec reconnaissance l'olivier de la paix qui m'a été présenté ; je suis maintenant digne d'être reçu dans tes foyers ; ouvre-les moi ; sois encore une fois une sœur hospitalière ». Et les portes lui furent ouvertes. Peut-il y avoir un crime à recevoir son frère ! Je n'examinerai pas cette question ; j'insulterais à vos consciences si je croyais un instant que vous pussiez la mettre en doute. Il était naturel que ce frère arrivant à Paris s'adressât à sa sœur, et que sa sœur lui ouvrît son asile. Il n'en peut donc résulter contre elle aucun élément de culpabilité.

Abordons un second chef.

Elle ne l'avait pas déclaré à la police.

Sans doute il existe une loi que tous les citoyens

doivent exécuter, qui les oblige tous, qu'ils doivent tous exécuter; elle veut que quand un individu étranger à un domicile vient y loger, même momentanément, le propriétaire du domicile en prévienne la police. Mais Carbon était-il dans une situation à ne pas laisser croire à sa sœur que cette obligation n'existait pas pour lui; il n'était à Paris qu'avec la connaissance de la police, au su de la police et avec la permission de la police : donc il eût été inutile d'aller dire à la police, Un tel est arrivé; elle le savait, il n'était venu qu'avec sa permission. Ainsi, quoique ce raisonnement ne soit point absolument juste sous certains rapports, il peut au moins excuser, et excuse en effet, le défaut de déclaration qu'on pourrait reprocher à la femme Vallon; elle ne s'est point crue obligée de faire cette déclaration de l'arrivée de son frère, puisque la police lui avait permis de venir à Paris.

A-t-il eu, au surplus, chez la femme Vallon, pendant le séjour qu'il y a fait, une conduite telle, qu'elle dût soupçonner que son séjour à Paris était coupable, et avait besoin d'être environné de mystère ! Non, citoyens jurés : pendant les six ou sept mois qu'il a passés chez sa sœur, aucun secret n'a enveloppé sa conduite; il sortait ostensiblement tous les jours; il faisait des commissions pour tous ceux qui l'employaient; rien de mystérieux dans sa conduite, rien de mystérieux dans ses actions; il était là avec le cachet de la police, il n'avait pu y venir sans que le Gouvernement en fût instruit. Ainsi aucune raison ne se présentait à l'imagination de la femme Vallon pour lui faire croire un seul moment qu'en ne faisant pas la déclaration de la présence de son frère, elle pût commettre même une irrégularité.

Mais au moins, et c'est la troisième charge, elle

savait quelles étaient les personnes qui venaient voir son frère, et ces personnes devaient lui paraître suspectes.

Eh bien ! quelles étaient ces personnes qui venaient voir son frère ! la procédure vous l'a appris, c'étaient quelques amnistiés comme lui. Et comment la femme Vallon aurait-elle regardé comme suspectes des personnes amnistiées, lorsque ces amnistiés étaient là sous l'égide de la loi ; que les chefs de ces amnistiés approchaient des chefs du Gouvernement ; qu'ils étaient accueillis par les chefs du Gouvernement, qui étaient charmés de les rapprocher du sein de la grande famille, qui ne cessaient de leur témoigner combien ils étaient satisfaits d'avoir renoué avec eux le lien de la paix et de l'union ?

Pouvait-elle regarder comme des personnes suspectes deux ou trois individus qui venaient chez elle, soit pour donner des commissions à son frère, soit pour faire blanchir du linge ! Ces amnistiés avaient bien, comme son frère, combattu contre leur patrie : mais ils avaient, comme son frère, obtenu le bienfait de l'amnistie ; ils étaient à Paris, comme son frère, avec le cachet de la police, avec l'approbation du Gouvernement ; ils ne pouvaient lui paraître plus suspects que d'autres individus. S'ils venaient voir son frère, c'est qu'ils le connaissaient depuis sept ou huit ans, qu'ils avaient profité ensemble du bienfait de l'amnistie, et qu'il était tout simple que se connaissant depuis long-temps, ils se vissent à Paris. La fréquence de leurs visites ne pouvait jeter dans l'esprit de la femme Vallon aucune espèce de soupçon ni contre eux ni contre son frère.

Ces personnes qui venaient voir Carbon chez sa sœur, devaient-elles lui paraître suspectes par la conversation qu'elles avaient ensemble ! Ici ma réponse sera bien facile. Vous avez déjà, je le présume, la conviction que les filles Vallon ne se sont pas écartées un seul moment du langage de la vérité; à peine ont-elles paru devant les magistrats, que leur ame innocente comme elles a dit toute la vérité, rien que la vérité; le mensonge n'a point souillé leurs lèvres; elles n'ont pas cessé un instant de dire la vérité toute entière; elles l'ont dite avec un respect si religieux, qu'interrogées séparément l'une de l'autre, sans savoir ce que l'une ou l'autre avait répondu, leurs réponses ont été entièrement conformes; elles n'ont pas varié sur un seul point. Eh bien! ces jeunes personnes dont le langage a été constamment le même, ces jeunes personnes ont attesté qu'elles ne quittaient point leur mère, qu'elles étaient toujours ensemble; qu'elles ont bien vu des chouans amnistiés venir voir leur oncle, mais que jamais devant elles ou devant leur mère, il n'a été tenu aucun propos sur le Gouvernement, que jamais il n'a été dit un mot contre le Gouvernement.

Ainsi, lorsque les personnes qui venaient voir Carbon chez la femme Vallon étaient des chouans qui devaient y venir à cause de leur ancienne liaison avec lui, si jamais en leur présence il n'est échappé un seul mot qui pût exciter le plus léger soupçon, ni inspirer raisonnablement aucune défiance, il faut donc écarter de vos consciences cette troisième conséquence qu'on aurait voulu en tirer, que puisque chez elle son frère recevait des personnes qui devaient lui paraître suspectes, elle avait dû participer au complot de son frère et connaître le complot de ces personnes qui venaient voir son frère.

Elle ne pouvait pas ignorer, a-t-on dit, comment son frère existait; et comme, vous a-t-on dit encore, les moyens d'existence de son frère pouvaient être des moyens nés du crime, elle a dû avoir part au crime.

Mais

Mais son frère, qui vivait avec elle, faisait des commissions ; c'est un point bien constant dans la cause, et malheureusement il en a trop fait. Mais enfin ce frère sortait en plein jour, ne cachait aucune de ses actions ; il n'en faisait aucune de mystérieuse ; et aux yeux de sa sœur il n'était réellement qu'un ouvrier qui cherche dans son industrie les moyens de son existence. Jamais elle ne lui a vu donner d'autre argent que celui qui pouvait lui être légitimement dû pour ses commissions, que celui dont il pouvait avoir besoin pour faire telle ou telle commission : ce salaire était légitime en apparence. Sous ce rapport, la femme Vallon ne pouvait suspecter que son frère fût auteur ou complice d'un projet criminel, puisqu'il n'avait reçu que telle ou telle personne , puisqu'il ne recevait que le juste salaire dû à l'ouvrage qu'on lui faisait faire.

Ici commencent à se présenter des charges , en apparence plus sérieuses , mais qu'il sera aussi facile de réfuter.

Elle a recélé de la poudre : or le crime dont son frère est l'auteur ou le complice, a été matériellement commis avec de la poudre ; donc elle est sa complice.

Oui , citoyens jurés, Carbon a apporté chez sa sœur , plusieurs mois avant le 3 nivôse , un baril contenant de la poudre , et cette poudre a été trouvée chez la femme Vallon plusieurs jours après l'événement du 3 nivôse. Quand cette poudre fut apportée par lui Carbon , elle lui demanda , comme par hasard, d'où lui venait cette poudre. C'est, dit-il, une personne qui me devait de l'argent, et qui me l'a donnée en paiement. Ce baril , contenant de la poudre, fut déposé dans un lieu de la maison, et depuis il n'en a été fait aucune espèce d'usage, on n'y a pas touché ; et la preuve qu'il n'a pas servi à la consommation du projet infernal, c'est qu'on l'a trouvé

2.   F

dans le même état au domicile de la femme Vallon lors
de son arrestation , c'est-à-dire, plusieurs jours après
l'événement du 3 nivôse : ainsi cette première circonstance ne peut encore apporter contre elle aucune
espèce de preuve de culpabilité.

Elle a recélé les blouses , et les blouses ont dû
couvrir les coupables du complot ; donc elle a été
la complice du projet.

Lorsque Carbon est venu loger chez sa sœur, il
était tout naturel qu'elle remît à sa disposition un
meuble quelconque qui pût servir à renfermer ses
habits et son linge : une petite armoire ne fermant
pas à clef , lui fut spécialement affectée , et c'est
dans cette armoire que Carbon déposait ce qui lui
appartenait. La femme Vallon ne dissimule pas qu'en
effet des blouses ont été mises dans cette armoire :
mais son frère faisait des commissions ; mais son frère,
dans sa maison, achetait , pour telle ou telle personne , les effets qu'on lui recommandait d'acheter ;
mais de l'existence de ces blouses à la consommation du crime qui nous occupe, il y a une distance
si éloignée , que ce serait choquer le bon sens
que de prétendre qu'on eût pu soupçonner l'une par
l'autre.

Ces blouses ont été mises dans l'armoire dont la
disposition appartenait à Carbon ; il a pu s'en servir,
la femme Vallon ne s'en est pas aperçue : elles ont
été trouvées chez elle lors de son arrestation ; et cette
dernière circonstance pourra servir à vous convaincre
qu'elle ne savait pas qu'elles devaient faire l'objet
de vos délibérations.

Elle a voulu garder la poudre d'un baril qu'on
faisait brûler chez elle.

Vous savez qu'un baril qui existait en effet chez
la femme Vallon , fut brûlé par ordre de Limoelan.
Déjà l'événement du 3 nivôse avait eu lieu ; l'opinion

publique attribuait la cause de cet événement aux émigrés rentrés , aux chouans amnistiés , enfin aux royalistes. Dès-lors Limoelan n'eut point de peine à persuader à la femme Vallon, que, puisque son frère était un chouan amnistié , il serait possible qu'on fît des visites domiciliaires chez elle ; il disait : Si on trouvait un baril dans lequel il y eût eu de la poudre , on ne manquerait pas d'imaginer , peut-être, que la poudre qui aurait été renfermée dans ce baril actuellement vide, avait pu être employée à la consommation du grand crime, et que cette circonstance aurait pu paraître criminelle. D'après cet argument , il n'était pas naturel que la femme Vallon s'opposât à ce qu'on fît brûler le bois de ce baril, En défonçant ce baril , elle s'aperçut que quelques grains de poudre tombaient sur le plancher ; elle sentit quel danger il y aurait à brûler ce baril sans en avoir ôté la poudre qui s'y trouvait encore : voilà la raison pour laquelle elle a voulu qu'on ôtât toute la poudre de ce baril , et qu'on ne le fît brûler qu'après avoir ôté tous ces vestiges de poudre ; c'est à cause du danger qu'il y aurait eu de le brûler sans prendre cette précaution.

Enfin, et ce n'est peut-être pas une des moindres charges qu'on a pu présenter contre elle , on a remarqué , avec raison, que, dans ses premiers interrogatoires, elle n'a pas dit la vérité sur les faits.

Il est vrai que la femme Vallon, traduite à la préfecture de police , et y subissant un premier interrogatoire , avait nié des faits qu'elle s'est empressée d'avouer dans son second interrogatoire. Déjà depuis long-temps l'explosion avait eu lieu, et , comme je viens de le dire tout-à-l'heure, déjà l'opinion publique semblait fixée parfaitement sur les auteurs de cet attentat horrible : c'était sur-tout aux émigrés rentrés et aux chouans amnistiés qu'on l'attribuait. La femme

Vallon savait que son frère était un chouan amnistié ; elle se rappelait avec quelle précaution Limoelan avait fait disparaître un baril de poudre ; elle
savait que son frère s'était caché, qu'il n'habitait plus
chez elle ; elle ne pouvait s'empêcher d'avoir des
craintes pour son frère, sur-tout lorsqu'elle le voyait
se dérober par la fuite. Quelle est donc sa position !
elle est une sœur tendrement attachée à son frère ;
interrogée beaucoup plus sur le compte de son frère
que sur son propre compte, quelle doit être sa
réponse ! va-t-elle devenir la dénonciatrice de son
frère ! devenue en quelque sorte son bourreau,
va-t-elle le livrer au glaive de la loi ! Voilà les réflexions qui se présentent à chaque question qui lui
est faite ; et nous serions étonnés que les réponses
à ces questions aient toujours été marquées au coin
de la vérité ! Mais la tendresse d'une sœur ne doit-
elle donc pas, jusqu'à un certain point, légitimer
un semblable mensonge ?

N'y avait-il pas aussi un intérêt plus pressant ! Si
ces réponses qu'elle va faire peuvent compromettre
son frère, une femme timide, une femme étrangère
aux affaires, ne doit-elle pas craindre de se compromettre elle-même dans un crime aussi atroce ! ne
doit-elle pas redouter que les blouses trouvées chez
elle, que la poudre qui y est trouvée également,
ne deviennent des indices de crime contre son frère,
et des indices de complicité contre elle-même !

Dans cet état d'incertitude, dans cet état de crainte
et de perplexité dont son ame est agitée, il ne faut
pas lui faire un crime d'avoir fait quelque léger mensonge, sur-tout lorsqu'on voit que, peu de jours après,
traduite devant un autre magistrat, elle témoigne tout
le respect qu'elle doit à la loi et à ses organes, et que
reconnaissant que, sa vie dût-elle en dépendre, elle
doit la vérité aux ministres de la loi, elle la dit toute

entière, et sa déclaration devient entièrement semblable aux déclarations qu'avaient faites ses filles. Certes, si la femme Vallon eût été bourrelée par les remords, si le crime avait germé dans son cœur, ayant déjà fait des réponses mensongères (et qu'est-ce que le crime du mensonge dans une ame capable de s'associer au crime du 3 nivôse?), elle eût persisté dans ses réponses, dans l'espoir de se sauver : mais non ; la vérité est plus forte que tout, elle la dit toute entière. Elle a suffisamment expié le mensonge qu'elle avait fait ; ce mensonge ne put avoir d'autre motif que l'embarras du moment, et non celui de la connaissance de ce complot infernal qui, au 3 nivôse, a mis la République française à deux doigts de sa perte.

Ici je crois que se termine l'examen des faits qui peuvent peser sur la tête de la femme Vallon, des circonstances que les débats vous avaient présentées contre elle, et que le ministère public avait développées comme bases d'accusation : si j'ai établi que ces circonstances sont bien loin de prouver qu'elle connaissait le projet infernal dont elle est accusée d'avoir été la complice, j'ai déjà bien avancé la tâche qu'elle m'avait confiée.

Je vous ai promis, et je dois tenir ma parole ; je vous ai promis de vous remettre sous les yeux d'autres circonstances bien justificatives, et desquelles il résulte la preuve évidente qu'elle ne savait pas le projet du 3 nivôse.

Vous vous rappellerez la déposition d'un témoin appelé à charge : ce témoin vous a dit que le 3 nivôse, au moment de l'explosion, elle était chez la femme Vallon avec ses filles ; qu'elle ne vit aucune altération sur leur visage, point d'embarras dans leur maintien ; leur contenance était très-naturelle, leur conversation froide et insignifiante : voilà ce qu'elle vous a dit. Or, je vous le demande d'abord, la femme Vallon appartenant à un sexe naturellement timide, sachant son frère au moment de consommer un si grand forfait, n'eût-elle pas été dévorée d'inquiétude, agitée par la crainte ! sa contenance n'eût-elle pas porté l'empreinte du bouleversement de son ame ! eût-elle été dans cet état froid et calme dans lequel elle était ainsi que sa famille !

Mais, un moment après, l'explosion se fait entendre. La femme Vallon alors dit ce que chacun de nous a dit, peut-être ce qu'ont dit tous ceux qui n'étaient pas sur le lieu même du crime : Ah ! voilà l'annonce de la paix, l'annonce des réjouissances ! Ce cri eût-il échappé à la femme Vallon si elle avait su quel était le véritable motif de ce bruit, si elle eût su que c'était l'explosion de la machine infernale dont son frère eût été un des auteurs et elle la complice ? Non sans doute, non certes : cette expression eût été loin de sa bouche ; cette expression prouve donc que le crime était loin de son cœur, qu'elle n'en avait aucune connaissance.

Toujours placé dans cette hypothèse où je supposerai la femme Vallon, connaissant le projet infernal qui vient de s'exécuter, persuadé que si elle l'avait connu, le trouble et l'agitation de son ame eussent été à leur comble, je vous la présenterai dans les momens qui ont suivi l'explosion.

Son frère était sorti peu de temps après son dîner ; il n'était rentré que vers les neuf heures du soir. Croyez-vous que la femme Vallon, si elle savait que son frère avait été dans la rue Nicaise pour participer à la consommation du crime, n'aurait pas été, par suite de cette inquiétude, disposée au moins à l'attendre, pour s'assurer qu'il n'aura pas été l'une des victimes du complot, pour savoir si le complot a eu le succès qu'on avait espéré ! Eh bien ! la femme Vallon, au moment où le témoin qui a déposé ici s'est retiré; la femme Vallon s'est couchée tranquillement, ainsi que l'une de ses filles; sa fille Joséphine l'a dit dans une de ses déclarations qui porte à chaque mot l'empreinte de la vérité.

Joséphine Vallon a dit qu'au moment où son oncle était rentré, sa mère et sa sœur étaient couchées et dormaient. Si quelque chose peut démontrer l'ignorance où était la femme Vallon du complot qui venait de s'exécuter, c'est ce sommeil tranquille auquel elle se livre, et que partage une de ses filles. Il me semble que rien ne peut être ajouté à cette preuve, et qu'il en résulte, pour tout homme raisonnable, le plus haut degré de conviction de l'ignorance où elle était de la trame abominable qui aurait menacé les jours du héros des deux mondes.

Mais il est un autre fait qui corrobore cette preuve, qui détruit tout soupçon que la femme Vallon ait participé au complot, qu'elle ait su le projet, qu'elle en ait été la complice.

Ce projet vient d'être exécuté le 3 nivôse; elle jouit pendant bien des jours encore de sa liberté : quel sera son premier soin ? le soin que l'intérêt de sa conservation lui dicte; ce sera de faire disparaître de chez elle tout ce qui pourrait tendre à sa conviction. Il y a encore chez elle ce baril de poudre, que son frère dit lui avoir été donné en paiement; et vous croyez que ce baril de poudre serait demeuré chez elle! et vous croyez qu'elle ne se serait pas débarrassée de ces blouses qui ont dû couvrir les auteurs du crime! Non sans doute, citoyens jurés, ou il faudrait la supposer en état d'imbécillité et de démence : elle aurait fait disparaître les témoins muets du crime, si elle avait eu la scélératesse d'y participer.

Eh bien! elle a conservé la poudre; elle a conservé les blouses qu'on vous a dit avoir servi à l'exécution du complot : donc elle a ignoré le complot; donc ce complot n'a jamais été su d'elle; donc elle n'en a jamais été la complice.

Et pour dernier trait, si la femme Vallon eût été la complice de son frère, il résulte de la procédure qu'elle n'a pas toujours ignoré l'asile hospitalier où ce frère avait été reçu. Croyez-vous qu'elle eût tranquillement attendu dans son domicile les agens de la police chargés de l'arrêter, et de la mettre en jugement! Pensez-vous qu'elle ne se serait pas mise à l'abri des poursuites! Ne croyez-vous pas que si des motifs de religion peut-être mal entendus, que si des motifs de sentiment d'hospitalité, ont permis à des femmes de recevoir trop légèrement un homme qu'elles ne connaissaient pas; que ces femmes, dont les intentions hospitalières sont une vérité constante dans le procès, ne se seraient pas empressées, non-seulement d'accueillir chez elles la femme Vallon, mais de la presser, de la forcer d'y venir, si elle avait eu des sujets de crainte! Ainsi loin de nous toute idée que la femme Vallon ait été complice d'un pareil projet; croyons plutôt qu'elle n'en a jamais eu la révélation, qu'elle n'y a jamais participé.

Et si j'avais besoin d'ajouter encore à la conviction que je dois avoir portée dans vos consciences, je vous rappellerais de quelle manière la femme Vallon a supporté le débat pénible qui vient de se passer.

J'appellerais aussi votre attention sur ses jeunes filles, dont les vertus sont son ouvrage.

Je ne sais si vous les avez fixées comme moi, dans ce moment terrible où les déplorables victimes de l'explosion sont venues déchirer nos entrailles par le récit de leurs tourmens et de leurs pertes. J'ai vu la mère et les filles, palpitantes de douleur et d'effroi, s'élancer, avec cette épouse éplorée, sur les débris inanimés du cadavre de son époux; je les ai vues gémir avec cet époux désespéré de se voir enlever en un instant les douceurs de l'hymen et de la paternité ; je les ai vues verser des larmes consolantes sur les plaies encore ouvertes de cette foule d'infortunés , et je me suis dit : Celles qui pleurent si amèrement sur les tristes effets du crime , n'en furent jamais ni les auteurs ni les complices.

Le président. La séance est suspendue jusqu'à six heures du soir.

SÉANCE de relevée du 13 Germinal an IX.

PLAIDOYER

DU C.ᴇɴ LAPORTE

Pour Leguilloux et sa femme.

CITOYENS JURÉS,

Il est toujours douloureux d'être accusé ; il est bien plus douloureux encore pour Leguilloux et sa femme, qui m'ont confié leurs intérêts, de l'être dans une affaire de cet éclat et de cette importance.

Ici tous les faits deviennent importans, rien n'est à négliger ; l'innocence la plus ferme doit trembler quand elle se voit entourée de toutes les préventions, poursuivie par toutes les haines ; lorsqu'elle est obligée de se défendre devant les victimes déplorables de l'affreux forfait qui fait aujourd'hui l'objet de l'affaire, et qui semblent avoir été amenées sous ces voûtes sacrées pour réveiller toutes les passions, pour soulever l'indignation, pour allumer la colère, et pour réclamer des hécatombes.

Dans toute autre circonstance, l'accusation portée contre Leguilloux et sa femme ne mériterait pas une défense sérieuse, il suffirait de l'envisager pour la faire disparaître ; il suffirait de rapporter les faits sur lesquels elle est fondée pour la détruire ; elle s'évanouirait comme l'ombre légère que le soleil du matin fait élever de la terre, et que les premiers souffles du zéphir font bientôt disparaître.

Mais dans cette circonstance, la vie de l'homme auquel tiennent toutes nos destinées, a été attaquée ;

c'est sous ses auspices que nous coulons enfin des jours paisibles et tranquilles ; toutes nos destinées dépendent de lui, et à l'instant où nous avons su qu'un horrible attentat avait été dirigé contre lui, chacun de nous a tremblé pour soi-même, et les accusés ont presque nécessairement un ennemi dans chacun des citoyens qui les entendent, que dis-je ! dans chacun des citoyens qui peuplent l'immense étendue de la France.

N'en doutons pas néanmoins, quels que soient les intérêts qui ont été compromis, l'innocence trouvera des appuis ; elle trouvera des protecteurs, des défenseurs même, dans les citoyens que la loi appelle aujourd'hui au ministère redoutable et sublime de jurés ; ils oublieront tout, ils détourneront leurs regards du spectacle déchirant qu'on semble avoir mis sous leurs yeux pour attendrir leurs ames ; ils s'oublieront eux-mêmes pour tenir d'une main ferme la balance de la justice......

Le président. Citoyen défenseur, vous vous permettez des expressions que vous ne devriez pas vous permettre, lorsque vous dites qu'il semble que le tribunal ait présenté exprès sous les yeux des jurés : c'est une chose très-inconvenante. Je vous rappelle à la vérité.

Laporte, défenseur. Le ministère que je remplis est un ministère sacré ; c'est un ministère nécessaire, aussi nécessaire que la justice. La liberté de mon ministère ne connaît point de bornes ; c'est la loi elle-même qui le veut.

Le commissaire. Il ne connaît de bornes que celles de la décence et de la vérité.

Le président. Je vous ôterai la parole si vous continuez.

Laporte, défenseur. Il ne dépend pas de vous de me l'ôter, c'est la loi qui me la donne. Depuis vingt-six ans je remplis ce ministère sublime, depuis vingt-six ans je sais quelles sont les bornes qui doivent en fixer les limites, et je sais que lorsque les chaînes du despotisme s'appesantissaient sur la France, nous n'en connaissions pas la pesanteur, et que jamais on n'a pu contraindre ni étrangler la défense.

Le président. Citoyen commissaire, je vous accorde la parole contre le défenseur.

Le président au défenseur. Je vous retire la parole.

Laporte. Citoyen, je vais faire prendre des conclusions.

Le président au défenseur. Asseyez-vous.

Le commissaire. Le principe sacré, que l'accusé doit avoir toute la latitude pour sa défense, est parfaitement connu du tribunal; il se fera toujours un devoir de le reconnaître et de le proclamer. Sans doute, tout ce qui peut être dit pour la défense des accusés, doit être entendu dans la bouche de leurs défenseurs; mais est-il donc vrai que quand la loi a dit que le défenseur pouvait dire tout ce qui convient à la défense des accusés, la loi ait voulu dire aussi qu'on devait sortir des bornes du respect dû au tribunal, qu'on devait s'écarter du respect dû à la morale, qu'on devait s'écarter du respect dû à la vérité!

Quand le tribunal a fait paraître devant les jurés ces malheureuses victimes, la loi lui en imposait-elle le devoir, oui ou non! fallait-il qu'on sût qu'il avait été tué des citoyens! fallait-il que les jurés décidassent qu'il avait été blessé des citoyens! Il fallait donc lui en présenter des preuves. Le tribunal n'a donc fait que remplir un devoir; et quand vous venez avancer dans le sanctuaire de la justice que la liberté de votre ministère vous permet de dire qu'on a mis ces citoyens-là exprès pour animer les jurés, pour exciter les passions, vous sentez dans le fond de votre conscience que vous avez tort, et que le tribunal n'a fait que remplir son devoir.

Plusieurs fois il a été obligé , pour des causes de cette nature, de vous ramener à l'ordre. Eh bien ! je ne provoquerai pas sa rigueur contre vous dans ce moment-ci ; je respecte trop ce principe, qu'il faut que les accusés soient librement défendus ; je veux laisser toute la latitude à leur défense : mais au moins tout en écoutant votre sensibilité , en écoutant la chaleur de votre zèle , n'oubliez pas les principaux devoirs de votre ministère ; n'oubliez pas de quelle façon on doit l'honorer. J'espère que ce que je viens de dire ici vous servira de leçon , et que vous ne vous en écarterez plus.

Laporte , défenseur. Lorsque le ministère public dans une affaire a une accusation à soutenir, il jouit, sans contredit, de la même liberté que nous......

Le président. Le procès-verbal constatera le réquisitoire du commissaire du Gouvernement.

Laporte. Mais par la même raison , nous devons jouir de la même liberté ; et comme il est vrai que le ministère public est libre dans les moyens qu'il doit choisir pour soutenir l'accusation qu'il intente, par la même raison il est vrai et notoire que nous avons, nous , la liberté d'employer tous les moyens nécessaires pour la repousser , et de produire au tribunal toutes les réflexions que nous suggèrent et notre ame , et notre matière , pour faire éclater l'innocence , et repousser l'accusation portée contre l'accusé.

Il ne faut pas oublier que dans un tribunal le ministère public et le défenseur sont sur la même ligne ; que comme nous......

Le président. Citoyen défenseur , plaidez votre cause, ou je vous retire la parole.

Laporte. Je rentre dans ma cause.

Je dis que dans toute autre circonstance l'accusation portée contre Leguilloux et sa femme n'eût pas mérité de grands efforts, il eût suffi de l'aborder pour la détruire.

Je dis donc que je trouverai bien certainement dans les citoyens jurés des protecteurs pour l'innocence, et qu'ils oublieront tout pour ne voir que le fait et les preuves ; que rendus dans la chambre de leurs délibérations, descendus dans leurs consciences, ils tiendront d'une main ferme la balance de la justice, et ne rendront qu'un oracle pur, dégagé de toute impression étrangère et de toute influence.

J'aborde maintenant avec confiance la défense de Leguilloux et sa femme, et d'abord voyons les faits qui leur sont imputés : il faut les prendre dans l'acte d'accusation ; c'est là qu'ils résident véritablement ; c'est là que les jurés la verront ; c'est là qu'ils en verront les termes.

« Jean-Baptiste Leguilloux, et Louise Mainguet
» sa femme, ont reçu chez eux Saint-Réjant. C'é-
» taient la femme et la fille qui faisaient sa chambre
» et ses commissions. La première a été voir au
» Temple Joyau, qui y était retenu par mesure de
» sûreté ; c'est Joyau qui lui a présenté Saint-Réjant
» pour le loger : elle avait chez elle des papiers
» appartenant à Bourgeois, chez lequel elle envoya,
» le 3 nivôse, pour avoir le médecin Collin ; elle
» se chargea de trouver une personne sûre, pour
» faire passer à Rennes, après le 3 nivôse, un paquet
» important de la part de Saint-Réjant. »

Tels sont les termes de l'acte d'accusation.

Remarquons d'abord que l'acte d'accusation doit être extrêmement exact ; qu'il doit être le résumé des faits prouvés par la procédure, et ne rien contenir autre chose. Or ici cet exposé même ne l'est pas ; ici les faits sont rapportés d'une manière inexacte : rétablissons-les.

Leguilloux est courrier de la malle ; depuis long-temps il courait sur la route de Brest avant de courir sur celle de Lille ; il a couru aussi sur la route de Lyon. Vous savez que les courriers mènent souvent des voyageurs, soit en allant, soit en revenant ; lorsqu'ils les ramènent, ils les logent quelquefois chez eux, comme lorsqu'ils les mènent, ils les logent dans l'endroit où ils vont : c'est une partie de leur bénéfice, et les émolumens qu'ils reçoivent de la poste, sont même trop peu considérables pour qu'ils puissent entretenir leur voiture ; ce sont ces sortes d'occasions qui font leurs bénéfices.

Leguilloux et sa femme ont éprouvé des malheurs ; ces malheurs ne sont pas des chimères ; ils sont constatés par des pièces dont voilà la liasse, qui prouvent que deux fois Leguilloux a été volé par les chouans, par des brigands, une fois sur la route de Lyon, une fois sur la route de Brest, et que c'est lui-même qui a demandé d'être changé de la route de Brest, parce que le chemin était trop dangereux.

Il a été mis alors sur la route de Lyon, et sur la route de Lyon il a été attaqué, détenu quatre heures lié dans sa malle par les chouans ; le postillon qui l'accompagnait a été tué ; le feu a été commandé sur lui-même, et il a perdu dans cette occasion une somme de 5000 livres qui lui appartenait personnellement.

Il a été volé encore une autre fois, et Leguilloux, qui a eu des enfans, qui en a encore un très-grand nombre, a été réduit à un état de gêne extrême.

Dans cette position, des coteries, il faut le dire, engagent la femme Leguilloux à aller voir un homme de son pays, qui était retenu au Temple. Elle lui porte quelques comestibles, une bouteille de vin et différentes choses. On dîne ensemble, et là se trouve le nommé Joyau.

Le nommé Joyau est aussi de son pays, et elle fait connaissance avec lui. Remarquez bien que ce fait est antérieur de plus de six mois au fait qui fait aujourd'hui l'objet de l'accusation. La femme Leguilloux voit là Joyau un instant, renouvelle connaissance avec lui; et vous savez ce que c'est, entre des gens de province, ce qu'on appelle, dans le langage familier, *mon pays*. La connaissance est bientôt faite.

Postérieurement, et lorsque Joyau fut mis en liberté, il vint voir la femme Leguilloux. Dans une de ces visites, et bien postérieurement, car il y avait long-temps qu'il ne l'avait vue, il lui propose de lui chercher, non pas de loger, mais de lui chercher un endroit où pût loger un de ses amis, qui ne voulait pas être en hôtel garni, parce qu'il était malade et qu'il fallait lui donner des soins particuliers.

Vous vous rappelez que Leguilloux et sa femme étaient alors dans un état de dénuement causé par les différens vols dont ils avaient été victimes; elle cherche alors à récompenser les pertes qu'elle a faites, à alléger la pesanteur de son loyer, à se procurer quelques secours dans la gêne où elle se trouve, et elle offre sa première chambre à coucher, moyennant une rétribution par mois; et cependant elle s'informe de Joyau si l'homme qu'il lui propose est un homme sûr, un homme honnête. Joyau lui dit: Je vous en réponds. Et comme Joyau est de son pays, la femme Leguilloux a une grande confiance en lui, et lui dit, Voyez si la chambre vous convient. La chambre est acceptée.

Le prix est fait à 36 liv. par mois, et Saint-Réjant vient s'y installer, non sous le nom de Saint-Réjant, mais sous le nom de Soyer, sous lequel il avait une carte de citoyen.

Effectivement, à cette époque Saint-Réjant était malade. Saint-Réjant était soigné par le médecin

Collin,

Collin, qui se trouvait du même pays, et était aussi de la connaissance de la femme Leguilloux.

Il faut le croire, il est bien raisonnable de croire que la femme Leguilloux ne conçut aucun soupçon sur un homme qui lui était donné par quelqu'un de son pays, et sur-tout sur un homme malade et qui était dans les remèdes. Saint-Réjant loge chez la femme Leguilloux, il mange chez elle, et d'une manière bien ostensible, car c'est la femme Leguilloux qui va chez un traiteur, que vous avez entendu, demander la nourriture de Saint-Réjant, et ce traiteur l'apporte. Lorsque Saint-Réjant avait du monde, elle demandait quelque chose de plus. Il venait des individus voir Saint-Réjant.

Tout cela est dans l'ordre ordinaire des choses; il est impossible de tirer de ces circonstances aucune sorte de charge contre la femme Leguilloux. Vous voyez que ce n'est pas à l'époque où Saint-Réjant est venu loger chez l'accusée, qu'elle est allée au Temple, mais bien antérieurement.

C'est bien postérieurement, et après la liberté de Joyau, qu'il est venu chez elle ; c'est postérieurement qu'il lui a proposé de loger Saint-Réjant sous le nom de Soyer; ce qu'elle a accepté pour alléger l'état de gêne, même de détresse, où elle était alors.

Je demande maintenant comment il est possible que ces faits servent de base à une accusation, à une accusation telle que celle qui est portée aujourd'hui contre Leguilloux et sa femme. Certainement il faut d'autres faits qui rattachent ceux-là à ceux de la machine infernale, c'est-à-dire qu'il faut prouver qu'il y a eu connivence entre la femme Leguilloux, Saint-Réjant et les autres ; qu'il faut prouver l'intelligence; qu'elle s'est intéressée d'une manière active dans les desseins de Saint-Réjant ; enfin, qu'elle connaissait ce qu'il voulait faire, le but auquel il

2. G

tendait ; qu'elle est entrée elle-même dans l'exécution et dans les divers faits qui ont accompagné, qui ont suivi cette exécution.

A dieu ne plaise que je veuille aggraver le malheur de Saint-Réjant, à dieu ne plaise que je veuille agiter le glaive qui semble aujourd'hui menacer sa tête : je souhaite que sa défense, qui vous a été présentée pour lui par un de mes collègues, vous paroisse convaincante ; je souhaite qu'à vos yeux il ait tous les caractères et toute l'apparence de l'innocence : mais pour l'intérêt de ma cause, je suis obligé de supposer qu'il est absolument convaincu, que sa culpabilité est incontestable ; et dans cette supposition, je demande quelle est la conséquence des faits que je viens de vous exposer, des faits qui se trouvent *in globo* dans l'acte d'accusation, relatifs à la femme Leguilloux.

Quant à lui, je n'en parlerai dans la défense qu'en passant. Vous avez vu Leguilloux, vous avez vu la quantité d'intelligence qu'il possède ; et vous voyez qu'il n'est absolument propre qu'à son état, qu'il n'a que la portion d'intelligence nécessaire pour être courrier de la malle, pour porter ses papiers.

Le ministère public a dit : Leguilloux n'est pas innocent. Qu'est-ce à dire ! s'ensuit-il qu'il soit coupable du fait que vous lui imputez ! en ce cas, apportez vos preuves. Il y a une très-grande différence entre n'être pas innocent et être coupable. De ce qu'il n'est pas innocent, il ne s'ensuit pas qu'il soit coupable des faits que vous lui imputez. Mais, dit le ministère public, il aurait dû empêcher que sa femme ne logeât un individu suspect. — Je demande si c'est là une accusation.—Il était le maître chez lui. — D'accord : comme mari il était le maître ; mais prenez garde à son état. Cet homme est courrier de la malle ; il n'était jamais chez lui. Tout le monde sait qu'un courrier de la malle a des occupations qui emploient tout son temps, qui absorbent tous ses momens; et qu'il est obligé, par conséquent, de laisser à sa femme une certaine latitude d'empire, de lui abandonner le soin du ménage. Il n'est donc pas bien étonnant que Leguilloux ne se soit pas opposé à ce qu'on logeât Saint-Réjant, sur-tout quand Saint-Réjant était établi avant qu'il n'arrivât chez lui. Un mari ne peut pas toujours user avec rigueur du sceptre que la loi a déposé dans ses mains; il faut faire quelques sacrifices pour sa femme.

Pourquoi d'ailleurs dites-vous que l'individu était suspect? Un individu qui se présente avec une carte de sûreté, qui n'annonce aucun sujet de suspicion, n'est pas un individu suspect. Je ne dois pas toujours m'opposer à ce qu'on loge un homme parce que je ne le connais pas.

Abandonnons donc absolument Leguilloux, et attachons-nous à la défense de sa femme. Il faut également établir d'autres faits qui rattachent ceux-là, qui sont indifférens à l'affaire, et qui prouvent qu'il y a concert, complicité, entre la femme Leguilloux et Saint-Réjant, supposé coupable.

D'abord, cachait-on Saint-Réjant? la femme Leguilloux le cachait-elle? faisait-elle un mystère de ce que Saint-Réjant était chez elle? Non. Vous avez entendu les témoins; il est établi qu'à cet égard elle s'est conduite avec le naturel le plus simple. — Saint-Réjant était chez elle; elle faisait ses commissions; elle faisait sa chambre. — Ce qu'elle devait faire : logeant un individu chez elle, elle devait lui rendre les services de l'hospitalité; elle devait faire sa chambre, quelques commissions dont il la chargeait. De là, il ne résulte absolument rien : elle allait d'ailleurs chez le traiteur chercher sa nourriture, et la faisait apporter; ce n'est pas de cette manière qu'on cache un individu, qu'on cherche à jeter sur lui le voile du mystère. Tout cela était très-public, très-naturel, et ostensible et personnel : il n'y a pas ici de soupçon d'intelligence, il n'y a absolument, contre la femme Leguilloux, rien de prouvé, aucune apparence, qu'un fait très-ordinaire, qu'un fait qui arrive très-souvent, et sur lequel il est impossible d'établir aucune espèce de soupçon.

Voyons maintenant quelles sont les objections qu'on a faites à la femme Leguilloux, et dont on a prétendu tirer des preuves de culpabilité à son égard. On a dit d'abord que la femme Leguilloux avait cherché, dans l'origine, à en imposer à la justice; qu'elle avait méconnu le nom de Soyer.

J'ai lu toute la procédure; j'ai cherché dans quel endroit la femme Leguilloux avait voulu en imposer à la justice, et dans quelle circonstance elle avait méconnu le nom de Soyer; et je ne l'ai trouvé nulle part.

Serait-ce devant la préfecture de police? d'abord, ce ne serait pas un crime; la préfecture de police n'avait aucun caractère pour interroger la femme Leguilloux; et tout ce qui a été fait à la préfecture de police ne pourrait servir dans l'affaire que de renseignemens. Ce ne sont point des pièces authentiques, des pièces judiciaires; et il est impossible de tirer de là aucune espèce de conséquence : ensuite on pourrait dire que, dans l'instant où la femme Leguilloux a été arrêtée, lorsqu'elle a été instruite de l'explosion de la machine infernale, lorsqu'elle s'est vue menacée d'un danger très-grand, elle a suivi le mouvement naturel, le mouvement ordinaire qui nous porte à écarter d'abord le danger qui nous menace. Dans ce cas on ne pourrait lui faire un crime d'avoir méconnu le nom de Soyer; d'avoir voulu écarter d'elle toutes les indications qui pourraient assurer qu'elle avait logé Saint-Réjant.

La femme Leguilloux n'a pas méconnu le nom de Soyer. On lui a demandé si son mari n'amenait pas chez elle quelquefois des gens qui y logeaient : elle a répondu que son mari étant courrier de la malle, il amenait des voyageurs qui passaient trois ou quatre jours ; que cela n'était pas arrivé depuis long-temps.

On lui a dit : Mais cependant il a logé chez vous un individu de telle et telle manière. Elle répond, Oui, un tel ; oui, un tel, sous un tel nom auquel ce signalement pouvait convenir : voilà tout ce qui est venu. On a ajouté, Mais le 18 nivôse un individu a soupé chez vous avec quelques autres : quel est cet individu ! Alors elle dit, Celui-là s'appelle Soyer ; je ne l'ai jamais connu sous un autre nom.

L'objection en elle - même n'est donc pas vraie ; elle n'a pas nié ; car c'est elle qui a dit, lorsqu'on a mis le doigt dessus : *Cet individu-là s'appelle Soyer ; je ne l'ai pas connu sous un autre nom.* Ici elle n'a rien méconnu. Elle n'a pas cherché à en imposer à la justice, car elle n'était pas devant la justice, mais devant les interrogateurs de la préfecture, lesquels ne représentent pas la justice ; lesquels n'ont de caractère ni pour interroger, ni pour constater les réponses des accusés. Mais même là, à la préfecture, où elle était libre, où elle pouvait non-seulement dire ce que bon lui semblait, mais même ne rien répondre, elle a répondu vrai : elle n'a pas méconnu le nom de Soyer ; elle l'a au contraire avoué.

Elle faisait, vous a-t-on dit, la chambre et les commissions de Saint-Réjant. J'ai eu l'honneur de vous le dire tout-à-l'heure ; elle le devait ; elle n'a fait là que remplir un devoir : car dès l'instant qu'elle a reçu chez elle Saint-Réjant, qu'elle l'a logé, et pour de l'argent, elle devait faire sa chambre, soit elle., soit sa fille, qui la remplaçait dans les services du ménage. Elle pouvait se charger de quelque commissions pour Saint-Réjant, sans que pour cela on puisse en induire aucune présomption, aucune preuve sur-tout de connivence entre elle et Saint-Réjant.

Lorsque Saint-Réjant est rentré le 3 nivôse, blessé, a-t-on dit encore, elle ne lui a pas parlé de l'explosion.

Mais il semble que cela est bien simple. Il n'est personne ici qui, dans la même circonstance, en eût dit un mot. Effectivement Saint-Réjant rentre ; la femme Leguilloux lui ouvre la porte, et la lui ouvre sans lumière. Saint-Réjant entre dans sa chambre, et la femme Leguilloux dans la sienne ; ils ne se parlent pas. Un instant après, Limoelan vient voir Saint-Réjant ; et c'est Limoelan qui appelle la femme Leguilloux, et pourquoi ? pour dire que Saint-Réjant est extrêmement mal, et tel, qu'il faut sur-le-champ lui procurer et les secours spirituels, et les secours temporels.

Il demande un confesseur ; la femme Leguilloux répond : Il faut d'abord avoir un médecin.

Je demande si c'était là le cas, l'instant, où la femme Leguilloux dut parler à Saint-Réjant de l'explosion ; à cet homme qu'on lui annonce être mourant, qui a besoin d'un confesseur, qui devait dans ce moment s'occuper des objets les plus importans : était-ce là, dis-je, l'instant de lui parler de la machine infernale, de l'explosion, dont la femme Leguilloux ne connaît pas encore le résultat, dont elle ne connaît ni les suites ni les circonstances ?

Bien certainement elle n'a dû s'occuper d'autre chose que d'avoir un médecin, et c'est ce qu'elle a fait.

Mais elle n'est pas, à cet égard-là, d'accord avec Saint-Réjant, qui prétend lui avoir dit la cause du mal qu'il ressentait, et qu'il provenait de l'explosion.

Prenez bien garde ici à la différence des intérêts. Saint-Réjant, supposé coupable, doit craindre beaucoup du silence qu'on lui attribue dans cette circonstance. Il est bien étonnant, en effet, que Saint-Réjant, innocent, ne parle pas de la cause qui vient de le rendre si mal ; qu'il ne dise pas que c'est par l'effet de l'explosion qu'il vient d'être atteint. La femme Leguilloux n'a pas le même intérêt : elle a un intérêt au contraire à soutenir qu'il le lui a dit.

Elle est d'accord avec l'accusé Collin, qui affirme que Saint-Réjant ne lui a pas parlé de l'explosion ; et que lorsque le médecin lui a demandé d'où provenait son état, Saint-Réjant a répondu, Soulagez-moi. Effectivement, dans cet instant, Saint-Réjant, supposé coupable, ne devait pas parler de l'explosion : tout œil devait lui paraître un flambeau ; tout homme devait lui paraître suspect ; tout individu qu'il apercevait, devait lui faire peur ; et il devait réunir toute son attention et ses efforts pour écarter de lui l'idée de l'exécution.

Il n'en est pas de même de la femme Leguilloux ; elle n'a dû être occupée que du danger que courait l'homme à qui elle donnait l'hospitalité, ne s'occuper que de sa santé, que des secours qu'il fallait lui porter : ce n'est pas dans ce moment qu'elle a pu lui parler de l'explosion. Ainsi, tandis que le silence de Saint-Réjant est une présomption épouvantable, le silence de la femme Leguilloux est en sa faveur ; et ce qui milite contre l'un, milite en faveur de l'autre.

On oppose ensuite à la femme Leguilloux, comme une charge, qu'elle s'est chargée de faire porter un paquet important pour Saint-Réjant : de là on tire la conséquence qu'elle était d'accord, qu'elle était de connivence avec lui.

Mais d'abord où est la preuve qu'elle se soit chargée de ce paquet ! Et ici on dénature un peu le fait : en matière criminelle, il faut toujours être simple et naturel ; il faut toujours présenter les circonstances

G 4

telles qu'elles sont : souvent un mot, une virgule, un point, changent beaucoup et dans les inculpations, et dans les charges.

Prenons le témoin que nous avons entendu, et qui n'est pas suspect ; car elle a apporté ici une certaine effervescence...... la fille Jourdan : c'est elle qui est allée chez la femme Leguilloux, de la part de Saint-Réjant, sous le nom de Soyer. Elle a dit à la femme Leguilloux, que Saint-Réjant desirait faire partir pour Rennes un paquet important ; qu'il fallait un homme sûr. La femme Leguilloux est femme d'un courrier : elle connaît beaucoup de courriers ; et parmi ceux qu'elle connaît, elle connaît celui de Rennes. Que répond-elle ? elle fait une réponse toute simple, toute naturelle, que tout le monde aurait faite à sa place. — Avez-vous le paquet ? — Non. — Envoyez-le moi ; je le ferai partir.

Est-ce de là que vous tirerez une preuve de connivence ? Mais la réponse est infiniment simple, infiniment naturelle ; tout le monde en aurait fait autant : elle s'adapte à la circonstance qui lui est présentée ; elle est même si simple, que tous les jours nous profitons de la même occasion : qu'un de nous connaisse un courrier ; nous lui remettons notre paquet pour le faire parvenir.

Mais, au surplus, ce paquet a-t-il été remis, a-t-il été transmis ? Non. Saint-Réjant n'a pas remis son paquet, et la femme Leguilloux ne l'a point fait passer. Ici, l'inculpation pêche et dans sa base, parce qu'elle est mal assise, et dans sa conséquence, parce qu'elle n'a pas eu lieu.

Après avoir passé en revue les charges qu'on oppose à la femme Leguilloux, voyons les moyens qui militent en sa faveur : et d'abord vous remarquez, dans l'affaire, que Saint-Réjant avait deux domiciles en même temps, logeait en même temps chez la femme

Leguilloux et chez la femme Jourdan, rue d'Aguesseau. Était-il sur le même pied dans les deux domiciles ?
les deux personnes qui lui donnaient asile étaient-
elles dans la même correspondance avec lui ? l'une
en savait-elle autant que l'autre ? Non ; la femme
Leguilloux ne connaissait pas le domicile de Saint-
Réjant chez la femme Jourdan, rue d'Aguesseau ;
elle était à cet égard-là dans la plus grande ignorance ;
et lorsque l'accusé Saint-Réjant découchait de chez
l'accusée Leguilloux, il lui disait qu'il allait à la
campagne.

Il n'en est pas de même de la femme Jourdan ;
la femme Jourdan connaissait le domicile de Saint-
Réjant chez la femme Leguilloux. Elle le connaissait
bien, car lorsqu'il s'agit de proposer de faire passer
un paquet à Rennes par un courrier de la poste, c'est
la fille Jourdan qui vient de la part de sa mère chez
la femme Leguilloux qui ne la connaissait pas, qui
ne l'avait jamais vue. C'est elle qui vient faire part
de la proposition de Saint-Réjant, vient proposer ce
paquet, et enfin connaissait parfaitement bien le
domicile de Saint-Réjant chez la femme Leguilloux.

Prenez bien garde ensuite à une chose. Les mêmes
faits se passent-ils dans les deux domiciles ? les faits
qui semblent charger Saint-Réjant avec tant de force,
ont-ils lieu chez la femme Leguilloux ? Non ; rien
qui annonce le dessein, qui ait trait à l'explosion,
qui puisse indiquer que la femme Leguilloux était
du complot. Ce n'est pas chez la femme Leguilloux
qu'on fait des essais de poudre, qu'on fait acheter
des morceaux d'amadou pour les coudre avec des
morceaux de bois, qu'on vient avertir Saint-Réjant
que Carbon est arrêté ; c'est de chez la femme
Jourdan qu'on vient chez la femme Leguilloux en
donner avis à Saint-Réjant qui y était alors : et s'il
est possible de supposer quelque intelligence entre

ceux qui recélaient Saint-Réjant et lui, ce n'est pas la femme Leguilloux, c'est la femme Jourdan.

Elle est morte : je n'ajouterai rien de plus à cet égard. Mais je m'emparerai de ces faits avec une grande force pour les opposer à l'accusation, et je dirai : Chez la femme Leguilloux, rien d'extraordinaire ; chez la femme Leguilloux, aucune circonstance suspecte, rien que de naturel, d'ordinaire : chez la femme Jourdan, au contraire, tous les faits qui peuvent paraître suspects, tous les faits dont il peut résulter des conséquences, de ces sortes de présomptions dont on s'est fait des armes si terribles dans cette procédure. Chez la femme Leguilloux, rien de tout cela ; absolument rien qui doive paraître suspect, que d'avoir reçu Saint-Réjant sous le nom de Soyer, et de l'avoir logé pour de l'argent.

Ici on vient nous opposer une loi de l'an 4, et on dit : Mais pourquoi n'avez-vous pas fait votre déclaration à la police ?

Mais voyons donc quelle est cette loi de l'an 4 ; qu'ordonne-t-elle ! Elle ordonne à tous les logeurs, c'est-à-dire, à tous les gens qui tiennent hôtel garni, d'avoir un livre, d'y inscrire ceux qui viennent loger chez eux, et d'en faire la déclaration à la police.

Mais la femme Leguilloux ne logeait pas habituellement ; la femme Leguilloux ne tenait pas hôtel garni ; elle ne s'est pas crue astreinte à la règle prescrite par cette loi. Elle a d'autant moins fait de diligences à cet égard, que Soyer lui était adressé par un homme en qui elle avait confiance, et que ce n'était que pour quelque temps, et que, encore une fois, elle ne tenait pas hôtel garni.

Le président. Citoyen défenseur, vous êtes encore dans l'erreur : la loi est applicable à toutes les personnes qui logent des étrangers.

Laporte. J'ai lu la loi.

Le président. Vous ne l'avez pas lue ; vous devez la connaître. Donnez lecture de la loi. — *au greffier.* Présentez la loi au citoyen.

[On remet la loi au défenseur.]

Laporte lit :

Art. 1.ᵉʳ « Toutes personnes arrivées à Paris depuis » le 1.ᵉʳ fructidor an 3 , ainsi que celles qui y arrive- » ront par la suite sans y avoir eu antérieurement leur » domicile, seront tenues, dans les trois jours de la » publication de la présente résolution , ou de leur « arrivée, de déclarer devant l'administration munici- » pale de leur arrondissement, leurs nom et prénom, » âge, état ou profession, leur domicile ordinaire , » leur demeure à Paris, et d'exhiber leur passe-port ». Voilà pour ceux qui arrivent.

Art. 2. « Indépendamment de la déclaration ci- » dessus ordonnée, tout citoyen habitant Paris qui » aura un étranger à cette commune logé dans la » maison ou portion de maison dont il est locataire ; « tout concierge ou portier de maison non habitée, » seront tenus de faire leur déclaration devant l'ad- » ministration municipale de l'arrondissement , de » chaque étranger à la commune de Paris logé chez » eux, dans les vingt-quatre heures de son arrivée ».

Cette loi est de l'an 4 ; c'est une loi de circons-tance ; l'article 1.ᵉʳ l'annonce précisément.

Mais enfin la femme Leguilloux n'a pas fait sa déclaration ; que s'ensuivra-t-il ! Il s'ensuivra donc qu'elle aura manqué à un règlement de police, et que par ce règlement elle sera passible d'une peine correctionnelle. Mais s'ensuivra-t-il nécessairement qu'elle est de connivence, qu'elle est de concert avec Saint-Réjant ! Je demande si cette conséquence peut être tirée ; et quelle que soit la loi, quelle que soit la règle qu'elle impose, peut-on s'en faire un moyen

dans cette affaire pour établir une accusation de connivence, une accusation de concert avec Saint-Réjant?
Certainement la conséquence n'est pas proposable.

Que reste-t-il donc, dans cette affaire, à l'égard
de la femme Leguilloux? rien, absolument rien, qu'un
fait ordinaire, qu'un fait parfaitement indifférent,
seulement le défaut de déclaration de cette femme
pour avoir logé un individu sous le nom de *Soyer*.
Cet individu lui était présenté par un autre individu
de son pays et de sa connaissance, qui lui en répondait ; cet individu avait une carte de sûreté sous
un nom qui lui a été déclaré. Peut-on dire que
de là il s'ensuit qu'elle soit de concert avec Saint-
Réjant, qu'elle soit complice du complot infernal
qui a pensé renverser la République? Certainement
non ; tout esprit raisonnable ne pourra jamais établir
cette conséquence, parce qu'elle manque absolument
par le principe et par la base.

Mais, d'ailleurs, le même fait peut-il donc être
en même temps innocent et criminel pour plusieurs
individus différens? la justice peut-elle avoir deux
poids et deux mesures?

N'avons-nous pas, dans cette affaire, l'exemple de
deux individus qui ont paru comme témoins, qui
ont logé deux individus qui certainement sont vio-
lemment atteints par les présomptions de la procédure, et au complément desquelles présomptions,
pour devenir des preuves, il ne manque peut-être
que l'épuration des débats ; qui ont logé des individus, qui n'en ont pas fait la déclaration : et ces
témoins on leur en a fait l'observation, le président la
leur a faite ; et cependant ils sont parfaitement libres,
il n'y a contre eux aucune sorte d'accusation.

Comment serait-il possible que la femme Leguilloux, dans le même cas, qui n'a rien autre chose à
se reprocher, fût plus criminelle qu'eux?

Vous avez entendu la femme Larbitret et le C.^{en} Leclerc. La femme Larbitret a logé Joyau et Saint-Hilaire, qui certainement ne sont pas purs ; Leclerc a logé Limoelan, encore plus compromis : cependant ils sont libres ; on ne leur reproche rien ; il n'y a pas d'accusation dirigée contre eux. Si la femme Leguilloux est criminelle, la femme Larbitret et le C.^{en} Leclerc le sont autant qu'elle : ce sont absolument les mêmes faits, les mêmes circonstances ; il n'y a point de crime. Le fait qui n'est pas criminel pour la femme Larbitret et le C.^{en} Leclerc, peut-il l'être pour la femme Leguilloux ! Qu'a-t-elle fait de plus ! elle a logé Saint-Réjant, et ils ont logé Limoelan et autres, à la recommandation d'une personne de leur connaissance ; rien de plus.

Voilà donc à quoi se réduit l'accusation ; voilà tout ce qui compose la culpabilité à l'égard de la femme Leguilloux ; et bien certainement ce n'est pas là la base d'une accusation criminelle.

Il est donc bien vrai, comme je le disais en commençant, que, dans toute autre affaire, l'accusation n'eût pas été admise ; qu'elle n'aurait pas paru mériter d'occuper les regards de la justice : ce n'est qu'à cause de l'importance de l'affaire, des intérêts qui ont été compromis, que Leguilloux et sa femme se trouvent ici. A l'égard de Leclerc et de la femme Larbitret, l'accusation a été abandonnée ; à l'égard de la famille Leguilloux, elle a été soutenue sans plus de fondement. Il n'y a rien absolument contre eux.

Il me semble que j'ai rempli la carrière qui m'était imposée ; il me semble que j'ai détruit tous les faits qui étaient opposés à la femme Leguilloux ; il me semble que j'ai fait ressortir son innocence.

Sans doute, citoyens jurés, vous n'oublierez pas les moyens que j'ai eu l'honneur de vous présenter ; ils resteront gravés dans vos consciences ; et vous rendrez la femme Leguilloux et son mari à la liberté, qu'ils n'ont pas mérité de perdre. Vous avez entendu plusieurs citoyens faire leur éloge : si nous avions écouté ceux qui se présentaient, nous aurions pu remplir les salles du tribunal de ceux qui viendraient les réclamer.

Tous leurs concitoyens les redemandent, tous attestent leur honneur, leur probité et leur malheur, je dirai même leur patriotisme. Et, d'ailleurs, n'y a-t-il pas, dans l'accusation dirigée contre eux, une invraisemblance incroyable ! Ici, ce sont les chouans qu'on veut être les auteurs, les artisans du complot qui vient de nous exposer tous ; et lui Leguilloux, il a été attaqué par eux, il a manqué d'être assassiné, il a été ruiné par eux : et c'est avec eux qu'on veut le supposer en correspondance, qu'on veut le supposer de connivence ! L'invraisemblance est assez frappante.

Simon, *avoué.* J'observerai, citoyens jurés, un fait sur lequel le défenseur ne vous a peut-être pas donné tous les éclaircissemens nécessaires ; c'est relativement à la loi qu'on a citée comme règlement de police : c'est que Saint-Réjant ne pouvait être regardé comme un étranger relativement à la femme Leguilloux ; car, quelles sont les personnes dont on est obligé de faire la déclaration devant la police ? ce sont les personnes étrangères qui n'ont ni passeport, ni carte, ni rien qui justifie de leur existence.

Le président. Vous êtes dans l'erreur.

Simon. La loi dit, *étrangers à la commune de Paris.*

Le président. Asseyez-vous.

Simon. Il avait une carte.

Le commissaire. Prouvez qu'il avait une carte.

Simon. Ayant une carte, elle n'a pas dû le regarder comme un étranger à la commune de Paris, et elle ne devait pas en faire de déclaration.

PLAIDOYER

DU C.ᴱᴺ BELLART

Pour Adélaïde-Marie Champion de Cicé.

CITOYENS JUGES ET CITOYENS JURÉS,

Le plus atroce de tous les crimes a été commis.

L'éloquente voix du magistrat chargé, dans cette pénible affaire, des fonctions du ministère public, l'a déjà peint avec les couleurs qu'il appartenait à son patriotisme et à son cœur d'employer.

Pendant qu'il parlait, une voix plus éloquente que la sienne (et cela paraissait peu possible) s'élevait auprès de lui, pour ajouter au tableau qu'il avait présenté, des traits plus énergiques encore et plus terribles.

D'un côté, et en votre présence, s'offraient les débris de cette machine meurtrière d'où devait sortir un si grand malheur; débris accusateurs, qu'on dirait n'avoir été préservés, par la vengeance céleste, de la destruction nécessaire à laquelle ils étaient voués, que pour venir, incorruptibles témoins, déposer contre le crime et ses auteurs, en sorte que le forfait lui-même parût redevenir vivant et se ranimer sous vos yeux dans cette enceinte.

D'un autre côté paraissaient, spectacle plus déplorable, les victimes infortunées de cet attentat, toutes amenées devant vous par l'impartialité du tribunal et par la nécessité de remplir son devoir; par cette nécessité à laquelle il lui était douloureux mais indispensable d'obéir, et qui lui faisait une loi impérieuse de commencer par constater le corps du délit ; par cette nécessité qu'il savait bien , dans son humanité , ne devoir point égarer votre raison : car ce n'est pas dans vos émotions , mais dans votre conscience , que vous allez puiser les élémens de votre décision.

Qui de nous a pu refuser des larmes à ces intéressantes victimes d'un si cruel attentat !

C'est pourtant , citoyens jurés , c'est , le cœur si récemment navré par le spectacle déchirant qui vient d'affliger nos regards pendant trois jours entiers , l'œil encore humide des pleurs qu'il m'a arrachés comme à tous les hommes sensibles , c'est à cet instant même que je dois vous présenter la défense qui m'est confiée.

Viens-je donc mentir à la pitié trop légitime que ces infortunés m'ont inspirée , et outrager leur malheur ! viens-je , foulant aux pieds tous mes devoirs d'homme et de citoyen , mettre en opposition avec le sentiment irrésistible de ma conscience , je ne sais quel chimérique devoir qui , dit-on , appartiendrait à la profession de défenseur.

Eh ! que serait-ce donc que cette profession de défenseur !

Serait-il vrai qu'il existât au sein de la société une profession dont l'esprit fût en contradiction avec le principe sacré de la conservation de la société elle-même ! existerait-il une profession dont la première obligation fût de recueillir , de protéger les moyens de destruction qui menacent l'ordre social , de les conserver avec soin , afin qu'ils se reproduisent plus infailliblement dans une autre occasion !

Non, citoyens jurés, cette profession parricide et ses affreux devoirs n'existent pas.

Un défenseur, qui, pressé de la conviction qu'un accusé est coupable d'un grand crime, oserait devenir

son organe en présence de la justice ; ce défenseur, si c'était moi, et si je venais prêter mes efforts
sacriléges à un monstre qui ne serait restitué à la
société que pour y porter de nouveau l'épouvante
et la mort ; ce défenseur, à moins que par hasard
il ne trouvât son excuse dans la séduction d'une
pitié mal appliquée, ne serait pas un défenseur ;
aux yeux de la morale, ce serait un complice.

Oui, un complice : voilà ce que j'avais besoin
de vous dire, en commençant cette justification ;
car un défenseur, avant tout, est homme et citoyen.

Défenseur, homme et citoyen, je me présente
cependant devant vous ; et je m'y présente sans honte
comme avec confiance ; car je vais parler pour Adélaïde de Cicé, et Adélaïde de Cicé est innocente.

Défenseur, je dois exécration au crime, si je dois
le tribut de tous mes moyens à l'innocence ; je lui
dois assistance, aussi comme homme. Comme citoyen
enfin, je dois et au tribunal que nous vénérons,
et au Gouvernement auquel nous sommes sincèrement attachés, l'hommage des efforts nécessaires pour
prévenir une erreur ; que, si elle était possible, et si
elle confondait l'innocent avec les coupables, le
Gouvernement et la justice pleureraient, mais trop
tard, avec des larmes de sang.

Voilà le triple devoir que je viens remplir ; et je
me félicite, en abordant cette défense, de n'avoir
rien autre chose à faire qu'à achever la conviction
qui déjà, citoyens jurés, vous a pénétrés de toutes
parts. Vous me pardonnerez pourtant d'entrer dans
quelques détails. Ils pourront être désormais superflus
pour former une opinion que tout m'assure être
présentement fixée ; mais ils sont une dette de mon
ministère, qui ne peut rien négliger de ce qui rentre
dans la défense de l'immense intérêt qui m'est confié.

2.   H

La moralité d'un accusé appartient toute entière aux jurés. Leur devoir n'est pas seulement d'examiner les faits qui se rattachent d'une manière très-prochaine à l'accusation ; leur devoir, et c'est là le caractère principal de l'institution du jury, est d'approfondir, de scruter avec scrupule toute la vie de l'accusé dont le sort leur est remis, pour faire en quelque sorte, permettez - moi cette expression familière, connaissance avec l'accusé. Je me reporterai donc à une époque un peu reculée, pour vous apprendre ce qu'est, ce que fut toujours, et ce que fit Adélaïde de Cicé.

Née, comme vous l'avez appris par les débats, à Rennes, dans la ci-devant province de Bretagne, elle est issue d'une famille dont divers membres, ayant vécu sous les regards du public, ont pu être appréciés par l'opinion.

Elle avait plusieurs frères.

Il est nécessaire que je vous parle d'eux ; car paraissant dans la correspondance dont j'aurai à vous entretenir, il faut que je vous rappelle quelle fut aussi leur moralité.

L'un de ces frères était le ci-devant évêque d'Auxerre, appelé Jean-Baptiste. Je vous prie, citoyens jurés, de fixer dans votre mémoire ces prénoms, et tous ceux que je vais avoir occasion de prononcer. Ce souvenir servira d'explication à la correspondance dans laquelle vous les trouverez énoncés.

Le ci-devant évêque d'Auxerre a été connu. C'est au nom de sa sœur que je parle. Au nom de sa sœur je puis dire que quelque respect récompensa, jadis, la manière dont il se conduisit, soit dans les fonctions publiques qui lui avaient été départies, soit dans sa vie privée.

Son second frère était Jérôme de Cicé, ci-devant archevêque de Bordeaux. Jérôme de Cicé (qu'il soit permis à sa sœur malheureuse de rappeler, sans faste, ce souvenir consolateur), Jérôme de Cicé, le premier prélat qui ait voté pour la vérification des pouvoirs en commun; le premier prélat qui, malgré les préjugés dont il était assiégé, s'était déclaré pour la réunion du clergé au tiers-état; le premier prélat qui, dans cette solennelle journée, où se fondèrent les bases de notre liberté, et dans cette fameuse séance tenue au jeu de paume par le premier Corps législatif, alla jurer fidélité aux droits du peuple; le premier prélat qui, après le 14 juillet, et lorsqu'avait été donné le signal de la guerre faite au despotisme, mérita d'être appelé au ministère.

Adélaïde de Cicé vivait dans une grande intimité avec sa famille.

Bientôt se formèrent les premiers orages de la révolution; l'horizon politique devint plus sombre. A travers les idées exagérées, on vit naître quelques idées généreuses, comme cela est presque inévitable au milieu d'une grande tourmente politique. Plusieurs hommes furent signalés, dont on oublia les services. La méfiance, la défaveur les poursuivirent; elles poursuivirent sur-tout, et tout d'abord, les ecclésiastiques, et l'archevêque de Bordeaux, et l'évêque d'Auxerre, comme les autres. Ils n'osèrent faire face à la tempête; la frayeur les saisit, et ils crurent devoir sortir de France. L'archevêque de Bordeaux se réfugia au plus près; il se retira à Londres. Londres, alors, n'était pas notre ennemie.

Le ci-devant évêque d'Auxerre, après quelques courses incertaines, se fixa à Halberstadt, ville de Prusse. Élisabeth de Cicé sa sœur l'y suivit; Élisabeth de Cicé avait constamment vécu avec lui.

Augustin de Cicé, troisième frère d'Adélaïde, prit son asile à Hambourg. Là il forma un petit établissement de commerce d'épiceries : il a continué d'y vivre avec sa femme, qui, se résignant à la modestie de sa nouvelle situation, tira parti de l'activité qu'elle avait reçue de la nature, en se pliant à un travail personnel. Elle devint couturière : heureuse de contribuer ainsi aux charges de son ménage et à la subsistance de son enfant, et de pouvoir, à côté d'un mari et d'une fille qu'elle chérissait, acquitter sa dette envers la nature et le malheur !

Ce n'est pas sans nécessité, citoyens jurés, que je vous parle de tous les individus de cette famille. On reproche à Adélaïde de Cicé d'avoir entretenu une correspondance avec eux : il est bon que d'avance vous puissiez apprécier ses correspondans.

Le dernier de cette famille dont je dois vous dire un seul mot, est la Binthynaie, ancien conseiller au parlement de Rennes, et neveu d'Adélaïde de Cicé. Celui-ci passa, avec sa femme et ses enfans, à Jersey, où il est constamment resté depuis.

Quelle fut cependant, jusqu'à cette époque, la conduite d'Adélaïde de Cicé !

La vérité doit paraître une en présence de la justice. Elle ne serait plus la justice, s'il fallait du courage pour dire la vérité devant elle. Je parle à des magistrats d'une raison saine et supérieure; et c'est la philosophie elle-même qui protégera les aveux que je dois faire.

Adélaïde de Cicé appartenait à une famille très-pieuse; elle-même elle était plus pieuse encore.

Il ne s'agit point ici de débattre la mesure de respect ou de faveur que mérite un culte plutôt qu'un autre. Je parle devant une assemblée de philosophes, qui ne font à personne un crime de ses opinions, qui, fidèles aux sentimens exprimés par un Gouvernement tolérant et généreux, trouvent tous les dogmes bons, pourvu qu'ils inspirent l'horreur du mal et le goût du bien.

Adélaïde de Cicé, docile aux principes de son éducation, a constamment pratiqué la religion chrétienne catholique.

Elle avait une imagination très-tendre : cette imagination, encore agrandie par les idées religieuses, devint la source d'une multitude d'actes de bienfaisance, dont, dès sa première jeunesse, elle se complut à honorer sa vie. Elle n'agissait point, il est vrai, par la seule impulsion de la pure morale ; ce n'était pas une bienveillance toute philosophique qu'elle épanchait : mais, moitié inspiration d'un excellent naturel, moitié respect pour les maximes religieuses, auxquelles elle avait appris à obéir depuis son enfance, elle ne connaissait qu'une manière d'honorer son Dieu ; c'était de se livrer à toutes les œuvres de bienfaisance et de charité que commande la philosophie toute seule, que la philosophie toute seule ne fut pas toujours assez heureuse pour persuader, et que la religion plus puissante a souvent obtenues.

Ce n'était pas seulement par des aumônes pécuniaires, espèce de bienfaisance si facile à pratiquer pour l'opulence ; c'était par cette aumône plus respectable, parce que les motifs n'en sont jamais équivoques, par l'aumône de ses soins assidus, de son temps, de son propre travail, qu'elle assistait les malheureux. Dès l'âge de vingt ans, entourée de toutes les illusions de la fortune et du crédit, de la grandeur et des préjugés, elle savait franchir courageusement toutes ces séductions réunies, pour se rapprocher des pauvres, qui, s'ils n'étaient pas ses semblables dans l'ordre politique d'alors, étaient à ses yeux ses semblables dans l'ordre de la religion, comme ils le sont aux yeux de tout le monde dans l'ordre de la philosophie. Elle versait sur eux ses bienfaits : nul obstacle ne l'arrêtait pour faire le bien, et il n'était pas de lieu si humble où elle dédaignât de descendre. C'était dans

H 3

les chaumières, dans les greniers, dans les hôpitaux, dans les prisons ; qu'elle allait chercher et assister les malheureux, qu'elle portait aux indigens de l'or, aux malades de tendres soins plus précieux que l'or même, aux affligés des consolations plus douces que les soins.

Hélas ! l'infortunée ! alors que, sans nul calcul personnel, elle parcourait si spontanément le cercle de sa bonté, elle était loin de prévoir qu'à son tour, dans une prison, elle aurait besoin d'une main con-solatrice qui se tendît vers elle ; et qu'un jour vien-drait où elle invoquerait cette pitié qu'elle répandait sur tout le monde !

Ces faits, citoyens jurés, n'ont pas été controuvés par une imagination ardente, et vivement intéressée, je ne le dissimulerai pas, à proclamer son innocence, par une suite de l'estime profonde qu'elle m'a ins-pirée ; ils sont le résultat des témoignages imposans portés par ceux qui furent les spectateurs de l'appli-cation de ses vertus.

La distance des lieux m'a empêché de vous pro-duire en personne l'innombrable multitude de témoins qui auraient pu en déposer ; j'ai dû me contenter des dépositions consignées dans des actes publics que je tiens à la main, et qui passeront dans les vôtres ; dans des actes rédigés sous la surveillance des auto-rités du Morbihan, qui tous attestent « que les com-
» parans connaissent parfaitement Adélaïde - Marie
» Champion de Cicé, native de Rennes ; que pen-
» dant longues années qu'elle a demeuré dans cette
» ville, avant d'aller résider à Paris, elle s'était
» occupée, dès son jeune âge, de bonnes œuvres ;
» que son plus grand plaisir était d'aller visiter les
» prisons et les hôpitaux ; d'aller donner des secours
» aux malheureux ; de faire apprendre des métiers
» aux enfans pauvres et abandonnés ; qu'elle s'était

» toujours consacrée à soulager l'infortune ; et
» qu'elle y employait tous ses moyens, toutes ses
» ressources. »

Et ces dépositions n'ont pas été portées par quelques-uns de ces hommes légers ou complaisans dont
il est facile de capter les suffrages ; nous les devons
à des femmes honorées depuis de l'estime du Gouvernement, autorisées par lui à se réunir de nouveau
pour se livrer aux soins que leur religion leur ordonne de remplir ; à des femmes qui, sous le nom
de Sœurs de la charité, ou sous d'autres titres ana-
logues, étaient préposées au service des divers hospices de Rennes. Toutes elles attestent qu'elles n'ont
pas eu de compagne plus assidue de leurs travaux,
de leur zèle, de leur bienfaisance, qu'Adélaïde de
Cicé.

Je ne vous lirai pas plusieurs autres certificats
qui tous ne feraient que confirmer cette vérité : en
les parcourant, vous y verrez que s'il eût été possible
de faire comparaître devant vous tous les témoins
qui s'offraient en faveur de l'innocence d'Adélaïde
de Cicé, cette enceinte n'aurait pas été assez vaste
pour les contenir. Il suffit, au reste, de ces renseignemens, pour vous apprendre quelles furent ses
occupations favorites.

C'est au milieu de ces soins honorables que
s'écoula toute la portion de sa vie qu'elle passa à
Rennes, lieu de sa naissance. Sa famille s'étant dis-
persée, comme je vous l'ai dit, elle conçut l'idée
toute naturelle de venir se réunir à un de ses frères,
Louis-Adrien de Cicé, qui demeurait à Paris. Elle
y arriva vers la fin de 1791. Très-peu de temps
après, elle eut le malheur de le perdre.

Sa conduite fut à Paris ce qu'elle était à Rennes.
A Paris, comme à Rennes, elle remplit son temps des
mêmes occupations ; elle vaqua aux mêmes soins.

tendres et pieux; elle chercha à Paris, comme elle les cherchait à Rennes, tous les malheureux qui pouvaient avoir besoin de ses secours ; et toujours, à Paris comme à Rennes, elle fut ardente à les leur offrir.

Vous avez entendu, encore ce matin même, citoyens jurés, des témoins qui sont venus vous l'attester. Quelques-uns vous ont même dit qu'ils étaient personnellement les obligés d'Adélaïde de Cicé.

Vous n'avez pas pu oublier ce témoignage important par sa naïveté, important par sa véracité, important aussi par les circonstances minutieuses qu'il vous a révélées ; car ce sont ces petites circonstances qui révèlent le secret des caractères. Je veux parler de cette bonne femme du faubourg S.-Marceau, qui, dans sa simplicité, vous a raconté que, tourmentée long-temps d'un mal de bras dégoûtant et dangereux, on lui indiqua Adélaïde de Cicé. On lui *indiqua*, dans le faubourg S.-Marceau, Adélaïde de Cicé ! Ce mot tout seul déjà vous apprend quelles étaient les habitudes d'Adélaïde de Cicé, et jusqu'où s'épanchaient ses actes de bienfaisance, puisque sa réputation, sous ce rapport, avait pu parvenir jusqu'à cette pauvre malade. Cette femme se présente donc à elle : elle en est accueillie, pour me servir de sa naïve expression, *comme si elle eût été de sa connaissance ;* elle en reçoit des secours de toute espèce, en pansemens, en linge qu'elle n'avait pas, en remèdes. Heureuse d'une telle assistance, la pauvre femme se propose de revenir le lendemain chercher les mêmes soulagemens.

Vous n'avez pas oublié, non plus, cette réponse touchante d'Adélaïde de Cicé, cette réponse née d'un vrai sentiment d'égalité : Adélaïde de Cicé l'avertit que son état demandait qu'elle ne se déplaçât pas, et elle lui dit que ce serait elle-même qui irait la panser. Elle y alla le lendemain ; elle y alla chaque jour deux mois durant ; et quelquefois le même jour comprit trois visites.

Ainsi, et comme vous le voyez, tout ce qu'elle avait fait à Rennes, elle continua de le faire à Paris.

Du reste, et dans les temps les plus orageux, divers témoins vous l'ont dit, elle se soumit avec une résignation parfaite aux différens modes de Gouvernement qui se succédèrent. C'est ce que vous a sur-tout appris un témoignage qui n'était suspect ni par le caractère ni par les opinions de son auteur. Le C.en Pascal vous a dit que, quoique par leur position respective Adélaïde de Cicé et lui ne dussent pas être dans le même système, il n'avait pourtant jamais trouvé dans Adélaïde de Cicé qu'une femme toujours disposée à lui rendre service : en sorte, a-t-il ajouté, que, si les temps fussent devenus difficiles pour les patriotes et pour lui, et qu'il eût eu besoin d'une retraite, il n'aurait pas balancé à s'adresser à Adélaïde de Cicé elle-même.

Ce témoignage vous a été confirmé par celui de la fille Coulon : elle vous a naïvement exprimé jusqu'à quel point Adélaïde de Cicé s'était toujours tenue, dans ses discours, étrangère à toutes les idées politiques. « Lorsque je voulais parler, dit la » fille Coulon, des affaires publiques, elle me ré- » pondait : Ma fille, ne nous mêlons pas de ces » affaires-là ; cela ne doit pas regarder les femmes. »

Il est bien vrai, citoyens jurés, que quelques idées religieuses vinrent influer sur tous ces actes qui composaient la vie d'Adélaïde de Cicé ; il est bien vrai qu'en satisfaisant un bon cœur, elle était encore poussée vers le bien par des incitations d'un ordre plus relevé.

Je n'ignore pas que quelques hommes superficiels,

qui aiment bien mieux proscrire en masse que de
se donner la peine de faire des distinctions, ont imaginé de voir du fanatisme dans toute conduite gou-
vernée par la religion.

Ce n'est pas devant vous que j'ai peur de voir
s'accréditer cette injuste confusion d'idées. A d'excel-
lens esprits comme les vôtres, il me sera facile d'établir
cette distinction véritablement philosophique, qui
est indiquée par la raison. Quand les idées religieuses
suggèrent un système de dureté envers les autres,
de persécution et d'intolérance envers les cultes différens ; voilà le fanatisme, voilà l'espèce d'opinion
qu'il faut proscrire.

Quand les idées religieuses n'inspirent rien autre
chose qu'une conduite de tendresse et de bienfaisance envers tout le monde, quand les idées religieuses conseillent de venir au secours de tous ses
semblables, de prêter assistance aux malheureux qui
en ont besoin, ce n'est plus du fanatisme ; voilà la
piété, voilà les opinions qu'il faut honorer.

Le philosophe peut juger tous les cultes ; mais le
philosophe admirera tous ceux qui dirigeront leurs
sectaires vers ce but social.

Tel était celui vers lequel marchait Adélaïde de
Cicé.

On conçoit bien qu'il devait lui rester peu de temps
pour remplir les petits devoirs de la société. Vivant
presque toujours dans la retraite, et par goût, et
pour réaliser plus librement son système de bienfaisance, elle s'était peu livrée à ce qu'on appelle les
usages du monde. Elle n'y était pas non plus tellement étrangère, qu'elle crût, farouche dans sa piété,
devoir repousser tous ceux qui, se souvenant de leurs
anciennes relations, pouvaient se présenter chez elle.

Lors de la pacification avec les chouans, un homme
rentré récemment en grâce avec le Gouvernement,

un homme avec lequel , jusque - là , Adélaïde de Cicé n'avait eu aucune sorte de rapports , mais qui étant du même pays , et venant à Paris , avait peut-être cru , il faut le dire , devoir cette espèce d'hommage à l'ancienne position d'Adélaïde de Cicé dans le monde , Limoelan se présenta une ou deux fois chez elle.

Deux seules visites de politesse , froidement reçues , parce que nul motif n'existait pour faire desirer à l'un ou à l'autre une liaison bien étroite , furent (et prenez garde dans quelles circonstances) tout le commerce qui ait existé entre elle et cet homme.

Peut-il être besoin que j'insiste beaucoup, citoyens jurés , pour vous démontrer cette assertion! Qui ne conçoit en effet qu'il ne pouvait y avoir rien de commun entre une fille déjà âgée, une fille peu propre par la nature de ses habitudes, par ses occupations, par l'obscurité de sa vie, par la modération de ses idées, à tout ce qui était plaisir et agitation ; et un jeune militaire dévoré d'activité, livré à l'ardeur de ses goûts, cédant sans cesse à l'attrait du mouvement, et qui ne pouvait trouver que ridicule, ou du moins ennuyeuse, la société d'une vieille fille dévote !

Aussi, encore une fois, et vous le croirez sans peine, citoyens jurés, lorsque Adélaïde de Cicé l'a constamment assuré , et qu'aucune preuve contraire n'a détruit son affirmation, ces deux visites de respect, faites à une femme qui jadis avait occupé quelque rang dans sa province, ouvrirent et fermèrent toutes ses relations avec Limoelan. Un an s'est écoulé : elle ne l'a jamais revu depuis.

Si Adélaïde de Cicé était restée étrangère, pour me servir du style qui lui est familier, *à toutes les affaires du monde ;* si elle était restée concentrée dans les actes de bienfaisance et de spiritualité auxquels elle s'était vouée, elle n'avait pourtant pas arraché de son cœur les affections que la nature y avait gravées. Les temps s'étaient améliorés. On ne suivait plus ce système cruel qui faisait une loi sévère d'interrompre toute communication avec ceux qui nous furent chers. Sans doute, la correspondance avec les émigrés n'était pas formellement autorisée par le Gouvernement ; mais généreux, mais sachant distinguer de coupables intelligences, de ces épanchemens indifférens à l'ordre politique, et arrachés du cœur par ce besoin de se dire qu'on s'aime toujours, besoin que rend plus poignant une longue séparation, le Gouvernement fermait les yeux avec indulgence ; et pourvu qu'une telle correspondance n'éveillât pas ses inquiétudes, il n'employait aucun soin pour l'empêcher.

C'est dans ces circonstances qu'après un silence de sept années, ses frères et son neveu donnèrent enfin à Adélaïde de Cicé de leurs nouvelles.

Cette correspondance, qui, au premier coup-d'œil, semble une espèce d'épouvantail, lorsqu'on la qualifie abstractivement de *correspondance avec des émigrés*, se réduit à quelques lettres avec ses trois frères, son neveu, et une seule femme de ses amies.

Vous apprécierez cette correspondance. Pour le moment, il est bon que vous sachiez que voilà tous les élémens qui la composent.

Quant à une correspondance entretenue avec les chouans, les recherches les plus rigoureuses ont été faites chez Adélaïde de Cicé ; deux secrets ont été forcés dans son secrétaire ; tous les papiers qu'ils renfermaient ont été saisis ; et apparemment que si Adélaïde de Cicé en avait possédé de criminels, c'est là qu'elle les eût cachés. Pas une lettre n'a été trouvée ; je ne dis pas écrite par un chouan, mais même où fût rappelé le nom d'un de ces hommes qui ont joué un rôle si funeste dans nos troubles civils.

Vous parlerai-je de sa correspondance dans l'intérieur ! Citoyens jurés, quand, au milieu des scrupules de votre délibération et par déférence pour l'invitation du commissaire du Gouvernement, vous porterez un œil investigateur sur les lettres qui la composent, vous vous convaincrez bientôt qu'elles sont tout aussi innocentes que celles qu'elle a reçues de ses frères : vous y trouverez beaucoup d'idées ascétiques; beaucoup de cet esprit dominant dans la conduite d'Adélaïde de Cicé ; de cet esprit qu'il y aurait, je ne dirai pas de la cruauté, mais une sorte d'antiphilosophie à lui reprocher, quand on voit tous les biens qui en ont découlé ; de cet esprit de piété qui la faisait tenir plus fortement à sa religion, parce qu'elle lui inspirait plus de charité pour ses semblables. Ah ! vous y verrez qu'en effet ces deux intentions n'ont jamais été séparées dans son imagination ; qu'elles sont toujours étroitement unies l'une à l'autre ; que dans sa croyance enfin, par une sublime alliance de la religion et de la bonté, le culte dont elle accomplissait les rites sacrés, lui ordonnait, d'un côté, de mieux servir son dieu, pour puiser dans ses adorations mêmes de nouveaux encouragemens d'être utile aux hommes ; et, de l'autre côté, d'être plus utile aux hommes pour mieux servir son dieu.

Vers quel but en effet, dans cette correspondance, se dirigeaient ses plus ardentes pensées ! Il avait existé jadis une corporation dont, sous le régne de la raison et en présence de la justice, il est aujourd'hui, permis de faire l'éloge ; une corporation qui, bien que consacrée par les formes de la religion, avait pour devoirs principaux, non pas de mystiques occupations, mais les soins tendres et les soulagemens reclamés par l'enfance, l'indigence ou la maladie; une corporation à laquelle le Gouvernement, qui sait mépriser, quand il s'agit d'opérer quelque bien, toutes les fausses idées, même celles qui usurpent le titre d'idées philosophiques, vient de rendre sa protection et son respect. Tout le monde devine que je veux parler des Filles de la charité.

L'institution des Filles de la charité avait été détruite, non par l'esprit de la liberté, car l'esprit de la liberté respecte tout ce qui est bon, sans se laisser égarer par de vaines déclamations, mais par l'esprit d'exagération. Ces pieuses recluses, qui se rendaient si utiles à la terre pour conquérir le ciel, avaient été chassées de leur retraite; les traces de leur existence allaient se perdre; leur esprit aurait fini par s'éteindre. Grâces soient rendues à ceux qui, une fois du moins, ont honoré les opinions religieuses, en se laissant persuader par elles, de conserver cette espèce de feu sacré; à ceux qui, devançant les paternelles intentions du Gouvernement, lui ont fourni les moyens de ressaisir cet élément de bienfaisance qu'on a failli de perdre; et qui, en conservant le principe de cette heureuse, religieuse et philosophique institution, ont pu, à la voix puissante de ce génie qui commande à tout ce qui est véritablement libéral et généreux, de se reproduire, restituer à la faiblesse et au malheur leurs plus sensibles protectrices.

Eh bien, jurés, si vous voulez savoir qui a commis ce grand crime, vous voyez devant vous une des principales coupables. Pendant que les Sœurs de la charité étaient persécutées, que leur retraite était fermée, qu'une main barbare était venue les saisir pour les condamner à une inaction dommageable à la société, qui donc a rempli leurs soins généreux! qui recélait leurs principes! qui s'occupait de ces soins pieux et tendres auxquels étaient livrées ces filles distinguées par leur philantropie religieuse!

qui remplaçait, auprès des malades et des blessés, leurs gardes fidelles mais fugitives! c'était Adélaïde de Cicé. Seule, elle n'eût pu suffire à une tâche aussi grande, aussi importante. C'était elle qui écrivait à des femmes animées des mêmes sentimens, disposées à s'honorer par un dévouement pareil; c'était elle qui, dans cette absence de la véritable société de charité, avait fait tout ce qu'il était possible pour succéder à ses devoirs, et pour recueillir ce patrimoine d'active bienfaisance dont la philosophie ne se pressait pas d'hériter; c'était elle qui avait formé, pour remplacer cette société, une congrégation ou confrérie que ne distinguait aucun signe extérieur; car les lois le défendaient, et elle voulait obéir aux lois. Adélaïde de Cicé, en un mot, sauvait du naufrage tout le substantiel de l'institution. Comme les Sœurs de la charité, elle répandait autour d'elle les secours temporels, et aussi, il faut le dire, les secours spirituels. Pardonnons, ah! pardonnons cet excès de sollicitude à ces pieuses associées, qui, dans les prisons et dans les hospices, allaient secourir les vieillards et les infirmes : puisque la bienfaisance toute seule ne savait pas pénétrer dans ces asiles de la douleur, ne nous plaignons pas trop de ce que la religion y conduisait la bienfaisance, et ne soyons pas surpris de les y retrouver ensemble.

Oui, citoyens jurés, des crimes de cette nature, vous en trouverez beaucoup dans les lettres saisies chez Adélaïde de Cicé. Je vous dénonce, moi-même, une correspondance entretenue, non pas avec les chouans, non pas avec de rebelles émigrés; ce ne sont pas de telles conspirations qui les occupent; mais avec quelques femmes brûlant, comme elle, de cet amour sacré de l'humanité; avec quelques femmes obéissant, comme elle, à ces saintes lois d'une bonté universelle, et qui toutes se réunissant

par des formes religieuses , et même si on le veut par
une promesse intérieure , ayant pour objet de consa-
crer leur dévouement , agissaient conjointement avec
Adélaïde de Cicé, dans cet esprit commun, recevaient
ses instructions pour répandre , sur tous les points de
la France où elles étaient disséminées (laissez-moi
parler leur langage), *les œuvres de miséricorde* , auxquelles étaient essentiellement tenues les Sœurs de
la charité. Vous trouverez enfin , dans cette correspondance, beaucoup de cette inquiétude , de cette
agitation vraiment religieuse , pour faire parvenir
des secours à ceux dont l'état en réclame.; pour
transmettre aux jeunes filles les leçons de piété et
de morale dont elles pouvaient avoir besoin.

Voilà ce qui compose la correspondance de l'intérieur. Je ne vous la lirai pas. Le commissaire du
Gouvernement vous a invités à la parcourir ; je vous
y invite aussi : ce soin suffira pour compléter la justification d'Adélaïde de Cicé.

[Pause.]

Adélaïde de Cicé s'était livrée à ces soins sous
toutes les formes du Gouvernement, même dans un
temps où , parce qu'on lui en eût fait un crime, elle
dut s'environner de quelque discrétion. Bientôt elle
put se livrer plus librement à ces douces occupations,
dont elle avait contracté une si longue habitude.

Enfin s'était élevé, pour le bonheur de la France,
un Gouvernement nouveau. A peine avait-il paru,
qu'il avait inspiré la confiance et commandé l'amour.
Et comment tous les sentimens ne s'y seraient - ils
pas rattachés ? Ceux qui aimaient la gloire devaient
adorer un Gouvernement dont le chef avait couvert
de l'éclat de ses victoires, les fautes dont à d'autres
époques de la révolution , avait été flétri l'honneur
national. Ceux qui chérissaient la liberté, pouvaient-ils

ne

ne pas admirer un système si heureusement combiné
de force pour comprimer toutes les passions, et de
générosité pour faire germer toutes les idées libérales,
et conserver aux citoyens le juste exercice de leurs
droits et de leurs facultés. Les persécutés eux-mêmes
étaient conduits, et par le souvenir des maux qu'ils
avaient soufferts, et par la perspective si long-temps
ouverte devant eux d'autres maux qu'ils avaient à
craindre, à se pre-ser autour d'un pouvoir digne
enfin de la confiance universelle, et qui, dédaignant
toutes les petites passions auxquelles s'étaient trop
laissé aller les précédens Gouvernemens, ne voyait
dans ses vastes combinaisons que l'intérêt social,
sans plus le mélanger de l'esprit de parti ; oubliait
franchement le passé, et se servait, sans distinction,
de quiconque offrait de la loyauté, des talens et le
desir sincère de concourir à la prospérité publique.
Enfin il n'y avait pas jusqu'à ces êtres apathiques,
morts aux idées généreuses, mais amans du calme
et impatiens de retomber dans le repos , qui ne
vissent avec transport s'établir un Gouvernement
protecteur, capable d'étendre sur tous avec impartialité un bras puissant, et de maintenir au loin, la
propriété et la sécurité, sans autre condition imposée à ceux qu'il protégeait, que de respecter l'ordre
public.

Comment donc, au milieu de cette disposition
générale des esprits, Adélaïde de Cicé eût-elle haï
le Gouvernement ! Comment se fût-il fait que cette
femme, jusque-là si résignée dans les orageuses
circonstances qui avaient passé ; que cette femme,
qui, comme vous l'ont appris les témoins, disait,
dans d'autres temps : *Mes enfans, ne nous occupons
point d'affaires politiques ; prions, c'est le seul soin que
le Ciel ait départi aux femmes,* ne se fût pas sentie
attirée vers ce Gouvernement qui lui permettait

2.   I

d'exercer librement les honorables occupations auxquelles elle s'était dévouée !

Et ce n'était pas assez qu'elle eût, comme tous
les Français, tous ces motifs de bénir un Gouvernement réparateur ; d'autres motifs venaient se joindre
au premier, pour fortifier ce penchant et agir plus
puissamment sur son ame : il lui était enfin permis
d'espérer que cette verge de fer, qui si long-temps
avait alternativement frappé tous les partis, allait
être brisée. Déjà le Gouvernement avait assez annoncé qu'en conservant toute sa sévérité, comme
la liberté et nos lois le lui ordonnaient, contre ces
émigrés véritablement condamnables, contre ces enfans parricides de la patrie, contre ces modernes
Coriolans qui avaient été, de cour en cour, mendier
des outrages et des ennemis contre le pays natal, il
pourrait pourtant user de condescendance envers ceux
des bannis qui avaient évidemment cédé à des circonstances orageuses, qui n'avaient pas déserté
volontairement leur poste de citoyen, qui, enfin,
n'avaient été que les victimes de la violence. Ah ! au
milieu de telles espérances, combien Adélaïde de
Cicé devait couvrir de ses vœux l'existence de ce
Gouvernement nouveau, qui lui permettait d'espérer
que ses frères, auxquels elle était si tendrement attachée, lui seraient rendus ! Premier et grand motif
qui devait convertir sa résignation passée en un vrai
attachement pour le Gouvernement.

Il en était un second, d'autant plus puissant sur
son ame, qu'il touchait à une affection plus irritable
et à ses opinions religieuses. Le Gouvernement avait
donné à tous les cultes la tolérance religieuse, non
plus cette tolérance labiale et non jamais effective,
mais cette tolérance réelle, proclamée par notre
charte constitutionnelle, lorsqu'elle prononça que
chacun peut servir Dieu à sa manière et suivant sa

foi, sans être obligé de rendre compte à personne de ce qui constitue sa croyance.

Aussi, et comme vous l'avez appris de plusieurs témoins, citoyens jurés, quand Adélaïde de Cicé eut occasion de parler de ce même Gouvernement, elle disait que c'était la providence qui avait suscité Bonaparte pour rétablir la religion catholique. Telle était l'espérance d'Adélaïde de Cicé ; et cette espérance n'était pas injurieuse pour le grand homme qui l'avait fait naître. Peut-être, en effet, ne sera-ce point ce qu'un jour la postérité admirera le moins dans l'histoire de cet illustre citoyen, que l'habileté avec laquelle il sut par-tout, et même dans son pays déchiré trop long-temps par des guerres sacrées, rallier à lui et au bien public les opinions religieuses, en les honorant toutes sans distinction comme des liens sociaux, en les honorant toutes, non pas en sectaire, mais en homme d'état, et sans jamais leur sacrifier la véritable philosophie.

Adélaïde de Cicé ne haïssait donc pas, elle ne pouvait haïr le Gouvernement. Je vous ai rendu compte de ses sentimens ; je vous ai révélé sa moralité. A présent que vous connaissez Adélaïde de Cicé comme moi, je vais vous occuper de l'accusation dirigée contre elle.

Avant de parcourir le système de cette accusation, et pour simplifier la discussion, il faut commencer par écarter tout ce qui y est évidemment étranger.

Cette accusation, vous ne l'avez pas oubliée, citoyens jurés ; elle est terrible ; elle porte sur un trop affreux événement, pour que les élémens qui la composent ne soient pas incessamment présens à votre pensée. Elle a pour objet de convaincre et de faire punir tous ceux *qui ont conspiré contre la sûreté de la République, en méditant le meurtre de son premier magistrat.*

A présent quelles circonstances, en ce qui concerne Adélaïde de Cicé, l'acte d'accusation a-t-il rattachées à cet épouvantable grief !

Une première charge est sortie d'un livre de prières. Pour l'intelligence de ce que je vais dire, je prie le tribunal de faire passer ce livre sous les yeux des jurés, s'il le croit utile.

Le président. Les jurés l'auront sous les yeux dans leur chambre des délibérations.

Bellart. Dans ce livre de prières fort ancien, au milieu d'un grand nombre d'amulettes de dévotion, d'images des saints du catholicisme, de sentences, toutes étrangères aux circonstances politiques, toutes exclusivement tirées d'ouvrages ascétiques ; s'est trouvé un vieux morceau de papier ordinaire, dont la vétusté, sensible à l'œil, annonce et prouve que, dès long-temps, il reposait dans ce livre ; il porte ces mots, *vaincre ou mourir.*

Les hommes de la police avaient exercé une perquisition très-minutieuse. Je suis loin de la leur reprocher : loin de cela, je les en remercie, au nom de la patrie ; quand il s'agissait de la recherche d'un aussi grand crime, les scrupules du zèle ne pouvaient être poussés trop loin. Je les en remercie, sur-tout, au nom de l'innocence ; car plus la perquisition a été sévère, plus il devient certain qu'aucune preuve ne leur est échappée.

En feuilletant le livre, ils sont tombés sur cette image ; et cette image les a effrayés ; ils ont craint d'y rencontrer un signe de ralliement.

Un signe de ralliement !

Mais, d'abord, l'état physique de la pièce repoussait ce soupçon. Sa vétusté résistait à l'idée qu'elle tînt à des agitations nouvelles. D'ailleurs, un morceau de papier commun ; nulle vignette ; nul emblème ;

ces mots seuls écrits en lettres moulées, VAINCRE
OU MOURIR : tout, en un mot, à la seule inspection, et lorsqu'on examinait cette image froidement,
et en mettant à l'écart les inquiétudes, naturelles
sans doute dans de telles circonstances, mais propres
aussi à égarer la raison ; tout démontrait que cette
maxime, pareille à vingt autres que renfermait le
livre, était, comme les autres, destinée à faire office
d'un *signet*, pour marquer cette prière, et pas du
tout à fournir un signe de ralliement à des royalistes.
Qui d'ailleurs entendit jamais dire que cette devise
fût la leur? J'ai vainement cherché ; nulle part je n'ai
trouvé, dans les monumens historiques des troubles
de ces derniers temps, que la légende des *chouans* fût
Vaincre ou mourir. Ce cri sublime fut souvent poussé
par un parti plus glorieux. Nos victorieuses et républicaines armées plus d'une fois le firent retentir,
en marchant la baïonnette en avant ; et si ces mots
sont un signe de ralliement, c'était, non de nos
ennemis, mais de nos guerriers qu'Adélaïde de Cicé
aurait été la complice.

Ne lui accordons pas toutefois un honneur qui
ne lui appartient pas. Ce n'était pas comme expression de sentimens patriotiques, plus que comme
maxime des rebelles, que cette devise était perdue
dans son livre d'heures, au milieu de la multitude
d'images qui l'encombraient. C'était une légende
mystique s'appliquant à la *victoire* à remporter sur
les passions, si l'on ne voulait encourir la mort
éternelle.

Et voulez-vous, citoyens jurés, une preuve de
l'usage dont est, dans la légende mystique, cette
locution, *Vaincre ou mourir*, employée dans ce sens?
Je vous l'ai déjà dit, le zèle des perquisiteurs a
recueilli dans le domicile d'Adélaïde de Cicé tous
les papiers, tous les objets qui s'y sont trouvés. Une

boîte, sur-tout, a été saisie ; une boîte qui contient bien d'autres instrumens de conspirations, des rosaires, des crucifix, des chapelets, des vierges, des scapulaires, armures pacifiques dont se revêt la milice religieuse, ou souvenirs de piété que le culte catholique honore, et qu'Adélaïde de Cicé distribuait à ceux qui s'enrôlaient dans la confrérie de charité dont naguère je vous parlais.

Parmi ces dévotieux objets se sont rencontrées une foule d'autres maximes : toutes je les ai parcourues ; vous y jetterez un regard ; toutes vous les trouverez respirant l'amour du bien et de la paix. J'en prends deux au hasard ; voici l'une.

« Le démon ne peut voir sans dépit ce que nous
» faisons pour nous convertir et pour plaire à Dieu :
» mais ayons du courage et de la résolution ; celui
» qui nous a appelés, nous aplanira toutes les voies,
» et nous donnera des forces pour *vaincre*. »

Vous voyez l'expression *vaincre* employée ; et cette fois on ne prétendra pas qu'elle soit un signe de ralliement.

Voici la seconde sentence :

« Combattre sans cesse, afin de remporter de nou-
» velles *victoires*. »

A en juger par le nombre, qui est très-considérable, il paraît que chacune de ces maximes était le résultat des méditations pieuses de chaque journée. Il est pénible d'en avoir vu travestir une en signe de ralliement. J'ose croire que ce prétendu signe de ralliement est suffisamment expliqué, et je rougis presque de m'y être si long-temps arrêté.

Je passe à une seconde charge.

Adélaïde de Cicé a correspondu avec des émigrés, qui lui écrivaient dans un langage mystérieux et commercial, sous une adresse empruntée, et en se servant de lettres initiales seulement pour indiquer

les différens personnages rappelés dans la correspondance.

D'abord, vous n'avez pas oublié, je le proteste,
et la loyauté du ministère public ne me démentira
pas, que cette correspondance se compose uniquement de plusieurs lettres de ses trois frères, une de
son neveu, et une d'une femme de ses amies.

Ensuite, nulle lettre ne contient un seul fait
capable d'inquiéter les amis du Gouvernement.

Eh bien ! je le veux : si nous vivions encore sous
ces lois malheureuses qui faisaient un crime à la
sœur de correspondre avec le frère, il y aurait dans
l'existence matérielle de ces lettres, le prétexte odieux
d'une autre accusation ; mais qu'y aurait-il de commun entre le crime d'avoir, au mépris d'une loi
violatrice de la nature, desiré et reçu des nouvelles
d'un ami, d'un frère malheureux, et l'exécrable forfait d'avoir attenté aux jours du premier Consul ?

Elle a correspondu avec ses frères émigrés !

Ah ! je le conçois ; s'il s'agissait de donner un
conseil de prudence seulement ou de respect aux
lois ; s'il était question de répondre à cette question
que vous adresserait, citoyens jurés, ou à moi, un
parent d'émigrés : *Ferai-je bien d'écrire à un frère
malheureux, et de recevoir de ses nouvelles !* et vous,
et moi, encore effrayés de l'application si cruelle-
ment faite pendant une longue année de ces lois
dignes de Dracon, convaincus d'ailleurs que, dans
ces temps difficiles, il est toujours plus sûr *de s'abstenir,* nous répondrions sans doute : « Malheureux,
» séparé de tout ce qui vous fut cher, vous êtes
» à plaindre sans doute, et nous vous plaignons ;
» mais défiez-vous de votre propre sensibilité ;
» efforcez-vous de faire à la patrie le sacrifice de
» vos affections privées ; rompez, s'il se peut,
» tous les liens qui vous unissaient à ce fugitif.

I 4

» Qu'un mur d'airain vous sépare à jamais. La na-
» ture a beau murmurer ; la société l'ordonne.
» N'écrivez pas. »

Nous tiendrions ce langage ; et ayons le courage
de le dire, il nous serait bien facile à tenir, à
nous enfans adoptifs de la révolution, à nous qui
n'avons recueilli que ses bienfaits, à nous qui,
n'ayant vu subir, à aucun des nôtres ni persécutions,
ni proscriptions, ni exils, avons le bonheur de pouvoir, au sein d'une patrie sortie d'esclavage, goûter
à la fois les généreuses jouissances que donne la liberté, et les plaisirs si doux de la famille et de l'a-
mitié.

Mais c'est d'Adélaïde de Cicé qu'il s'agit. Je ne
parle pas du rang qui lui fut enlevé : jamais elle
ne le regretta. Je ne parle pas de ses richesses
évanouies : les pauvres seuls y ont perdu. Mais elle
avait trois frères chéris. Jetés dans différens coins
de l'Europe, isolés d'elle, isolés entre eux, poursuivis par la misère, atteints par les infirmités et la
vieillesse, depuis huit ans elle ne les a vus. Peut-
être elle ne les verra plus.

Elle avait une sœur, l'amie, la compagne de son
enfance : sa sœur a suivi son frère, septuagénaire,
sous l'âpre climat de la Prusse. Peut-être elle ne
la verra plus.

Elle avait une belle-sœur : malade, mais cou-
rageuse, elle vit de son travail à Hambourg. Peut-
être elle ne la verra plus.

Elle avait un neveu : depuis huit ans, sa famille
et lui habitent une cabane de pêcheurs dans les
rochers de Jersey. Peut-être elle ne les verra plus.

Ainsi lui ont successivement échappé tous les
objets de ses affections, et ceux que jadis c'étaient
son devoir et son plaisir d'aimer.

Ils ne sont plus pour elle. La patrie lui ordonne

de renoncer à eux : elle obéit. La patrie lui défend de murmurer : elle ne murmure pas. La patrie lui défend sur-tout de former des vœux impies pour que leur retour s'opère par la force étrangère : loin d'elle jusqu'à la pensée de ces vœux sacriléges. La patrie lui défend d'entretenir avec eux des correspondances criminelles : elle souscrit du fond du cœur à cette défense ; et elle n'en a pas entretenu. Elle a seulement desiré d'apprendre s'ils vivaient encore ; de dire, encore une fois, à ce vieillard qui va descendre dans le tombeau, que son cœur n'était pas fermé pour lui ; d'offrir à ses trois frères, à sa sœur, à sa belle-sœur, à son neveu, sinon des secours, du moins des consolations. Elle a reçu enfin de leurs nouvelles, et leur a donné des siennes.

En l'an 2 la loi le défendait.

Fermez-vous, livre de la loi : codes de la raison et de l'humanité, ouvrez-vous ; apprenez-nous s'il n'avait pas raison ce vertueux Angran, lorsque, prêt à marcher vers l'échafaud, il répondait vivement à ses bourreaux, qui lui reprochaient d'avoir violé la loi en écrivant à ses enfans : *Pouvais-je supposer que la loi m'ordonnât d'étouffer la nature !*

Adélaïde de Cicé ne l'a pas non plus étouffée. Mais si sa correspondance ne renferme pas une seule autre lettre que des lettres d'affection, comment cette correspondance se rattache-t-elle à l'atroce accusation dirigée contre elle !

Mais pourquoi le mystère des adresses ? Pourquoi le mystère du langage, lorsqu'on ne parlait que d'affaires spirituelles ou de famille ! Pourquoi, surtout, le mystère des lettres initiales pour désigner les personnes !

En refléchissant, citoyens jurés, et à la position d'Adélaïde de Cicé, et à la sévérité des lois de l'an 2, jetées en désuétude par la clémence du Gouvernement, mais non révoquées par des lois précises, toutes ces circonstances s'expliquent d'elles-mêmes.

La correspondance avec l'étranger était plutôt soufferte que permise. Un nom peu connu sur l'adresse servait plus aisément de passe-port. Si, dans un moment difficile, les surveillans de la sûreté publique éprouvaient un mouvement ou d'inquiétude ou d'humeur, et étaient tentés de rendre de la sévérité aux lois sur la correspondance même innocente, les formes du commerce substituées aux épanchemens de l'amitié laissaient aux lettres plus de moyens pour parvenir. En un mot, ce n'étaient pas des précautions prises par des coupables pour ourdir des complots; les lettres sont là qui le prouvent : c'étaient d'ingénieuses ressources employées par des frères pour pouvoir continuer de se donner des marques de souvenir et de tendresse.

Mais les initiales!

Eh bien! il est vrai, les correspondans ne nommaient pas en toutes lettres les compagnons de malheur et d'exil dont ils parlaient. Ah! fera-t-on à de tristes bannis un crime de se garder la foi due à l'infortune! Et pourquoi donc se seraient-ils nommés! Était-ce pour que si les lettres étaient interceptées, ils se fussent mutuellement dénoncés eux-mêmes, et qu'eux-mêmes ils fournissent, en toutes lettres, les noms qui jusque-là avaient échappé à la liste fatale!

Ainsi, bien qu'innocente, cette correspondance, par cela même qu'elle existait, ne pouvait qu'être enveloppée de quelque mystère. Non formellement autorisée, elle devait marcher, pour ainsi dire, en silence, et sur-tout ne pas se signaler assez hautement elle-même pour que le Gouvernement se crût obligé de sortir de son système de tolérance tacite.

Examinons, enfin, cette correspondance elle-même.

Ce terrible ministre des vengeances du cardinal de Richelieu, Laubardemont, disait : « Qu'on me » donne six lignes d'une écriture ; et je promets » d'envoyer l'écrivain à l'échafaud. »

C'est une réflexion qu'il faut sur-tout conserver présente dans sa pensée, lorsqu'il s'agit de scruter des lettres roulant sur des traditions intérieures de famille et sur des faits souvent tronqués, par l'inutilité d'exprimer une multitude de sous-entendus bien connus par les correspondans.

Parcourons rapidement ce que la correspondance d'Adélaïde de Cicé pourrait offrir, je ne dis pas d'inquiétant, mais d'inintelligible.

Et à cet égard, qu'il me soit permis de faire une observation d'une grande importance.

Dans le cours des débats, vous vous le rappelez, jurés ; au nom d'Adélaïde de Cicé, j'ai prié le commissaire du Gouvernement de vouloir bien établir le débat sur les portions de cette correspondance qui offriraient quelque phrase dans laquelle on pût supposer un sens analogique avec le grand événement dont parle l'acte d'accusation.

Le commissaire du Gouvernement a pensé, dans son résumé, qu'il était inutile d'indiquer les phrases qu'on pourrait considérer comme accusatrices. Il a pensé qu'il suffisait de remettre le tout aux jurés, pour que, dans le silence mutuel et de l'accusateur et de l'accusé, ils se décidassent, seuls, sur l'opinion qu'ils doivent prendre de la correspondance.

Ce magistrat, en exprimant une telle opinion, a sans doute eu pour motif le desir de simplifier une instruction déjà énormément compliquée. Pourquoi me refuserai-je la consolante pensée qu'un autre motif s'est joint à celui-là ! J'ai vu cette correspondance comme lui. J'y ai puisé l'intime conviction qu'elle ne contient rien de répréhensible. Cette conviction, il l'a comme moi. Cette conviction, apparemment, et l'impuissance de spécifier dans les lettres une seule phrase qui se lie à l'accusation, ont formé le second motif par lequel le commissaire du Gouvernement s'est déterminé à ne vous rien dénoncer en particulier dans la correspondance.

S'il en était autrement, l'accusée se trouverait dans une position très-malheureuse. Une correspondance, et une correspondance assez volumineuse, est produite. En présence de ces lettres, qu'attend-on d'Adélaïde de Cicé, et que veut-on qu'elle dise ! est-ce elle qui peut trouver les phrases qu'empoisonnerait le soupçon ! Pour elle il n'y a rien d'obscur; pour elle il n'y a pas de soupçon, parce que dans les lettres il n'y a rien de criminel. Ira-t-elle, se traînant sur chaque mot l'un après l'autre, vous expliquer longuement les faits minutieux et indifférens qu'ils expriment plus ou moins, établir sur chaque ligne le système d'une démonstration complète, et rapporter de fastidieuses preuves de toutes les explications qu'elle vous transmettra ! Mais cette tâche dégoûtante d'ennui est impossible ; le temps et votre patience n'y suffiraient pas. Ce n'est pas ainsi qu'un accusé peut se défendre sur une correspondance. On l'accuse ; qu'on lui dise sur quoi. On inculpe ses écrits ; qu'on lui dise lesquels. On attaque ses paroles ; qu'on lui cite celles qui ont besoin d'être défendues. Jusque-là il faut bien qu'elle se taise ; car, au milieu de toutes ces lettres qui sont innocentes, il lui est impossible de deviner quelle est celle que l'erreur pourrait regarder comme coupable.

Mais on me dit : Arrêtez : pourquoi voulez-vous qu'on interroge Adélaïde de Cicé, qui refuse de répondre !

Ah ! citoyens jurés, prémunissez-vous contre une confusion d'idées que pourrait amener ce vague reproche, et daignez faire une distinction, qui, toute seule, vous donnera la clef du caractère d'Adélaïde de Cicé.

Oui : elle a quelquefois refusé de répondre ; mais sur quoi ! sur les faits ! jamais : sur les personnes indiquées dans la correspondance ! souvent. Constamment elle a dit : « Veuillez examiner les lettres ; » tout y est innocent : si quelque chose vous y paraît » suspect, me voici prête à répondre sur tout, ex- » cepté sur les noms des personnes. Les noms de » personnes sont indifférens aux choses, si d'ailleurs » les choses ne sont pas criminelles, et si les lettres » ne présentent pas la moindre charge ; et les per- » sonnes, je ne puis pas les nommer, car je ne veux » pas les compromettre. »

Je vous dirai la vérité, jurés. Si j'eusse pu disposer de la volonté d'Adélaïde de Cicé, fidèle à mon premier devoir, celui de m'occuper exclusivement de la sûreté de sa défense, j'aurais obtenu d'elle le renoncement à toute espèce de réserve, même à cet égard. On vous demande, lui ai-je dit quelquefois, les noms qu'indiquent les initiales : déclarez-les, puisque cela est sans inconvénient pour vous : il y a des inconvéniens pour ceux qui les portent ; eh bien ! qu'ils les souffrent.

Ce sentiment n'a pas été partagé. Plus imprudente, plus généreuse que moi, elle a continué de se taire. Le fait du silence existe donc : il ne s'agit plus à présent que de l'apprécier.

Cette correspondance, concentrée encore une fois entre elle, ses trois frères, sa sœur, son neveu et une amie qui habitaient une terre étrangère, rappelle quelquefois par des initiales les noms de différentes personnes. Ces personnes, qui étaient-elles ? D'abord elles étaient absolument étrangères à l'affreux attentat du 3 nivôse, comme à toute autre espèce de complot : il est aisé de s'en convaincre à la simple lecture des lettres. C'étaient des parens, des amis, des voisins de ses frères bannis. Quelques - unes n'avaient pas encore obtenu qu'on fît cesser leur exil : quelques-autres, plus heureuses , grâce à la clémence du Gouvernement , la correspondance le dit , jouissaient enfin de leur air natal. Voilà les personnes dont Adélaïde de Cicé , en offrant d'expliquer tout ce qui était de fait , refusait de dire les noms.

Et qu'on ne se trompe pas sur ses motifs. Le commissaire du Gouvernement s'est mépris en attribuant ce silence aux opinions religieuses d'Adélaïde de Cicé. Adélaïde de Cicé n'était pas déterminée, par sa religion, à se taire : c'était uniquement par le respect que, dans ses idées , elle a cru devoir au malheur.

Elle a fait un raisonnement que sauront comprendre tous les bons cœurs. Elle s'est dit : « De ceux que
» désignent les initiales, une partie indiquée dans les
» lettres comme émigrés rentrés, ont enfin recouvré le
» pays qui les a vu naître; ce pays, l'objet de leurs
» éternels regrets ; ce pays, aux lois duquel ils
» s'estiment désormais trop heureux qu'on leur per-
» mette d'obéir ; ils y vivent ignorés , paisibles et
» soumis. D'autres, indiqués dans les lettres , su-
» bissent encore les rigueurs du bannissement : tout
» espoir cependant ne leur est pas ravi; ils osent se
» flatter de revoir leur patrie. Chaque jour même ,
» quelques-uns profitent de la pitié publique, qui
» ne refuse plus de distinguer les malheureux des
» coupables.

» Est-ce donc à moi, parente de tant d'infortunés
» errans comme eux, de leur ravir, par mes dénon-
» ciations , ou cette sécurité, ou cette espérance ,
» qui les soutient encore dans leur misère ! Est-ce
» à moi, sœur de proscrits, tante de proscrits,

» parente de proscrits , et le Gouvernement est trop
» grand pour me faire un crime de leur faute ,
» quand je suis restée fidèle à ses lois , est-ce à moi
» d'écrire, de ma propre main , dans les archives
» judiciaires , les noms de tous ces malheureux , au
» risque de voir ceux déjà rentrés , poursuivis , pour
» savoir s'ils sont suffisamment en règle , et d'en-
» lever, par cette espèce de signalement public ,
» toute espérance à ceux qui sont à la veille peut-
» être de profiter de la tolérance d'un Gouverne-
» ment humain autant que politique ? Est-ce à moi,
» par je ne sais quelles lâches considérations de
» sûreté personnelle, et pour écarter une préven-
« tion sans fondement, à me sacrifier tant de tristes
» victimes ! Non : je m'en repose sur mon inno-
» cence, et il me serait encore plus facile de périr
» que de me déshonorer. »

Tels ont été les motifs d'Adélaïde de Cicé. Je
devais à la fidélité de la défense , de vous les dé-
velopper : votre raison et votre cœur les jugeront.

Je viens à la correspondance même.

Un billet se présente , et ce billet est devenu suspect plus par sa forme que par son contenu. Il est
écrit sur gaze ; et cette circonstance d'une matière
peu communément employée pour écrire a frappé
l'imagination. Il eût été facile de perdre ces premières inquiétudes , en retenant l'idée de ce système
général de secret, et, si l'on veut, de dissimulation,
qui environnait toujours , par sa nature même , la
correspondance des gens du dehors avec ceux du
dedans, alors même qu'elle était innocente. Puisque
pour écrire à ses amis qu'on les aimait , il fallait du
mystère , on se servait de précautions mystérieuses ;
et l'emploi de la gaze , moins faite pour appeler *l'inter-*
ception que le papier , en était une. Mais enfin de la
gaze n'est pas un crime aux yeux de la raison. Que

contenait cette lettre de gaze, la seule qu'Adélaïde
de Cicé ait reçue d'une de ses amies! Le voici :

« La bonne Julie, ma chere Adélaïde, m'a fait
» part de vos bonnes intentions pour moi. Je l'ai
» chargée de vous en remercier. . . . .

Il n'y a rien là je crois d'alarmant pour la sûreté
publique. Voici une phrase qui a paru obscure.

» L'ab de Br. est ici pour la même fin que M. D. ;
» il a fait l'acquisition de deux bons compagnons.
» Rien n'est encore décidé ; son chef, dont je vous
» avais parlé, est à Ro.... actuellement ; et j'espère,
» quand je vous verrai, pouvoir vous donner des
» détails qui vous satisferont. »

Qu'est-ce que c'est que l'ab. de Br.! Adélaïde
de Cicé l'a expliqué; c'est l'abbé de Broglie, fon-
dateur ou résurrecteur d'une ancienne société, qu'il
va cherchant à propager par toute l'Europe, et laquelle n'a pas toujours été mal accueillie par nos
propres généraux, qui quelquefois ont éprouvé de
bons effets de la sollicitude de cette espèce de mis-
sionnaires.

Voici ce que je lis dans un journal antérieur au
malheureux événement du 3 nivôse, dans le n.º de
vendémiaire an 9 des Annales philosophiques, qui
n'ont pas été composées pour la cause.

« Nous avons déjà vu, dans nos précédens cahiers,
» avec quel zèle les prêtres français, déportés en
» Allemagne, s'empressent d'offrir aux prisonniers
» de leur nation, tous les secours qui sont en leur
» pouvoir. . . . . . . ; ce zèle ne se ralentit pas, et
» chaque jour en offre de nouvelles preuves. La
» congrégation établie en Allemagne par les soins
» de *l'abbé de Broglie* et l'autorité du pape, sur le
» modèle de celle des Jésuites, dont elle suit la règle
» et porte l'habit, se voue particulièrement à ces
» bonnes œuvres, en envoyant des prêtres par-tout

» où

» où l'on sait qu'il y a des prisonniers français ma-
» lades..... On les voit rendre les services les plus
» rebutans, jusqu'à panser leurs plaies et les délivrer
» de la vermine. A Augsbourg et à Ratisbonne,
» les généraux français leur ont permis de visiter les
» soldats malades, &c. »

Ainsi l'abbé de Broglie fondait un ordre destiné
à servir les malades. Il cherchait des prosélytes par-
tout ; il en avait trouvé deux dans le lieu qu'habitait
l'amie d'Adélaïde de Cicé. Son chef était à Ro...,
c'est-à-dire, à Rome ; et ce chef, pour en finir, c'était
le révérend père *Pacanari*, nommé, par le Saint-Père,
général de cet ordre renaissant.

On sent quelle importante nouvelle c'était-là pour
deux femmes consacrées, chacune de son côté, aux
mêmes devoirs et aux mêmes occupations.

La lettre finit ainsi : « Je desire que tout se
» rapporte aux anciens principes que vous et moi
» avons embrassés. Je crois bien que ceux de la
» morale sont très-bons ; mais s'accorderont-ils tou-
» jours avec ceux de la R.... et de l'ancienne
» équité ! »

Cette R... toute seule a encore ébranlé quelques
imaginations soupçonneuses ; elles ont cru y voir
la première lettre et l'idée du mot *royauté*. Rien dans
la lettre ne mène à cette idée ; le sens nécessaire
de la phrase la repousse même. C'était de spiritualité
qu'on s'occupait. On disait que les principes de la
morale étaient très-bons : mais, se pressait d'ajouter
la dévote correspondante, s'accorderont-ils toujours
avec ceux...... avec ceux évidemment, non pas
de la royauté, mais de la religion ! car on ne dit
pas les principes de la royauté, mais bien ceux de
la religion ; car l'idée d'opposition qu'on voulait
faire contraster avec les principes de la morale, était
nécessairement l'idée des principes de la religion.

Ces deux idées naissaient l'une de l'autre, naturellement et sans effort.

En voilà assez sur cette première lettre, que j'ai
cru devoir honorer de quelque discussion : non
qu'elle ait paru dans les débats ; mais parce qu'étant
rappelée dans l'acte d'accusation, elle ne doit pas
paraître sous vos yeux seule et sans explication.

Une seconde lettre a été écrite par Augustin de
Cicé à sa sœur. Augustin de Cicé, en lui parlant
d'un de ses domaines vendus, lui disait : « Ne serait-il
» pas possible d'obtenir de l'acquéreur qu'il voulût
» bien me faire une remise sur le prix ? On pourrait
» lui faire part de l'espérance que j'ai de recouvrer
» mes biens. »

Augustin de Cicé espérait, en effet, d'être rayé, et
de rentrer même dans ceux de ses biens qui n'avaient
pas été valablement vendus. Or on assurait que les
formes n'avaient pas été remplies pour la vente de
celui-ci.

« Au reste, ajoutait-il, vous en ferez ce que
» vous voudrez ; et ne faites rien, si vous le voulez. »

C'est ce qu'en effet voulut Adélaïde de Cicé :
elle ne fit rien. Il fallait être à Hambourg, pour
croire qu'une pareille proposition pût être accueillie.
Cette lettre n'a eu nulle suite. Vous savez, citoyens
jurés, que le débat n'a pas fourni l'ombre d'une
preuve à cet égard.

Écartons donc, citoyens jurés, tous ces premiers
griefs véritablement parasites à l'égard de l'accusation, à laquelle, même vrais, ils ne se rattacheraient
en rien ; et arrivons, il en est temps, à l'accusation
elle-même.

Je dois répéter le titre de l'accusation ; il fait
frémir ; et malgré moi, je suis saisi d'une sorte
d'horreur invincible, chaque fois que j'en rappelle

les termes, en songeant que je les applique à Adélaïde de Cicé, et que c'est elle qui doit y répondre.

Est-elle coupable d'avoir coopéré à l'affreux complot *qui tendait à l'assassinat du premier magistrat de la France*, et qui devait priver l'Europe de son héros, et la République de son chef!

Vous avez recueilli tous les débats, citoyens jurés: vous vous y êtes convaincus qu'Adélaïde de Cicé ne se trouve liée, ni de loin, ni de près, à aucun des faits qui ont précédé cet horrible attentat, à aucune des mesures parricides qui ont préparé, amené cette exécrable catastrophe.

Mais suis-je bien sûr de ce que j'avance!

Les débats, il est vrai, n'ont rien appris contre Adélaïde de Cicé: mais je tiens encore à la main cette correspondance saisie chez elle. J'ai dû la parcourir; je l'ai lue toute entière. J'ai fait à la justice le serment de n'employer que la vérité dans la défense, et j'abhorre le parjure. Je dois à la société de ne pas sauver une coupable par d'artificieuses ressources; et je veux être fidèle à ce devoir.

Eh bien! dans ma conscience, puis-je vous affirmer que dans cette correspondance il n'existe pas contre Adélaïde de Cicé une preuve terrible que ce complot ne lui a pas été inconnu, qu'elle a su le nom des machinateurs, qu'elle est intimement liée avec plusieurs d'entre eux, et que dès avant que le crime fût commis, Adélaïde de Cicé était au courant de cette infernale trame!

Non, jurés, je ne puis vous l'affirmer.

Déjà l'acte d'accusation lui a adressé le reproche d'avoir reçu, avant le 3 nivôse, une lettre qui contenait des marques d'intérêt pour le Petit-François.

Le vengeur public, il est vrai, n'a pas fait reparaître cette imputation dans son résumé: mais qu'importe!

S'il a déserté son poste d'accusateur, c'est moi, moi-même, qui m'en empare.

Adélaïde de-Cicé, répondez-moi ; car c'est moi, votre défenseur, qui vous accuse. Répondez à la plus foudroyante charge qui puisse être portée contre vous. Et tous, écoutez avec recueillement.

Voici une lettre saisie chez Adélaïde de Cicé. Elle est du 25 octobre 1800. Cette date correspond à brumaire an 9 : elle est antérieure de quelques décades au crime. J'y lis cette phrase avec autant de surprise que d'effroi :

« Vous me parlez d'une lettre du 3 août qui vous
» a touchée, lui écrivait-on. Vous le serez aussi
» beaucoup de la réponse que vous pourrez avoir
» du facteur le plus assidu, et de l'agent principal
» de la boutique, le petit P. François V. ou de ses
» deux aides et amis les plus intimes J. Christ. Fr. ou
» J. B. D. lequel vous est connu personnellement....
» Ces trois méritent toute amitié et confiance pour le
» commerce général. »

Non, jurés, je ne vous peindrai jamais la stupeur profonde et mêlée d'horreur dans laquelle me jeta cette lecture. A peine revenu de ma première consternation, je voulus vainement me rendre compte des détails de cette effroyable lettre : tout ne servait qu'à confondre ma raison.

Je regardais la date du temps, elle se rapprochait de l'époque du crime ; la date du lieu, c'était Halberstadt, une terre étrangère ; l'écrivain, c'était un émigré, et peut-être un ennemi ; le langage, il était mystérieux, on y parlait de boutique, de facteur principal, d'agent, de commerce général ; les personnages dont on y parlait..... Les personnages ! mes cheveux se dressaient sur ma tête, c'était *le Petit-François.....* et le Petit-François a préparé la machine meurtrière ; c'était le Petit-François,

l'agent principal et le facteur le plus assidu de la boutique ,
et le Petit-François a été, en effet, l'instrument le
plus actif de l'attentat ; c'étaient le Petit-François
et *les deux compagnons*, et la procédure, en effet, lui
donne deux complices, Saint-Réjant et Limoelan ;
c'étaient deux compagnons *dont le dernier*, disait la
lettre, *était plus connu d'Adélaïde de Cicé*, et elle ne
connaissait pas, en effet, Saint-Réjant ; mais elle
m'avait dit qu'elle avait vu deux fois dans sa vie, il
y a un an, Limoelan.

Et quels moyens, me disais-je en frémissant, de
résister à cette affreuse lumière !

J'avais beau me récrier en moi-même : Toutes les
lois de la nature sont-elles donc bouleversées à ce
point ! toute cette vertu, non démentie pendant trente
années, n'est-elle qu'une longue et odieuse hypocrisie, sans motifs et sans explication ! J'avais beau
appeler à mon aide et ce sentiment intérieur qui me
criait qu'il était impossible qu'Adélaïde de Cicé fût
coupable, la révolte même de ma conscience sou-
levée contre une aussi monstrueuse invraisemblance,
enfin cette indomptable conviction de son innocence, cette conviction que je sens, dont je suis
pénétré dans tout mon être, cette conviction que
je ne vous transmettrai jamais au degré où je l'é-
prouve moi-même, parce qu'il faudrait comme moi
avoir vécu avec elle dans l'intimité de sa prison,
avoir comme moi recueilli les convulsions de l'horreur
que lui inspirait cet attentat, avoir vu comme moi
avec quelle exécration cette ame tendre et pieuse
reculait devant la supposition qu'elle fût la complice d'un pareil crime, avoir saisi comme moi
ces accens fugitifs de la voix, ces nuances imper-
ceptibles de la physionomie, ces regards vrais et
touchans, cet inimitable ton de la vérité, tous ces
détails qu'on ne feint pas, et qui, aux yeux de

l'observateur, finissent toujours par signaler l'innocence et par démasquer la scélératesse.

Tout ce soulèvement de mes sentimens venait se briser contre ma raison, et ma raison continuait de reporter ma vue sur ces lignes fatales, et de m'en demander l'explication.

Las enfin de me perdre, sans guide, dans cet inextricable dédale, je repoussai cette lettre, en me disant à moi-même : Non, la bonté humaine n'est pas un vain mot, et la nature ne peut mentir à ses propres lois. Tout ceci paraît inexplicable ; tout ceci, j'en jure par la vertu, sera expliqué.

Je courus interroger Adélaïde de Cicé.

A présent, jurés, et puisque je l'ai entendue, ne frémissez plus pour l'innocence ; frémissez de l'erreur qui assiége si souvent la justice.

Quel est, me suis-je pressé de lui demander, l'auteur de cette lettre !

La réponse fut simple : Elle est de mon frère l'évêque d'Auxerre.

Soudain jaillit un premier trait de lumière.

Déjà il était incompréhensible pour moi qu'Adélaïde de Cicé, dont la vie entière s'est écoulée dans des habitudes douces et paisibles, plus encore que vertueuses, fût complice d'un meurtre horrible. Combien cette invraisemblance croissait encore, en voyant, par un renversement de toutes les probabilités humaines, un vieillard de soixante-quinze ans, un ministre de paix, que jadis on avait regardé comme digne d'en porter le titre, un banni, il est vrai, mais un banni qui, dans sa longue carrière, honorée par une bonté constante, n'avait eu qu'une seule faute à se reprocher, celle de s'être laissé trop légèrement effrayer par les troubles de sa patrie, devenir tout-à-coup un lâche assassin, infecter sa sœur de toutes ses fureurs, et, du fond de sa retraite tranquille, s'associant aux brigands les plus vils et les plus féroces, enfanter, conseiller, diriger le forfait le plus atroce qui ait jamais souillé la mémoire des hommes !

Cependant je ne me suis pas arrêté à cette espèce d'acception de personnes, et j'ai continué de demander des explications.

La phrase qui m'avait glacé les sens commençait par ces mots : *Vous me parlez d'une lettre du 3 août qui vous a touchée.* Quelle était cette lettre du 3 août !

Par un de ces hasards que la Providence met en réserve, pour les susciter, au moment où on s'y attend le moins, en faveur de l'innocence soupçonnée, cette lettre se trouvait imprimée dans les Annales philosophiques, n.º de vendémiaire an 9, *trois mois avant l'attentat.* Voici à quel sujet elle avait été écrite, puis recueillie dans ce journal.

Un ouragan terrible, le mois d'auparavant, avait dévasté la commune de Gy-l'Évêque, qui faisait partie de l'évêché d'Auxerre ; il en avait ruiné plusieurs pauvres habitans. Le vieil évêque l'avait appris dans sa retraite ; son cœur s'était ému pour ses anciens diocésains, et d'Halberstadt il leur avait fait passer vingt louis de France, avec cette lettre, que ces bons habitans, touchés du souvenir de leur pasteur, avaient ensuite adressée au journaliste. La lettre de ce conseiller, de ce directeur de l'attentat du 3 nivôse, de ce protecteur des brigands qui l'ont commis, est ainsi conçue :

D'Halberstadt en Prusse, 3 août 1800.

« Chers habitans,

» J'ai appris avec douleur, par les gazettes, » l'affreux ravage que l'ouragan et l'inondation du » 9 juillet ont causé dans les villages de Gy-l'évêque » et de Vallan. Pendant long-temps j'ai joui d'une

» portion des revenus de l'évêché dans votre par-
» roisse, que je n'ai jamais cessé d'aimer. On n'y
» doute pas sûrement que si je m'en étais trouvé à
» portée, je n'y fusse promptement accouru, pour
» régler avec vous les divers soulagemens qu'il
» m'eût été possible de vous offrir, et pour tâcher
» de retenir dans votre sein les familles qui ont le
» plus souffert.

» Dans mon éloignement, après toutes les pertes
» et les différens malheurs que j'ai éprouvés, les
» faibles ressources qui me font subsister ne me per-
» mettent pas de rassembler actuellement plus de
» vingt louis d'or de France pour les joindre à la
» masse des secours à distribuer parmi vous dans la
» proportion des pertes et des besoins. Sûrement nos
» bons habitans d'Auxerre et des environs se sont
» empressés de venir à votre secours avec le zèle
» qu'ils ont toujours eu pour soulager l'infortune,
» et qu'ils ont montré depuis long-temps contre le
» fléau de la mendicité. C'est une consolation pour
» moi de m'associer encore aujourd'hui pour vous
» à l'œuvre de leur charité. Bientôt je ne pourrai
» plus en exercer aucune; et quoique ma santé,
» grâces à Dieu, soit meilleure que je n'eusse dû
» l'espérer, mon âge de soixante-quinze ans m'avertit
» que dans peu je n'aurai plus pour moi-même d'au-
» tres besoins que ceux des prières qu'on voudra
» bien faire pour mon éternel repos. Je me recom-
» mande aux vôtres avec confiance, &c. »

A cet instant même, et en finissant cette lecture,
citoyens jurés, tous mes doutes furent éclaircis;
j'éprouvai l'impression que vous éprouvez tous sans
doute; je restai convaincu qu'on ne préludait pas
à un conseil d'assassinat par la mention d'une lettre
où certes n'en respirent pas les maximes; et que la

même phrase ne pouvait renfermer le monstrueux assemblage de deux idées, dont l'une appartenait à une vertu très-pure, et l'autre au dernier degré de la scélératesse.

Je continuai néanmoins mon inquisition.

La lettre à Adélaïde de Cicé parlait d'une réponse à la lettre du 3 août; je voulus la connaître; c'était celle que, dans l'épanchement de leur honnête gratitude, les paysans avaient adressée à leur ci-devant évêque. Je crois inutile de la mettre sous vos yeux : elle est aussi imprimée dans le n.° de brumaire du même journal.

La lettre à Adélaïde de Cicé, en parlant de cette réponse, ajoutait, « que vous pourrez vous procurer » du facteur le plus assidu, et de l'agent principal » de la boutique le petit P. François V. »

Oh ! sûrement, et j'ose à présent le croire, sans qu'il soit besoin de vous apprendre quel est ce petit P. François V., vous êtes aussi certains que moi qu'il ne s'agit pas du tout du Petit-François. Il vous est bien évident que celui qui écrit une lettre pareille à celle du 3 août, n'est pas capable d'entrer dans une conspiration d'assassinat; que *ce facteur assidu, cet agent principal de la boutique*, quelques motifs qu'on eût pu avoir pour le désigner par de telles expressions, ne peut pas être un homme capable lui-même de tremper dans un meurtre. Je pourrais donc ne pas vous le faire connaître; mais je veux qu'il ne reste pas l'ombre du mystère sur cet homicide passage de la lettre.

Le petit P. François V., car il faut remarquer les deux initiales dont le mot *François* est précédé et suivi, n'est pas le *Petit-François* tout court, mais le petit *Pierre-François Viard*, ecclésiastique très-aimé de l'évêque d'Auxerre, qui dans son intimité l'appelait *Petit-Père*, ci-devant grand-vicaire du diocèse, et qui encore aujourd'hui, par la tolérance du

Gouvernement, administre, quant au spirituel, le département de l'Yonne.

Jean-Baptiste de Cicé, par *boutique et commerce général*, faisait allusion au diocèse et à son administration ; et il appelait *facteur assidu et agent principal* son grand-vicaire, voulant désigner, par ces mots, l'espèce de soins auxquels il se livrait pour que les catholiques ne souffrissent pas de l'absence de leur évêque.

Quant à ses deux compagnons, J. Christ. Fr. et J. B. D., c'étaient, en effet, deux autres ecclésiastiques du même diocèse, associés aux soins spirituels que prend le C.^{en} Viard, et qui sont, ainsi que les initiales l'indiquent déjà, l'un Jean - Christophe Frotier, et l'autre Jean-Baptiste Digard.

Et pour que vous n'en puissiez douter, je vous présente, non pas des certificats, mais des actes en forme, vieux et récens, et même des actes administratifs. Le premier est un acte devant notaire, en date du 26 mars 1774, où paraît Pierre-François Viard, prêtre domicilié à Auxerre. Le deuxième et le troisième sont deux actes administratifs, dont l'un du 28 ventôse an 8 est un mandat donné par le département de l'Yonne à Pierre-François Viard, ex-chanoine d'Auxerre, sur le payeur général ; et l'autre, un certificat de la municipalité d'Auxerre, daté du 29 ventôse an 8, qui reçoit la déclaration de Pierre-François Viard qu'il ne jouit d'aucun autre traitement que de sa pension d'ex-chanoine. Le quatrième est un acte devant notaire passé par Jean-Christophe Frotier, chanoine d'Auxerre. Le cinquième et le sixième enfin sont, l'un un acte passé devant notaire en 1792 par Jean-Baptiste Digard, et l'autre un certificat de prestation de fidélité aux lois de la République, délivré le 15 frimaire an 9 par le maire d'Auxerre à Jean-Baptiste Digard, ex-chanoine d'Auxerre.

Ainsi, citoyens jurés, vous tenez tous les fils de la conspiration soupçonnée dans cette fameuse lettre; vous connaissez tous les conspirateurs, et vous êtes enfin remis de l'impression terrible qu'avaient dû vous faire comme à moi, et cette apparition soudaine du Petit-François dans la correspondance d'Adélaïde de Cicé, et cet étrange amoncellement de hasards qui étaient venus donner des apparences criminelles à la lettre la plus innocente.

Toutes ces apparences ont disparu devant la vérité. J'ai pu vous fournir des démonstrations mathématiques que tous ces hasards n'étaient que des hasards.

Je l'ai pu !

Mais si je ne l'avais pas pu; si ces actes qui m'ont servi à vous prouver l'existence de ces trois prêtres, les anciens collaborateurs du ci-devant évêque d'Auxerre, je les avais ignorés; si cette lettre du 3 août n'avait jamais été imprimée à une époque non suspecte, et elle pouvait, en effet, ne l'être pas; si, depuis la lettre écrite à Adélaïde de Cicé, ceux à qui s'appliquaient les initiales, avaient disparu, ou s'ils avaient été plus inconnus; si, enfin, et les actes et les hommes, tout eût échappé à la mémoire d'Adélaïde de Cicé et à nos recherches : grands dieux ! quelle affreuse idée !

La lettre n'en était pas moins innocente, et elle paraissait criminelle. La vérité reposait sous ces voiles purs et irréprochables; mais ces voiles mensongers offraient un fantôme de complicité. Au moment où je parle, je tremblerais moi-même devant ce fantôme; je craindrais de ne défendre qu'une coupable; je me consumerais, du moins, en vains efforts, en raisonnemens abandonnés par les preuves, pour prévenir un assassinat judiciaire, et peut-être ne serais-je pas assez heureux pour l'emporter, à la fin, sur cet amas écrasant de vraisemblances accusatrices.

Ah ! jurés, qu'il avait raison, ce cruel Laubardemont ! Mais que cette haute leçon ne soit pas perdue pour la raison humaine. Ce sont des preuves qu'il faut pour disposer de la vie des hommes ; et si, sur quelques apparences exprimées d'une correspondance qu'on a environnée de mystère, non parce qu'on y méditait des crimes, mais parce qu'on écrivait au milieu de circonstances difficiles, et sur des matières regardées long-temps comme délicates, on se hâtait de prononcer la culpabilité, songeons qu'il n'y a pas un seul de nous, juges, jurés et spectateurs, qui ne soit exposé à porter sa tête sur un échafaud.

Je ne vous en dirai pas davantage sur ces lettres. Puisqu'on n'en oppose aucune en particulier à Adélaïde de Cicé, je ne répondrai plus à aucune en particulier. Seulement, et si, en parcourant cette correspondance qui vous sera remise, vous aperceviez encore quelques obscurités que je n'aie pas dissipées, parce que je ne les ai pas prévues et qu'on ne les a pas opposées, vous vous souviendrez du petit Pierre-François Viart, et du cruel épisode auquel il pouvait donner lieu dans ce procès, et vous vous direz : Ne jugeons pas légèrement sur des apparences ; ou bien, s'il faut croire aux apparences, croyons aussi aux apparences de la vertu : car pourquoi le crime seul aurait-il ce triste privilége ? Croyons qu'en matière d'apparences, il n'y a rien de plus sûr que le témoignage d'une vie toute entière, et *l'apparence* de trente années de vertus ; croyons que celle qui pendant trente années fut sans reproche, qui pendant trente années ne laissa point passer un seul jour sans le marquer d'un bienfait envers ses semblables, qui dès sa jeunesse délaissa toutes les illusions du monde, toutes les jouissances de la grandeur et de l'opulence, toutes les séductions même de la nature , pour aller sous le chaume et dans les asiles du malheur et des maladies , répandre sur les pauvres ses soins tendres et compatissans ; n'est pas tout-à-coup devenue un monstre odieux , le rebut de l'espèce humaine , et l'horreur de la postérité.

Après cette explication , j'aborde les charges ; et fort de cette impression que j'ai dû vous donner parce que je l'ai reçue et conservée moi-même , de cette impression que sait créer seule , non pas certes le talent que je n'ai point , mais l'auguste vérité , je sens que je puis les parcourir rapidement.

Je l'ai dit : les débats n'ont rien fourni qui rattache Adélaïde de Cicé aux faits antérieurs au crime du 3 nivôse.

Ce crime s'est donc accompli sans elle.

Quel est alors le fait qu'on lui reproche !

Je prends l'acte d'accusation , et j'y lis : Limoelan , le 7 nivôse , a été chez Adélaïde de Cicé. Ce chef de conspirateurs voulait cacher un de ses complices : il a confié et son secret et son complice Carbon à Adélaïde de Cicé. Elle a reçu cet horrible dépôt ; elle ne pouvait pas donner d'asile à Carbon ; elle l'a recommandé à M.me Duquesne , et l'a engagée à le recevoir : voilà ce dont on l'accuse.

Eh bien ! je veux blasphémer contre la moralité d'Adélaïde de Cicé et contre le bon sens. Dût-on m'accuser d'audace , je prends comme vrai tout ce que suppose l'acte d'accusation. Je suppose que sciemment Adélaïde de Cicé , sur la recommandation directe de Limoelan , a procuré une retraite à l'un des misérables qui ont trempé dans le forfait du 3 nivôse.

Jurés , vous n'êtes pas ici pour décerner l'éloge ou le blâme : une plus redoutable fonction vous est donnée ; vous disposez de la vie des hommes. Vous rappeler ce terrible pouvoir, c'est vous dire quel est le but de vos recherches. Vous n'avez pas à examiner si tel fait est blâmable ; vous regardez uniquement si tel fait est un crime.

Eh bien ! j'oublie les dénégations que vous a faites Adélaïde de Cicé avec cet accent de vérité qui retentira long-temps dans vos cœurs, que Limoelan lui ait adressé Carbon ; j'oublie toutes les vraisemblances qui se réunissent, et dont je vous entretiendrai, pour démontrer qu'elle a ignoré ce qu'avait fait Carbon : je crois chaque mot de l'acte d'accusation. Il reste donc qu'Adélaïde de Cicé, bien étrangère à l'exécution du crime, a pourtant donné sciemment refuge au criminel.

Je m'adresse à votre raison, à votre raison toute seule ; et je demande ce que c'est que le crime de donner asile. Certes, je serais loin d'approuver cette indiscrète pitié ; je serais plus loin encore de trouver bien qu'une femme dont toute la vie se serait écoulée dans la pratique de la vertu la plus austère, fût devenue si compatissante envers de tels coupables. Je la blâmerais amèrement ; toute la société la blâmerait. Mais ce n'est ni de mon opinion, ni de celle de la société, ni de la vôtre, citoyens jurés, qu'il s'agit ; c'est de la qualité de l'action. La compassion bien ou mal raisonnée pour le criminel, ne devient pas le crime même. Donner asile à un parricide, ce n'est pas être complice du meurtre affreux qu'il a commis, et avoir tué son père.

Mais je rougis de m'abaisser à une pareille supposition. Fidèle à l'instinct de générosité qui a été le régulateur de toute sa vie, Adélaïde de Cicé, en donnant asile à Carbon, croyait exercer un acte innocent de bienfaisance envers un homme qui n'en était pas indigne ; on le lui a présenté comme émigré. C'est ce qu'elle a constamment déclaré ; et dans le débat aucune circonstance n'est venue lui donner un démenti.

Cependant on s'obstine à vouloir qu'elle ait su que Carbon était un conspirateur; et de cette connaissance supposée on tire ensuite la conséquence que, puisqu'elle le connaissait, et que sciemment elle lui procurait un asile, elle était sa complice.

Je n'examinerai pas jusqu'à quel point est barbare une telle manière de raisonner, jusqu'à quel point elle outrage tout-à-la-fois l'humanité et le bon sens.

J'observe seulement que puisqu'on fait résulter la complicité du *sciemment*, en détruisant le *sciemment* je détruis la complicité.

Or il ne me sera pas difficile d'y parvenir.

Et d'abord, comme on l'a vu, on ne cite aucun fait direct dont on puisse induire qu'elle a su le crime de Carbon. C'est pourtant à l'accusateur à rassembler sur le fait de l'accusation une mesure de preuves positives capable de faire violence à la conviction du jury.

A défaut de preuves positives, on en fait valoir une négative : on lui dit : Vous refusez de nommer la personne qui vous a recommandé Carbon, donc c'est Limoelan; et puisque c'est Limoelan, vous connaissiez l'auteur du crime; et puisque vous connaissiez l'auteur du crime, vous aviez eu révélation du crime même; et puisque le crime vous avait été révélé, vous êtes complice du crime.

J'ai promis de ne plus faire attention à la logique employée contre Adélaïde de Cicé; toute digne que celle-ci serait de l'inquisition, pour le moment je la regarde comme bonne.

Eh bien! en quoi ce refus de nommer la personne qui lui a recommandé Carbon, prouve-t-il contre la sincérité de son affirmation !

Elle vous a dit avec simplicité, que le 7 nivôse, à la nuit fermée, une personne qui n'était pas Limoelan, une personne dont l'innocence lui est aussi clairement démontrée que la sienne propre, lui a dit qu'il y avait, à la porte de sa maison, un malheureux émigré dont les papiers n'étaient pas en règle, et qui desirait une retraite pour quelques jours seulement ; que cette personne lui avait demandé s'il ne serait pas possible qu'elle la lui procurât ; qu'à cet instant même Mmes de Gouyon, logées chez les religieuses de Saint-Michel, étaient dans la maison ; qu'elle leur transmit la recommandation qu'elle venait d'accueillir, et les pria de le conduire avec elles chez les religieuses de Saint-Michel ; que Mmes de Gouyon croyant comme elle n'obliger qu'un simple émigré, y consentirent ; qu'elles trouvèrent cet homme à la porte de la rue, et l'emmenèrent.

Voilà ce qu'elle a sans cesse déclaré ; et encore une fois, nul témoignage n'est venu combattre cette version.

Mais elle ne nomme pas cet intermédiaire qui la sépare de Limoelan. Quel est son motif ! Elle n'en peut, dit-on, avoir qu'un, l'impuissance de le nommer, parce qu'il n'existe pas.

A présent que vous connaissez Adélaïde de Cicé, et que vous savez de quoi elle est capable quand il s'agit de faire ce qu'elle croit être le bien, j'ai le droit de vous dire qu'il y a pour elle un motif plus vraisemblable, la générosité. Vous vous rappelez cette réponse touchante : *J'ai fait tant de malheureux autour de moi par ma fatale indiscrétion, que je ne veux pas avoir un malheur de plus à me reprocher. Je ne veux pas faire comprendre dans cet affreux procès un infortuné, de l'innocence duquel je suis aussi sûre que de la mienne, et qui a été trompé comme moi.*

Et le moyen de résister à l'accent de vérité dont

elle

elle a accompagné cette réponse! Le moyen de n'être pas convaincu qu'elle n'en impose pas sur ses motifs, en jetant les yeux sur ces fatales banquettes! De qui y est-elle entourée! Hélas! ce n'est pas de ses complices, ce mot ne peut pas convenir aux compagnes de sa bienfaisance; c'est de ses victimes. C'est elle, c'est son imprudence qui a troublé leur repos, et leur a valu leurs angoisses. C'est son imprudence qui a semé autour d'elle, répandu sur tous ceux dont elle était chérie ou respectée, les outrages, la captivité et les accusations. Elle a prié sa malheureuse couturière de recevoir les lettres de son frère Augustin de Cicé : la couturière a failli d'être mise en jugement. Bèche, son ancien domestique, a été chargé, par elle, de recevoir les lettres de l'évêque d'Auxerre : Bèche a été arrêté. A sa recommandation, l'accusée Duquesne reçoit cet homme qu'elle croyait un émigré : cette pauvre et respectable religieuse est arrachée à ses compagnes. La voici aux pieds de la justice. Enfin, sur sa prière, l'accusée Gouyon conduit cet émigré à M.me Duquesne : M.me Gouyon et ses deux filles sont jetées en prison; M.me Gouyon et ses deux filles subissent aussi, dans ce moment, l'humiliation d'un procès criminel.

Voilà les coups qui ont percé cette ame profondément sensible. Voilà, au milieu de cette agonie de douleurs, dans laquelle elle se consume depuis trois mois, ce qui lui a été bien plus cruel que cette agonie même. Voilà les terribles circonstances qui rendent les motifs de sa réticence trop vraisemblables. La mesure de ses remords, causés non point par les crimes qu'elle a commis, mais par le mal qu'elle a innocemment fait, est à son comble. Le fardeau lui en semble intolérable. Son ame généreuse, mais oppressée sous ce poids fatal, s'indigne de l'idée

seule de créer encore des malheurs pour une personne de plus, pour une personne envers qui elle
peut être liée par des devoirs ou des sentimens,
pour une personne dont la bonne foi lui est démontrée. *Il y a autour de moi*, s'est-elle écriée, *assez*
de malheureux qui le sont par ma faute. Non, citoyens
jurés, ce cri n'est pas celui de la fausseté ; il est le
cri du cœur : les vôtres y ont répondu ; et vous êtes
convaincus de la vérité de ses motifs.

Séance levée à neuf heures et demie.

SÉANCE DU 14 GERMINAL MATIN.

Seconde partie du Plaidoyer du .C.ᵉⁿ BELLART *pour*
Adélaïde de Cicé.

CITOYENS JUGES et CITOYENS JURÉS,

Hier j'ai parcouru la plus grande partie de la
douloureuse carrière que je devais remplir.

J'ai d'abord isolé de cette cause tous les faits
étrangers au procès.

Je vous ai prouvé que ce fait de la correspondance
avec des émigrés, qui, vu dans le lointain et en
abstraction, prenait une sorte de consistance, abou-
tissait en réalité à un commerce innocent de lettres
avec ses frères et son neveu. Et peut-être, vous parlant
de ses frères, ne devais-je pas omettre de vous dire
qu'à l'instant même où cette correspondance se tenait, Jérôme de Cicé, ci-devant archevêque de
Bordeaux, du fond de sa retraite, rendait hommage
aux lois de son pays, et adressait aux fidèles de son
ci-devant diocèse un mandement pour déclarer que
la promesse de fidélité demandée aux ministres du
culte ne contrariait en rien les principes de la foi.

Je vous ai prouvé que d'ailleurs cette correspondance, irréprochable sous tous les rapports, était
de plus étrangère à l'accusation relative à la conspiration du 3 nivôse.

Je vous ai fait observer un point d'une extraordinaire importance, le point que le nom même d'A-
délaïde de Cicé n'avait pas été prononcé dans les
récits de faits antérieurs au 3 nivôse, et que des

L 2

soixante-deux témoins entendus, pas un seul ne l'avait mêlé dans aucun de ces faits.

Je vous ajoutais ensuite qu'en prenant comme avérés tous les griefs de l'acte d'accusation, il n'en résultait autre chose que le fait d'avoir donné asile à un grand coupable, fait qui pourrait devenir la source d'un reproche grave à faire à la moralité, mais non jamais constituer un crime qui appelât la vengeance des lois.

Puis, entrant dans la réfutation des diverses charges par lesquelles on avait essayé d'établir que c'était sciemment qu'elle avait recélé Carbon, je posais en point de fait qu'elle n'avait cru obliger qu'un émigré qui était en mesure d'obtenir sa radiation, mais non pas assez rassuré pour s'exposer aux recherches de la police.

Je commençais par repousser la supposition que Limoelan lui eût parlé à elle-même le 7 nivôse, pour lui recommander Carbon.

Je trouvais la première preuve du fait contraire dans la dénégation même d'Adélaïde de Cicé; car la dénégation des accusés doit faire foi, tant que le contraire n'est pas démontré.

J'en trouvais une seconde dans le silence absolu des soixante-deux témoins, dont aucun ne déposait d'un abouchement de Limoelan avec Adélaïde de Cicé.

Je parlais, à cette occasion, du refus qu'avait fait Adélaïde de Cicé de nommer la personne autre que Limoelan, et qui lui avait recommandé Carbon; et j'expliquais son refus par les malheurs mêmes dont elle avait été la cause innocente autant qu'involontaire, et auxquels elle ne voulait plus désormais ajouter.

J'en étais à ce point de la défense quand l'épuisement des forces et de l'attention de tous ceux qui ont suivi ce long débat, est venu me faire une loi de mettre un terme aux fatigues de cette séance.

Je continue la discussion du fait de la recommandation de Carbon, qu'on veut avoir été adressé à Adélaïde de Cicé par Limoelan directement.

Ce contact de Limoelan et d'Adélaïde de Cicé résulte, m'a-t-on opposé, de la déclaration même de Carbon. Carbon a déclaré que Limoelan l'avait conduit à la porte d'une maison, qu'il a su depuis être celle d'Adélaïde de Cicé ; qu'il lui avait dit d'attendre en le laissant dans la rue ; que Limoelan était entré dans la maison ; que peu de temps après il en était sorti, en annonçant à lui Carbon qu'il allait sortir trois dames qu'il suivrait ; qu'en effet il était sorti trois personnes dont il s'approcha, et qui le conduisirent chez l'accusée Duquesne.

Ainsi, a-t-on ajouté, l'introduction de Limoelan dans la maison étant, une demi-heure après, suivie de la recommandation d'Adélaïde de Cicé, il est impossible de ne pas voir que le second fait est le produit du premier, et que, de-là, Limoelan a parlé à Adélaïde de Cicé, qui ne devrait pas le nier.

Elle le nie cependant.

Elle le nie avec force et avec accent.

Elle nie qu'elle ait vu Limoelan ni ce jour-là, ni même alors de plus d'un an, ni qu'elle ait même su qu'il était entré dans la maison.

Elle le nie, et elle n'est pas en contradiction avec Carbon ; car Carbon ni personne ne dit qu'il ait vu Limoelan parler à Adélaïde de Cicé.

Mais il est entré dans la maison.

Cela se peut.

La maison contient sept ou huit ménages ; c'est-à-dire, une population d'une trentaine de personnes. Est-ce qu'il est hors de vraisemblance et de possibilité que Limoelan, qui cherchait à procurer un

L 3

asile à son complice, se soit adressé dans la même maison à une autre personne avec laquelle, sans avoir des rapports plus criminels, il aurait eu des rapports plus familiers ? est-ce qu'il n'est pas possible qu'il ait prié cette personne de donner retraite pour quelques jours à un émigré ? est-ce qu'il n'est pas possible que cette personne ait été obligée de refuser Limoelan, soit que son propre logement ne comportât pas l'admission d'un hôte, soit par l'une de cent autres raisons, toutes faciles à supposer ? est-ce qu'il n'est pas possible que cette personne, en voyant Limoelan affligé d'un refus, et pour céder à ses importunités, ait transmis à Adélaïde de Cicé sa recommandation, sans lui en nommer l'auteur, pour ne pas faire de confidences superflues ? Certes, lorsque la bonté de cœur et l'obligeance d'Adélaïde de Cicé étaient si universellement connues, que du fond du faubourg Saint-Marceau on venait les implorer, est-il si extraordinaire qu'elles aient été connues d'un habitant de sa propre maison, et qu'il ait cru facile de l'intéresser à un homme dans l'adversité ?

Mais si tout cela est possible, aussi possible que le fait contraire d'une communication directe entre Adélaïde de Cicé et Limoelan, par quelle règle de justice ou d'humanité supposerait-on plutôt le second que le premier ? Adélaïde de Cicé ne prouve pas le sien ; accusateurs, vous ne prouvez pas le vôtre. Parce qu'elle ne prouve pas contre vous, qui ne prouvez pas contre elle, la condamnera-t-on ! la condamnera-t-on sur une preuve négative, sur un néant de preuve ! Quel système ! Ah ! puisque dans l'intérieur de cette maison, dont les portes sont restées fermées, loin de tous les regards humains, ont pu se passer deux faits différens, dont l'un accuse et l'autre justifie, entendez l'humanité, la conscience, la raison, qui vous crient :

C'est le fait justificatif qu'il faut croire ; repoussez le fait accusateur.

Et pourquoi le repousser, au reste ? pourquoi défendre avec tant de force Adélaïde de Cicé contre la supposition de tout contact avec Limoelan ! Parce que je le dois, citoyens jurés, par respect pour la vérité, qu'il faut vous transmettre pure et sans altération ; parce qu'il n'est pas au pouvoir d'Adélaïde de Cicé de faire que ce qui n'est pas, soit ; parce qu'elle ne peut pas dire qu'elle a vu Limoelan, quand elle ne l'a pas vu. Voilà pourquoi elle nie la communication immédiate, bien qu'il n'y eût nulle nécessité de la nier, si elle eût existé.

Je suppose en effet que Limoelan, cet homme qui avait eu occasion de la voir, il y avait un an, une ou deux fois, se fût avisé de tirer parti de sa bienfaisante simplicité, de cette compassion si universellement connue, qui la portait à se rendre secourable à tous ceux qui souffraient ; je suppose que, s'emparant de cette heureuse idée, il se fût adressé à elle ; qu'il lui eût rappelé qu'il était du même pays qu'elle ; qu'il avait eu l'honneur de la voir plusieurs fois, il y avait dix ou douze mois ; qu'ensuite, passant au sujet de sa visite, il lui eût peint avec quelque chaleur les embarras d'un émigré de ses amis, exposé peut-être à être arrêté, parce qu'il n'était pas encore en règle ; et qu'enfin il eût déterminé Adélaïde de Cicé à donner sa recommandation à cet émigré : quoi donc ! est-ce que cette communication immédiate avec Limoelan, qui l'aurait trompée, la rendrait complice de l'attentat dont se serait souillé l'affreux protégé de Limoelan !

Et comment serait-elle devenue la complice d'un crime dont certes Limoelan n'avait garde de parler à qui que l'on veuille supposer qu'il se soit adressé, et pas plus à Adélaïde de Cicé, pour solliciter sa

L 4

généreuse pitié, qu'à l'intermédiaire qui aurait ensuite transmis à Adélaïde de Cicé son émotion et
son erreur ?

Mais quels témoins disent que Limoelan n'a pas
révélé tout à la personne de qui il voulait obtenir
asile pour Carbon ?

Et quels témoins disent le contraire ?

Et pourquoi donc toujours s'obstiner à vouloir
que tout ce qui n'est pas prouvé pour l'accusé, soit
prouvé contre l'accusé !

Mais vous voulez des témoins ; vous en avez d'ir-
récusables.

Ce ne sont pas des hommes : les hommes mentent
souvent au gré de leurs intérêts, de leurs préjugés,
ou de leurs passions.

Les nôtres sont inflexibles et ne mentent jamais :
ce sont *les choses ;* c'est la nécessité qu'un fait soit
comme il doit être.

Pour savoir ce que Limoelan a dit, il faut voir ce
qu'il a été invinciblement entraîné à dire.

Limoelan est coupable ; Carbon est coupable : la
police les poursuit ; le premier veut cacher le second.
Il rêve aux moyens de mettre la police en défaut ;
il songe que s'il lui est possible de placer son complice dans un asile respectable, plus la personne qui
le donnera sera au-dessus des soupçons par son caractère, par son éloignement des affaires politiques,
par ses vertus même, mieux le complice sera caché.

Limoelan part de cette idée. Et, je le veux, il
s'adresse à Adélaïde de Cicé. Que va lui dire cet
homme à qui il paraît qu'on accorde quelque esprit !
Personne ne l'a entendu. On en est donc réduit à
conjecturer. Eh bien ! donc, qu'a-t-il dû lui dire !
Quoi ! que c'était lui qui avait ourdi la conspiration
du 3 nivôse, qu'il a eu une très-grande part dans
cette abominable action ; que Carbon est son com-

plice ; que c'est Carbon qui a préparé l'horrible machine, et que c'est cet homme intéressant qu'il propose à Adélaïde de Cicé de couvrir de l'égide de sa vertu , et de faire recevoir dans un asile que jusquelà n'avait souillé pas même la pensée du crime ! Quelle absurdité ! Et où était la nécessité de faire une pareille confidence ? et depuis quand les scélérats vont-ils publier sur les toits les forfaits qu'ils commettent ! Était-ce là un de ces secrets qu'on pouvait légèrement confier ? Loin qu'il y eût nécessité de faire une telle confidence pour obtenir asile à son cher Carbon , pour obtenir cet asile il y avait nécessité de ne pas la faire. Le vrai moyen de dégoûter la personne à qui Limoelan s'adressait, de lui accorder sa demande , était de lui révéler combien il était dangereux de se laisser approcher par Carbon dans de telles circonstances : et quiconque n'eût pas reculé d'horreur comme Adélaïde de Cicé devant une telle confession , et devant les deux monstres qui, au nom d'un pareil crime , demandaient l'hospitalité, aurait reculé d'effroi à la seule pensée de se lier par quelques rapports que ce fût avec des hommes que le lendemain même la justice, qui était sur leurs traces, pouvait saisir ainsi que leurs hôtes devenus leurs confidens.

Limoelan, à qui que ce soit qu'il se soit adressé, n'a donc fait, n'a pu faire aucune confidence : elle était superflue ; elle eût manqué son but ; elle eût été contraire à sa sûreté ; elle eût été contraire à son intérêt. Aussi voyons-nous que tous les accusés, c'est-à-dire , M.me Duquesne , M.mes de Gouyon et M.lle de Cicé , ont tous affirmé, par une déclaration univoque, que Carbon s'était présenté comme un émigré. Carbon lui-même a dit que Limoelan lui avait bien recommandé de dire à ses hôtes qu'il était un émigré ; preuve sans réplique que Limoelan

voulait tromper tout le monde, et que, se fût-il
adressé à Adélaïde de Cicé, il n'avait fait à personne
d'autre confidence, si ce n'est celle que Carbon était
un émigré.

Mais cela même justifie-t-il Adélaïde de Cicé?

Elle aurait donc, dans son propre système, procuré un asile à un émigré?

Ah! je sais trop qu'il fut un temps, d'odieuse mémoire, où il n'en fallait pas tant pour être traîné à
l'échafaud.

Mais je sais aussi que nous vivons sous l'empire
de la Constitution de l'an 8, sous le consulat de
Bonaparte.

Je sais encore qu'un tel délit, n'ayant d'ailleurs
rien de commun avec le fait bien autrement grave
qui vous occupe, deviendrait, dans l'occasion présente, à peine digne de votre attention.

Elle a procuré asile à un émigré! Pour bien juger
ce crime, descendons dans notre propre cœur.

J'ose le demander à votre conscience, citoyens
jurés : vous venez d'apprendre, par ce débat, combien
il est dangereux quelquefois de céder aux mouvemens de la compassion. Eh bien! si ce soir même, un
malheureux, que rien ne vous décélerait comme un
coupable, se présentait à vous; s'il s'y présentait
comme un homme persécuté, comme un homme injustement inscrit sur la liste fatale... Je vous entends,
éclairés par la funeste expérience de ce procès, peut-
être même retenus par votre respect pour les lois,
dans cette lutte des principes de la loi et de la prudence contre les insinuations de votre sensibilité,
vous seriez dés hommes assez sages, des citoyens
assez austères pour vouloir que votre cœur se taise
en présence des lois. Et certes, il faudrait vous louer
de cette obéissance à la discipline.

Mais on s'est adressé à une femme, à une femme

plus accessible à la pitié que des hommes ; à une femme moins préparée, par son sexe, à cette sèche austérité de morale qui appartient à l'autre sexe ; à une femme qui sait moins raisonner les généreux mouvemens de son cœur ; à une femme, enfin, pour qui n'avait pas encore lui la fatale expérience de tous les risques que l'on pouvait courir , en étant , sans s'en douter , généreuse à contre-temps. Seriez-vous bien assez injustes pour lui faire un crime de cette faiblesse, honorable dans son principe , bien que malheureuse dans ses effets !

Et ensuite, cette femme est Adélaïde de Cicé, qui a contracté une longue habitude de bienfaisance. Vous n'avez pas oublié l'anecdote du pauvre du Luxembourg, que vous a racontée l'une des témoins, qui elle-même avait aidé Adélaïde de Cicé à ramasser ce misérable périssant d'inanition et couvert de haillons, pour le conduire chez elle , pour l'y retenir plusieurs jours , pendant lesquels elle lui a prodigué ses secours, pour le revêtir ensuite et pour l'assister. S'était-elle informée de ce qu'il était ? Non : il était pauvre, et abandonné de tout le monde , voilà tout ce qu'elle avait besoin de savoir ; son cœur ni sa raison n'en exigeaient pas davantage.

Et si vous daignez, après tout cela, citoyens jurés , rapprocher l'espèce du motif par lequel on avait intéressé Adélaïde de Cicé, de sa propre position, vous concevrez bien plus facilement avec quelle énergie il a dû influer sur sa volonté.

C'était un malheureux émigré qu'on lui recommandait. Quelle idée a dû faire naître dans la pensée d'Adélaïde de Cicé, ce mot prononcé devant elle. Hélas ! a-t-elle dû se dire, mes trois frères, ma sœur , ma belle-sœur, mon neveu et toute sa famille sont bannis aussi. Peut-être à cet instant, entraînés par d'autres circonstances, sont-ils aussi condamnés à fuir et à mendier un asile. Comme je bénirais l'homme bon et compatissant qui les accueillerait dans leur malheur ! comme il me serait pénible d'apprendre qu'ils n'ont trouvé que des cœurs impitoyables ! Non , le mien ne le sera pas pour une infortune pareille à la leur : je traiterai ce malheureux pour lequel on m'implore , comme je voudrais que par-tout on traitât ma triste famille.

Descendez encore dans votre conscience, citoyens jurés ; écoutez son murmure , et prononcez.

Mais, objecte-t-on , il y avait peu de temps que le crime du 3 nivôse était commis ; Adélaïde de Cicé devait concevoir sur l'homme qu'on lui recommandait , le soupçon qu'il pouvait être l'un des auteurs de ce crime.

Non, elle ne pouvait pas concevoir un tel soupçon.

Il faut d'abord convenir que , depuis quelques années , trop d'hommes ont été forcés de se cacher, qui n'étaient pas des scélérats , pour que , pliés à l'habitude de rencontrer sur nos pas d'innocens fugitifs , nous devions être sans cesse menés à conjecturer que ceux qui fuient sont coupables.

Ensuite ce soupçon, s'il eût germé dans la pensée d'Adélaïde de Cicé , n'aurait pas tardé à disparaître devant le caractère de la personne qui lui recommandait l'émigré.

Il eût disparu encore, et nécessairement, devant la recommandation de Limoelan lui-même , quand on voudrait s'obstiner à croire que Limoelan a vu Adélaïde de Cicé.

Vous n'avez pas oublié, citoyens jurés, la première opinion répandue sur les auteurs du crime du 3 nivôse, opinion habilement semée peut-être par les vrais coupables : cette opinion attribuait le forfait aux jacobins ; et l'action et ses moyens étaient en effet dignes d'eux; tout le monde s'y était trompé ;

le Gouvernement lui-même l'avait proclamé; tous les esprits étaient imbus de cette idée.

Eh bien ! au milieu du torrent de cette opinion qui entraînait tout le monde, et Adélaïde de Cicé comme les autres, eût-elle pu supposer un instant qu'un chouan amnistié, qu'un royaliste, que Limoelan enfin se fût intéressé au sort du coupable, c'est-à-dire, au sort d'un homme appartenant à un parti si contraire au sien propre !

Loin donc que l'intervention de Limoelan eût dû inspirer un soupçon pareil à celui dont on prétend qu'Adélaïde de Cicé aurait dû être frappée, cette intervention n'était propre qu'à l'empêcher de naître, puisqu'il était difficile de concevoir que Limoelan protégeât un jacobin.

D'ailleurs, sans doute l'attention des magistrats préposés à la sûreté publique était incessamment dirigée vers l'idée de ce crime et le desir d'en découvrir les auteurs ; mais il n'en était pas ainsi des particuliers. Les particuliers avaient partagé avec les magistrats la première impression; ils continuaient de partager avec les magistrats l'horreur profonde qu'avait inspirée cet affreux événement. Mais le premier moment de stupeur passé, et ce moment n'est pas de longue durée dans le caractère national, l'attention s'était laissé distraire.

Ajoutez qu'il y avait une manière si naturelle d'expliquer l'embarras de Carbon en le croyant émigré, qu'elle ne devait pas aller chercher au loin de terribles suppositions, lorsque tout près s'en trouvaient de fort innocentes. On n'ignorait pas que le crime du 3 nivôse avait imprimé, avait dû imprimer un grand mouvement à la surveillance de la police. Ainsi, par suite de cet événement, des hommes fort étrangers à l'événement même étaient exposés à être inquiétés. En cherchant les coupables, la police, comme c'était son devoir, scrutait tout le monde : ceux qui étaient dans le cas où paraissait être Carbon, innocens du crime, mais, faute des papiers nécessaires, ne pouvant pas toutefois braver les regards de la police, étaient obligés de se placer à l'écart. La conduite de Carbon s'expliquait donc d'elle-même, et avec une telle simplicité, qu'il aurait fallu une imagination bien sombre pour empoisonner ou même démentir les apparences dont il était environné.

Concluons qu'il est impossible de se refuser à l'irrésistible démonstration, qu'Adélaïde de Cicé avait été la première abusée par la fable de la qualité d'émigré donnée à Carbon. Les vraisemblances indiquent qu'on l'a trompée : ainsi le voulait l'intérêt et de Carbon et de Limoëlan; ainsi le prouvent et le caractère et l'intérêt d'Adélaïde de Cicé, qui pouvait bien, sans déroger à ses principes et compromettre sa position, assister un être malheureux et insignifiant, mais qui, quand ce n'eût été par horreur et par devoir, du moins par égoïsme et par calcul personnel, aurait reculé d'effroi devant la proposition de donner retraite à un monstrueux criminel qu'elle n'avait jamais vu ; et qui, pour prix de l'hospitalité qu'il avait reçue d'elle, pouvait l'entraîner dans le plus odieux de tous les procès.

Il est très-difficile de croire, a dit le commissaire du Gouvernement, que les mesures n'aient pas été prises d'avance pour préparer un asile à Carbon.

Cette assertion m'a étonné.

Vous avez, citoyens jurés, religieusement recueilli tous les détails du débat; j'ose dire qu'ils vous auront laissé une impression toute contraire. Vous avez sur-tout remarqué qu'avant d'aller rue Notre-Dame-des-Champs, où il logea, Carbon fut conduit, suivant lui, par Limoëlan, rue Cassette. Il était huit heures du soir, et il faisait un temps affreux.

A présent, si tout était prévu et préparé, si d'avance il avait été convenu que l'accusée Duquesne donnerait asile à Carbon, pourquoi donc, à cette heure et par le temps qu'il faisait; ce détour et cette course inutiles, lorsqu'il était si simple, puisque tout était arrangé, d'aller directement par le plus court chemin, et sans exposer sur-tout à plus de regards un homme qu'il importait tant de dérober à tous les yeux! Il est évident que, si on a pris un détour dans des circonstances si critiques, c'est qu'on ne savait où aller; et qu'on ne savait où aller, parce qu'on n'était convenu de rien avec personne.

Mais Mme Gouyon et ses deux filles, qui se trouvent là si à propos pour conduire Carbon, est-ce aussi un hasard!

Nécessairement; car d'abord, si on était convenu d'avance de l'asile, Carbon y aurait été sans introducteurs et directement.

Ensuite, et si on avait cru devoir lui donner un guide, on se serait bien gardé de lui en donner trois; et la mère seule aurait suffi. La mère suffisait! quelle nécessité donc d'appeler les deux filles! pourquoi ces deux confidentes de plus d'un crime dont la révélation était si à craindre! pourquoi enfin courir le danger de l'indiscrétion de deux témoins que nul motif n'engageait à se donner! Ce nombre seul a tout dit; et puisque Mmes de Gouyon étaient trois, lorsque c'en était assez, et même déjà trop, d'une, loin que leur apparition prouve contre le hasard, elle prouve pour lui.

Une autre circonstance, également constatée par le débat, achève de démontrer que rien n'était prévu, que rien n'était préparé. Carbon est mené par Mmes de Gouyon chez l'accusée Duquesne. Il arrive à cet asile qu'on lui a préparé, dit-on. Il y est donc attendu; sa chambre doit donc être prête. Quant à lui , il n'a rien autre chose à faire que d'entrer bien vîte dans cette retraite qu'on lui a ménagée, et là, de disparaître à tous les regards.

Il arrive. Mmes de Gouyon s'empressent de transmettre à Mme Duquesne la recommandation de Mlle de Cicé. Tout est préparé : et il n'y a ni chambre logeable, ni lit dressé. Tout est préparé : et l'accusée Duquesne ne peut le recevoir ce soir-là ; en sorte que, sans la pitié de Mme de Gouyon, qui, touchée du temps affreux qu'il faisait, se détermina à lui faire dresser, pour cette nuit, un lit dans son antichambre , Carbon , cet homme qu'on attendait et dont on avait d'avance préparé la retraite, eût été obligé de coucher dans la rue.

Je le demande à votre conscience et à votre raison, n'est-il pas démontré que Carbon n'était pas attendu ; qu'on ne lui avait pas préparé d'asile à l'avance ; et qu'ainsi, quand Adélaïde de Cicé a dit qu'elle n'avait jamais entendu parler de Carbon avant le jour où il fut conduit par les accusées de Gouyon chez l'accusée Duquesne, elle a dit la vérité sur ce point comme sur tous les autres !

Un autre grief s'élève contre Adélaïde de Cicé. Elle a remis, dit-on, à Carbon, une lettre qu'on assure être de Limoelan : elle était donc dans la confidence de ce dernier, et elle savait quel crime avait commis Carbon.

Ce serait encore là une bien bizarre manière de raisonner ! je la passe en cet instant.

Vous avez entendu, citoyens jurés, la déclaration d'Adélaïde de Cicé sur ce point ; jamais elle n'a varié : toujours elle a formellement assuré qu'elle n'a pas remis de lettre à Carbon ; Carbon a dit le contraire. Ce sera à vous de décider qui mérite le plus de confiance de Carbon ou d'Adélaïde de Cicé. Ce sera à vous de voir s'il n'importait pas à Carbon de ne

pas

pas détourner l'attention de quelque personne qui lui fût plus chère.

Mais je supposerai encore tout sur ce dernier grief, et j'admets qu'Adélaïde de Cicé a remis cette lettre à Carbon ; qu'en induire ?

Rappelez-vous quel était le jour sous lequel Adélaïde de Cicé voyait Carbon ; daignez-vous rappeler que ce n'était pas un monstre de scélératesse qu'elle croyait avoir obligé, mais un émigré.

Dès-là n'eût-il pas été bien possible qu'après l'avoir déterminée à procurer à Carbon un asile par déférence pour la personne qui le lui avait recommandé, on se fût encore servi de l'erreur même dans laquelle on l'avait mise, et de sa bonne-foi continuellement trompée, pour faire parvenir une lettre à ce même Carbon ! et faudrait-il en tirer la conséquence qu'elle connaissait Carbon et son crime ! non, sans doute. En remettant la lettre, elle eût obéi au même esprit qui l'avait dirigée quand elle procurait l'asile : elle eût agi dans le cercle de la même erreur, et l'asile donné et la lettre remise ne feraient pas deux griefs s'aggravant mutuellement ; ils n'en feraient qu'un seul expliqué par les mêmes circonstances.

Vous verrez, au reste, cette lettre, citoyens jurés : un premier point vous frappera à son inspection matérielle ; c'est qu'elle était *cachetée*. Quelle qu'ait été donc la main chargée de la remettre, le porteur de la lettre n'était pas dans la confidence.

En voulez-vous une preuve plus forte ? le contenu même de la lettre vous le fournira. Vous y verrez que l'écrivain recommande à Carbon, avec beaucoup d'instance, *de ne se fier qu'à lui SEUL*. Mais si Limoelan écrivait à Carbon de ne se fier qu'à lui et qu'à *lui seul*, il n'avait donc pas de confident. Si le porteur l'eût été, Limoelan n'eût pas manqué de dire

2.   M

à Carbon : *Ne vous fiez qu'à moi et à la personne qui vous remettra ma lettre.* Il lui dit le contraire; il ne croit même pas avoir assez fait en donnant d'abord cet avis à Carbon; il y revient bientôt avec inquiétude, et il donne plus de force à son idée, en ajoutant : *Ne vous fiez pas même à vos amis, NI AUX MIENS.* Ni aux siens ! Mais l'écrivain attestait donc lui-même, et certes un pareil témoignage n'est pas suspect, que personne n'était dans sa confidence; qu'il tremblait que Carbon ne commît une indiscrétion; qu'il recommandait à Carbon d'user des plus grandes précautions pour n'être pas démasqué par celles dont l'humanité l'assistait; oh ! sans doute, citoyens jurés, de toutes ces femmes faibles et crédules, mais de toutes ces femmes vertueuses; de toutes ces femmes mues par la compassion, mais de toutes ces femmes ennemies du crime, qui croyaient n'avoir obligé qu'un malheureux, et qui étaient loin de soupçonner d'avoir près d'elle un si grand coupable.

J'en ai dit assez sur ce grief : je passe au dernier de tous.

Dans le secrétaire d'Adélaïde de Cicé, on a trouvé un sac qui pouvait contenir, si je ne me trompe, 120 à 125f; la quotité est indifférente. Cette quotité, au reste, est peu éloignée de celle que j'articule. Ce sac était étiqueté d'un papier portant ces mots : *Bourse de ces messieurs.*

Une imagination ombrageuse s'est saisie de cette étiquette; et comme la même imagination, apparemment, venait tout-à-l'heure de convertir cette maxime de dévotion, *Vaincre ou mourir,* en signe de ralliement, il ne lui en a pas coûté davantage de lire dans cette étiquette, *Bourse de ces messieurs,* bourse des *chouans;* et du sac de 120f; elle en a fait le trésor des chouans.

Il faut avouer que le trésor n'était pas en état de payer beaucoup de crimes.

Il faut avouer aussi que le sombre traducteur de cette fatale étiquette n'était pas trop difficile sur les suppositions.

Si pourtant, au lieu de fixer la vue exclusivement sur ce trésor de 120ᶠ, sans chercher à se rien expliquer, il eût daigné promener ses regards sur les objets environnant le trésor, il aurait aperçu autour de ce trésor de 120ᶠ, treize ou quatorze autres trésors pareils, c'est-à-dire, treize ou quatorze autres petits paquets d'argent, ainsi que cela est constaté par le procès-verbal de perquisition, formant entre eux tous une somme de 1800ᶠ, et portant chacun une suscription différente. Celui-ci était étiqueté, *Argent des pauvres ;* il était destiné aux aumônes courantes : celui-là était étiqueté, *Mon argent ;* il appartenait à Adélaïde de Cicé. L'un portait en note, *Argent d'un tel ;* c'était le produit d'une quête, destiné à un pauvre père de famille : l'autre portait, *Argent de Marie-Anne Doïson ;* c'était une petite somme appartenant à une pauvre femme malade dans un hospice, qu'Adélaïde de Cicé y soignait, et qui, en partant pour s'y rendre, avait voulu qu'Adélaïde de Cicé restât dépositaire de son petit pécule.

On conviendra que, pour un observateur un peu attentif, cette étiquette, *Bourse de ces messieurs,* cessait d'être bien alarmante, lorsqu'elle se trouvait au milieu de tant d'autres étiquettes paisibles et pieuses. Aussi la bourse de ces messieurs, loin d'être le trésor des brigands, des chouans et des assassins, n'était-elle que le résultat d'une collecte faite pour deux prêtres qui distribuent aux pauvres de la Salpêtrière des secours temporels et spirituels. Cette bourse garnie avec assez de modestie par la charité des catholiques, servait donc aux aumônes et aux frais du culte de la Salpêtrière, où Adélaïde de Cicé va souvent elle-même porter aux infirmes l'hommage de ses soins et de ses consolations.

Les deux prêtres même, objets de cette collecte, ont paru devant vous; d'autres témoins, dont quelques-uns ont contribué à remplir la bourse, ont également été entendus : tous, ils se sont accordés à confirmer ce qui avait été déclaré par Adélaïde de Cicé. Le fait est donc suffisamment éclairci; y insister plus long-temps, ce serait, je le craindrais, insulter à votre raison.

Cette inculpation, au reste, était d'autant plus absurde, qu'aucun indice, même léger, n'est venu la fortifier.

Adélaïde de Cicé ne voyait aucun chouan.

Elle en eût vu, que certes elle ne serait pas plus criminelle. Et où en serions-nous donc de la révolution, si ces odieuses dénominations, que le Gouvernement a porté tous les esprits, autant qu'il l'a pu, à oublier, pour se confondre sous une même bannière, dans une inviolable et réelle fraternité, partageaient encore, d'une manière tranchante, tous les citoyens; en sorte qu'il ne fût pas permis de se rapprocher de ceux qui jadis les ont portées, et qui sont revenus de bonne foi au sein maternel de la commune patrie, sous peine d'être traité comme leur complice, à l'instant où un homme de leur parti commettrait un crime !

Adélaïde de Cicé en eût donc pu voir fort innocemment; elle eût pu avoir quelques rapprochemens avec des hommes de son pays. Mais elle vît dans la retraite. Ce qui aurait pu arriver, n'est pas arrivé : elle n'en a vu aucun.

Tous ses papiers, même les plus secrets, même ceux qui traitent des affaires de sa conscience et de sa religion, ont été saisis : il ne s'y est pas trouvé une lettre d'un chouan, pas même, dans aucun, le nom d'un chouan.

Soixante-deux témoins ont été entendus : pas un n'a déclaré ni qu'Adélaïde de Cicé tînt à ce parti, ni qu'elle en vît les chefs ou les défenseurs.

Dans cette absence totale de preuves sur chacun des faits qui constituent l'accusation dirigée contre Adélaïde de Cicé, il n'était pas besoin, sans doute, que la plus respectable moralité vînt repousser jusqu'au soupçon.

Mais j'ai dû vous rendre compte de la conduite d'Adélaïde de Cicé dans les différentes époques de sa vie ; et vous avez vu qu'elle cultiva constamment la vertu ; et c'est parce qu'elle l'aima toujours, qu'elle se trouve impliquée dans ce cruel procès. Il fallait aux monstres qui ont abusé de sa simplicité et de sa bienfaisance, une retraite qu'ils crussent impénétrable pour la justice humaine. Ils ont bien senti que plus le voile sous lequel ils se cacheraient serait respectable, et moins on serait mené à l'idée de soupçonner qu'il les couvrît. Il leur fallait une innocente complice, qui, par son amour de l'ordre, par ses pratiques habituelles de ce qu'il y a de bon et d'utile, par l'ensemble touchant des qualités les plus estimables, fît en quelque sorte baisser les yeux à la police elle-même. Cette vertueuse complice, ils se la sont procurée à force de ruses et d'impostures de leur part, à force de bienfaisance, de compassion et de bonne opinion d'autrui, de la part d'Adélaïde de Cicé. Ils ont indignement trompé la vertu, et la vertu déçue a tendu la main au crime, croyant la tendre au malheur.

Mais la vertu, parce qu'elle a été le jouet de la malignité ou de sa propre erreur, n'en est pas moins la vertu. Celle d'Adélaïde de Cicé fut sans tache ;

M 3

Je vengeur public lui-même, malgré la sévérité de
son ministère, n'a pu s'empêcher d'y rendre hommage : seulement il a dit qu'il n'était pas sans exemple
qu'une vertu religieuse dégénérât en fanatisme propre aux plus grands excès, ou ne cachât une basse
hypocrisie capable, dans le silence, de préparer des
crimes.

Pourrait-il donc être nécessaire que je combat-
tisse l'une ou l'autre de ces avilissantes suppositions ?

Adélaïde de Cicé une fanatique !

Il suffit, citoyens jurés, de sa contenance dans
cette affaire, pour détruire jusqu'au germe de cette
idée.

Un fanatique, lorsque par principe religieux il
a commis un grand crime, ne s'en cache pas, ne
le désavoue pas ; il s'en glorifie. C'est ce que nous
attestent les fastes de l'histoire.

Quand Jacques Clément et Ravaillac venaient de
frapper le chef d'un grand peuple, quand Charlotte
Corday, entraînée par un fanatisme d'un autre ordre,
venait de faire couler le sang d'un homme dont le
nom rappelle l'idée de la cruauté en délire, tous
ils bravaient tous les regards, et demandaient la mort
comme un honneur ou une récompense. Les fanatiques religieux s'écriaient : « C'est moi, moi le
» meurtrier du tyran ; je l'ai immolé à mon Dieu.
» Apprêtez vos tortures, faites paraître vos bour-
» reaux : il me tarde de cueillir la palme immortelle
» du martyre ; il me tarde d'aller goûter les fruits
» de ma glorieuse action, dans le sein de celui qui
» me l'a inspirée. »

Voilà le langage des fanatiques. Est-ce celui
d'Adélaïde de Cicé ? Elle se défend avec horreur de
l'idée qu'elle ait, non point participé, mais même
applaudi au crime. Si elle eût pris quelque part à
ce crime odieux par une horrible exagération des

idées religieuses, elle s'en ferait honneur, ou elle ne serait pas conséquente à son fanatisme.

Mais n'est-elle pas, du moins, une hypocrite !

Je n'ignore pas, citoyens jurés, que, dans ces derniers temps, nous avons vu quelques hommes que jadis on soupçonnait peu de piété, devenir tout-à-coup politiquement dévots. L'on a pu, pour quelques-uns, être tenté de croire qu'il y avait dans leur équivoque conversion à une religion qui, pour ainsi dire, avait cessé d'exister, moins d'amour pour cette religion, que de haine pour la révolution qui avait menacé de l'anéantir. Mais observez bien la conduite de ces dévots posthumes, ils se démasquent eux-mêmes par la discordance qu'ils laissent régner entre leurs maximes et leurs actions : de fastueuses génuflexions dans les temples ; dans leurs maisons, l'égoïsme et l'orgueil : au pied des autels, la cendre, la haire, et les sanglots de pénitence ; tous les plaisirs et toutes les voluptés dans leurs délicieuses retraites.

Voilà les hypocrites.

Mais Adélaïde de Cicé !

Était-elle une hypocrite, quand, à l'âge de vingt-un ans, entourée de tous les genres de séduction, elle résistait à la voix enchanteresse des plaisirs, pour aller dans les plus dégoûtans réceptacles de l'indigence, porter à ceux qu'on y voyait languir, et des secours et sa fortune qu'elle leur prodiguait, et ses soins les plus empressés, et ses précieuses consolations. Pourquoi eût-elle été hypocrite alors ! et contre qui se préparait-elle à conspirer, il y a trente ans !

Était-ce une hypocrite, lorsque, s'imposant au nom de la religion toutes les privations des cloîtres, elle restait néanmoins dans le monde, non pour s'y

M 4

livrer à ses plaisirs, mais pour y trouver plus d'occasions de faire du bien ; lorsque, loin des monas-
tères dont elle suivait les règles sans s'y affilier, elle
ne donnait pas même pour aliment à sa piété noble
et désintéressée, l'ambition des dignités ecclésiastiques, qu'il lui eût été si facile d'obtenir !

Etait-ce une hypocrite, quand elle allait placer
son lit près de celui de sa femme de chambre malade ;
lorsque, donnant l'exemple de cette égalité chrétienne, qui n'est pas si loin qu'on le croit de l'égalité
philosophique, elle rendait à cette femme, devenue
sa semblable par ses maux, des services qui, aux
yeux des préjugés d'alors, devaient paraître bien
ridicules !

Était-ce une hypocrite, quand, jusqu'à la révolution, elle se condamnait à vivre pauvrement, avec
sa femme-de-chambre, dans un couvent à 600 liv.
de pension par an, pour assister les individus du
reste de sa fortune !

Était-ce une hypocrite, qui ramassait au Luxembourg un pauvre tout couvert de vermine et de haillons ; qui accueillait avec une fraternité si touchante,
cette bonne femme du faubourg Saint-Marceau
que, pendant plus de deux mois, elle allait panser
chez elle de ses propres mains ; qui prodiguait les
soins les plus patiens et les plus délicats à ce portier
couvert de clous, qu'avaient fui les médecins eux-
mêmes !

Était-ce une hypocrite enfin, et obéissait-elle au
fanatisme politique, quand elle envoyait des secours
à un défenseur de la patrie, à un conscrit, comme
sa mère et sa sœur l'ont hier déposé !

Non, Adélaïde de Cicé n'est pas une hypocrite :
c'est une femme vraiment religieuse ; c'est une femme
qui aurait fait adorer le christianisme par tout le

monde, si tous ceux qui le pratiquent avaient su l'honorer comme elle.

Ici se termine, citoyens jurés, la défense que j'ai dû vous présenter. Et qu'il me soit permis de le dire du fond de ma conscience : si quelque chose a pu me paraître surprenant dans cette affaire, c'est qu'au milieu de ce soulèvement de témoignages incorruptibles, et d'innombrables vraisemblances qui, de toutes parts, sortaient de la vie entière d'Adélaïde de Cicé pour proclamer son innocence, j'aie eu besoin de la défendre. Pour qu'elle n'ait point été enlevée, même au soupçon, par cette escorte de vertus qui ne l'ont jamais quittée, il a fallu et toute l'horreur qu'a laissée après lui un attentat qui menaçait la patrie entière, et toute la compassion qu'ont inspirée ces touchantes victimes sur lesquelles, dans ce moment, tombent encore mes regards.

Ah ! sans doute, qu'elles soient vengées ! Quel est l'homme sans entrailles qui, en les voyant, pourrait ne pas exprimer ce vœu !

Mais c'est au nom de ces déplorables victimes même, dont aucune, je les en atteste toutes, n'élèvera la voix pour me démentir, que je vous dirai : Vengez-les avec le sang des coupables ; mais ce ne serait pas pour elles une vengeance, hélas ! ce serait, au contraire, un nouveau malheur, un sujet de deuil de plus, si, à leur occasion, dans le sang des coupables se confondait le sang des innocens.

Le crime du 3 nivôse a fait des orphelins ; rendez à la société celle qui, pendant trente années entières, fut la mère de tous les orphelins.

Ce crime a fait des veuves ; rendez à la société celle par qui les veuves furent secourues et consolées.

Ce crime a fait des pauvres ; rendez à la société celle par qui il n'y aurait plus un seul pauvre, si cela eût été en sa puissance.

Ce crime a fait des blessés ; rendez à la société celle à qui tant d'infirmes et de blessés ont dû leur soulagement.

Ce crime enfin a frappé même un de nos frères d'armes ; rendez à la société celle qui, dans son universelle charité, sut quelquefois faire arriver d'utiles secours jusqu'à nos défenseurs.

J'ai fait serment, jurés, de défendre Adélaïde de Cicé en respectant la vérité : je le jure de nouveau ; j'ai rempli mon devoir.

Vous avez fait serment de n'écouter aucune prévention et d'absoudre l'innocence ; vous remplirez le vôtre.

PLAIDOYER

DU C.^{EN} LARRIEU,

Défenseur officieux de la veuve Gouyon – Beaufort
et de ses filles.

CITOYENS JUGES, CITOYENS JURÉS,

Si j'en crois l'émotion que je ressens encore, quelle impression vient de subjuguer tous les cœurs! quel spectacle touchant offre en ce jour le sanctuaire de la justice !

Il peut exister d'un côté des coupables, mais de l'autre l'accusation est une sorte de triomphe. Celui qui règle les destinées humaines, en laissant accuser Adélaïde de Cicé, semble, par une sorte de violence faite à la vertu qui se cache, avoir voulu la montrer à tous les regards.

Que dirai-je, et que me reste-t-il à dire à moi chargé de défendre une amie d'Adélaïde de Cicé ! Ce titre seul n'est-il pas le plus sûr préservatif contre toute possibilité du crime !

La veuve Gouyon – Beaufort et ses deux enfans assis à côté d'Adélaïde de Cicé, sont ici par elle ; elles sont donc innocentes comme elle.

Ne nous étonnons pas, citoyens jurés, des soup-çons dont tant d'intéressantes victimes sont frappées

dans un moment où le chef de l'État a failli périr ;
et quel chef ! On a fait et dû faire les plus scrupu-
leuses-recherches ; le plus léger vestige, le moindre
indice, tout devenait précieux, puisqu'il s'agissait
du salut public. Lorsque dans de telles circonstances,
dans des circonstances aussi graves, on est injustement soupçonné, le premier devoir est d'oublier la
plainte et le murmure, de pardonner l'erreur à la
puissance du motif, et de ne voir dans l'obligation
de se justifier que l'occasion de témoigner hautement
toute son horreur d'un complot exécrable.

Telle est, citoyens jurés, la position dans laquelle
se trouvent la veuve Gouyon-Beaufort et ses deux
filles, dont je suis en ce moment l'organe : certaines
que vous n'aurez à leur égard d'autre pouvoir, d'autre
besoin que celui de les absoudre, elles semblent n'être
placées en votre présence que pour témoigner pu-
bliquement l'effroi qu'elles ont elles-mêmes ressenti
du complot vraiment infernal tramé contre la vie du
premier Consul. Le malheur qu'elles éprouvent d'être
soupçonnées d'y avoir participé, comparé à l'idée
de sa perte, n'a plus rien qui les afflige : voilà le
sentiment qui domine leur ame toute entière ; voilà
les accusées dont j'embrasse la défense. Ah ! loin de
mériter par aucune association au plus épouvantable
des attentats, la haine universelle et le supplice,
elles ont droit, je ne crains pas de le dire, à l'estime
et à l'intérêt que commandent une vie sans reproche
et une longue suite d'infortunes.

J'ouvre l'acte d'accusation, et j'y lis que les raisons d'accuser la veuve Gouyon-Beaufort et ses enfans d'avoir pris part au complot du 3 nivôse, sont
que « récemment arrivées d'Angleterre, elles ont
» apporté à Adélaïde de Cicé une lettre du ci-devant
» archevêque de Bordeaux, son frère ; qu'*ultérieure-*
» *ment au 3 nivôse,* elles ont conduit Carbon dans

» la maison rue Notre-Dame-des-Champs, et lui
» ont donné asile pendant la nuit du 7 nivôse. »

Un préliminaire indispensable, citoyens jurés, est d'écarter de la veuve Gouyon-Beaufort le rapprochement que l'on fait de son retour de Londres avec l'événement du 3 nivôse. Ce point éclairci, elle est déjà entièrement disculpée; déjà il est démontré à l'avance pour vous, citoyens jurés, et pour tous ceux qui m'entendent, combien elle est étrangère à l'attentat du 3 nivôse et à ses infames auteurs.

Fidèle à la promesse de n'employer que la vérité pour la défense de l'accusée, ce que je vais dire sur la vie politique de la veuve Gouyon-Beaufort, je l'appuierai sur des pièces probantes et authentiques.

A l'époque désastreuse des premières fureurs qui ravagèrent les départemens de l'ouest, la veuve Gouyon-Beaufort habitait à Saint-Servan, deux lieues près de Saint-Malo, dans son domaine de Beaufort. A cette époque, où, le fer et la flamme à la main, la licence la plus effrenée, sous le nom de liberté, criait en tous lieux, *Paix aux chaumières, guerre aux châteaux!* la veuve Gouyon-Beaufort fut obligée de quitter son domaine, et de se réfugier dans la commune de Saint-Malo.

Le conseil général de cette commune, citoyens jurés, le 19 juillet 1792, prit une mesure de salut public bien digne de ce temps, et, par un arrêté exprès, s'arrogea de chasser de son territoire tous ceux qui n'y habitaient pas depuis quatre années.

En exécution de cet arrêté barbare, la veuve Gouyon-Beaufort fut jetée hors de France, avec un permis de s'embarquer elle et ses enfans pour Jersey. *Je rapporte, citoyens jurés, l'arrêté du conseil-général de la commune de Saint-Malo, ensemble le permis d'embarquer, en expéditions conformes, qui m'ont été délivrées par le ministre de la justice.*

Une loi ultérieure ayant autorisé, ayant au moins donné l'assurance que les individus âgés de moins de quatorze ans pouvaient avec sûreté rentrer en France, le père de cette malheureuse famille s'empressa de déclarer à la municipalité de Saint-Malo, le 2 décembre 1792, qu'il entendait faire rentrer sur le sol de la République quatre de ses enfans qui, étant âgés de moins de quatorze ans, se trouvaient compris dans les termes de la loi. Leur mère, citoyens jurés, les renvoya effectivement, et le père a fait constater leur rentrée sur les registres municipaux, par une déclaration du 9 décembre 1792. *Je rapporte également ces deux déclarations en expéditions certifiées du ministre de la justice.*

La veuve Gouyon-Beaufort restait à Jersey, dans l'espérance de voir bientôt cesser l'effet de l'acte arbitraire qui la tenait éloignée de son pays : mais elle fut, au contraire, et l'on s'en doute aisément, elle fut inscrite sur la liste des émigrés, et touchait, citoyens jurés, à l'époque de ses plus douloureuses afflictions.

Un gendre et son mari qui avaient résisté à la proscription lancée par les révolutionnaires de Saint-Malo, furent réservés aux boucheries de Robespierre, et successivement massacrés avant sa chute.

Devenue veuve par ces horribles degrés, la veuve Beaufort est passée de Jersey à Londres, sans autre ressource que les consolations de ses filles, leurs larmes mutuelles et le désespoir d'une perte désormais irréparable. Telles sont, citoyens jurés, les circonstances de son passage à Londres.

Enfin, peu à peu se développèrent les règles de l'éternelle justice, qui tôt ou tard reprend ses droits. Les personnes qui n'étaient pas véritablement émigrées, obtinrent de la loi le pouvoir de réclamer. Que fit alors la veuve Gouyon-Beaufort ! elle transmit aussi une pétition aux autorités compétentes; les principaux habitans de Saint - Malo se pressèrent à l'envi de l'appuyer, et dans une déclaration unanime. Dans cette déclaration ils attestèrent qu'elle avait été contrainte de sortir de son pays par un ordre arbitraire et tyrannique. *Je rapporte encore cette pétition et la déclaration des principaux habitans de Saint - Malo, également en forme.*

Le département d'Ille-et-Vilaine, citoyens jurés, a pris, le 10 brumaire an 5, un arrêté dont la lecture achevera de vous convaincre de la vérité des faits que je viens d'avancer.

« Vu la pétition ci-contre, et les pièces jointes,

» L'administration centrale d'Ille - et - Vilaine, » après avoir entendu le commissaire du Directoire » exécutif;

» Considérant que l'arrêté de l'administration » municipale de Saint-Malo, du 19 juillet 1792, » était une mesure en quelque sorte équivalente à » celle de la déportation;

» Qu'il aurait pu être dangereux aux personnes » qui s'étaient réfugiées en cette ville pour se » soustraire aux excès et aux fureurs des rassem- » blemens armés qui, en 1790 et 1791, avaient » parcouru la campagne de la ci-devant province » de Bretagne, et incendié plusieurs maisons, de » retourner dans leur ancien domicile, où il n'exis- » tait plus de sûreté pour elles;

» Que la crainte de trouver la mort dans leurs pre- » miers foyers, a pu légitimer leur sortie de France;

» Que la municipalité de Saint - Malo le jugea » elle-même, et l'a certifié, en accordant, le 25 du » mois de juillet, à Louise Gouyon veuve Gouyon- » Beaufort et à ses enfans, un permis d'embarquer » pour passer à Jersey;

» Considérant que les délais fixés par la loi du
» 8 avril précédent, pour ceux qui antérieurement
» avaient quitté le territoire français, étaient expirés ;
» que, d'après cette loi, qui réputait émigrés les
» citoyens sortis antérieurement et non rentrés, et
» ceux qui sortiraient par la suite sans permission,
» la municipalité de Saint-Malo n'aurait pas dû
» autoriser l'embarquement de la famille Gouyon ;
» que cette famille eût pu rentrer sur le fait d'une
» pareille autorisation et se croire à l'abri des peines
» portées contre l'émigration ;

» Que si dès-lors le retour de la femme Gouyon-
» Beaufort dans sa patrie eût été permis, il aurait
» été effectué, puisqu'il est justifié par les pièces,
» que la C.ne Beaufort fit rentrer ses enfans au-
» dessous de quatorze ans ;

» Qu'on leur reprocherait à tort de n'avoir pas
» justifié cette rentrée, la législation sur les émigrés
» n'ayant pas distingué leur position, mais, au con-
» traire, que la législation sur les émigrés ne fait
» point d'exception en faveur de la circonstance
» particulière dans laquelle se trouvent la femme
» Gouyon et ses enfans ;

» Qu'ainsi le département ne peut rien prononcer
» sur leur réclamation,

» Arrête de renvoyer la pétition et les pièces au mi-
» nistre de la police, qui statuera ou fera statuer ce
» qu'il appartiendra ; de suspendre néanmoins la vente
» des biens jusqu'après la réponse du ministre. »

Pour copie conforme :

Le Ministre de la justice, ABRIAL.

La forme des radiations ayant successivement
varié, la veuve Gouyon-Beaufort, aussitôt l'arrêté
des Consuls qui établit une commission de radiation,
se pourvut devant elle. Le 8 messidor dernier, citoyens
jurés,

jurés, la commission de radiation a définitivement reconnu, comme le département d'Ille-et-Vilaine, combien il était juste de la rendre à sa patrie et à ses enfans.

Je ne vous présente pas l'avis de la commission, parce que le Gouvernement ayant pris ultérieurement un nouveau mode de radiation, un mode plus rapide, cette pièce n'a pas reçu la signature du premier Consul, et n'est pas devenue pièce officielle: mais l'avis existe; son existence vous a été attestée par le C.en Lepicard, un des témoins entendus, et, de plus, j'en cite la date précise.

Les choses en étaient à ce point, lorsque, le 28 vendémiaire dernier, le Gouvernement rendit un arrêté dont l'objet était d'éliminer *de plano* tous ceux qui n'avaient point quitté leur patrie dans l'intention de l'abandonner, cette foule de prêtres déportés, cette multitude d'enfans qui n'avaient été ni libres ni capables de calculer la démarche d'une émigration, et généralement la plupart des femmes; à qui la nature a refusé la force et les moyens de combattre la patrie, et que la loi, d'accord avec la nature, n'a jamais voulu atteindre comme des ennemis dont elle eût à nous préserver et à nous venger.

Ce bienfait du Gouvernement, citoyens jurés, cet arrêté des Consuls, une fois proclamé, la nouvelle en parvint bientôt jusqu'à ceux qu'elle intéressait.

Le premier des maux pour la veuve Gouyon-Beaufort, était de vivre hors de son pays: elle en avait été bannie par la force, elle était séparée de ses enfans les plus jeunes, elle était femme, *elle était éliminée de plein droit* par l'arrêté des Consuls. On assurait de toutes parts, et nous ne saurions en disconvenir, on assurait que le Gouvernement tolérait, par anticipation, la rentrée de tous ceux-là seulement qu'il rappelait à sa justice et à ses bienfaits.

2.   N

C'est alors, citoyens jurés, c'est alors que la femme Gouyon-Beaufort, qui depuis si long-temps desirait revoir ses foyers, qui depuis si long-temps desirait presser dans ses bras quatre de ses enfans qu'elle n'a pas vus depuis huit ans, c'est alors qu'elle abandonne sans regret le lieu de son exil; elle et ses filles arrivent à Paris le 11 frimaire dernier.

D'après cet exposé fidèle, citoyens jurés, basé sur des pièces légales, que je soumets à l'examen du ministère public, qu'y a-t-il de commun entre le retour de la veuve Gouyon-Beaufort d'Angleterre, et l'attentat du 3 nivôse? quel rapprochement inique oserait-on se permettre! Comment croire que la veuve Gouyon-Beaufort ait voulu souiller d'un crime le retour souhaité, qui seul lui rendait la portion de félicité à laquelle elle pût désormais prétendre? quel esprit raisonnable pourrait se le persuader! Toute vraisemblance ne résiste-t-elle pas à l'idée qu'elle ait voulu marquer ce retour ardemment désiré, par la destruction du magistrat suprême qui cicatrisait tous ses maux et ceux de tant d'infortunées comme elle!

Non, citoyens jurés: il faut reconnaître dans la veuve Gouyon-Beaufort la plus malheureuse épouse, la plus tendre mère, la plus touchante victime des excès révolutionnaires, fuyant, contre son gré, le pays qui l'a vue naître, réclamant, à toutes les époques, contre la violence qui l'avait contrainte à traverser la mer, et revolant enfin au sein de sa partie, aussitôt que le premier Consul a manifesté l'intention, a conquis l'heureuse puissance de rendre à chacun ses droits. Voilà comment et dans quelles circonstances la veuve Gouyon-Beaufort et ses filles reparaissent sur le sol de la République.

Jamais retour fut-il moins suspect, plus puissamment motivé! Et lorsque tant de raisons légitimes l'ont dicté, on chercherait à tirer des inductions

contre elle du lieu d'où elle sort , et où on l'a forcée
de rester exilée trop long-temps ! parce que le coup
qui nous a menacés paraît venir de quelques brigands anglais , on ferait un rapprochement cruel
contre cette infortunée ! de ce qu'elle arrive de Londres , on en prendrait le droit de la soupçonner
d'intelligence ! Non , citoyens jurés : il est impossible
d'admettre de telles règles de suspicion contre une
mère qui ne revient évidemment au milieu de nous
que pour se réunir aux débris de son intéressante
famille. Abandonner son ame à des impressions de
cette nature , ce serait rétrograder vers ces temps
exécrés , où l'on ne voulait que des coupables et
des échafauds. Vous ne vous y arrêterez donc pas un
instant , citoyens jurés. Voyons maintenant quelles
sont les charges portées contre la veuve Gouyon-
Beaufort.

Elle a remis à Adélaïde de Cicé une lettre du
ci-devant archevêque de Bordeaux ; elle a , le 7
nivôse , par conséquent ultérieurement au 3 nivôse ,
conduit Carbon dans la maison rue Notre-Dame-
des-Champs ; elle lui a donné asile pendant la nuit.
D'abord on a senti , citoyens jurés , qu'un fait ultérieur au 3 nivôse ne pourrait jamais faire l'ombre
d'une preuve de complicité dans cet attentat ; on a
senti que , dans quelque pays , dans quelque code
que ce fût , il fallait un fait qui eût accompagné
ou précédé un complot , pour y rattacher une idée
de complicité ; et , puisqu'il fallait absolument , pour
prétexter cette complicité , une raison antérieure au
3 nivôse , on aura dit , sans doute : Il a été trouvé
chez Adélaïde de Cicé une correspondance à laquelle
nous n'entendons rien ; la veuve Gouyon-Beaufort
déclare avoir remis à l'accusée de Cicé une lettre
de cette correspondance ; voilà un fait qui peut
être présenté comme un grief , un fait antérieur au

N 2

3 nivôse, un fait qui peut donner matière à soupçonner la veuve Beaufort.

Mais, citoyens jurés, le défenseur d'Adélaïde de
Cicé a donné les explications les plus claires, les plus
satisfaisantes, sur cette correspondance. On croyait
entrevoir les traces d'un mystère reprochable ; eh
bien! le voile est aujourd'hui entièrement levé, il n'est
plus permis à ce moment de rien dénaturer à cet égard;
tous les faits expliqués, ces lettres sont uniquement
relatives à des préceptes de religion, à des ministres
du culte, dont les noms vous ont été précisés, ou
à des détails de famille, tellement indifférens, que la
conséquence nécessaire de cette vérité démontrée est
de disculper Adélaïde de Cicé de toute interpréta-
tion fausse et arbitraire.

A bien plus forte raison est-il impossible d'en argumenter contre la veuve Gouyon. En argumenter contre
elle, citoyens jurés! Eh pourquoi donc? Quand les
lettres seraient aussi repréhensibles qu'elles sont innocentes, qu'importerait à la veuve Beaufort qu'elle eût
remis une des lettres faisant partie de la correspondance? qu'en faire résulter contre elle? depuis quand
le porteur d'une missive quelconque fut-il passible de
son contenu, à moins de le suspecter d'en avoir violé
le secret! et la veuve Beaufort n'est pas du nombre
de ceux qui ne se feraient aucun scrupule d'amollir
un cachet.

Mais il est une réponse plus décisive que tout cela:
la lettre du ci-devant archevêque de Bordeaux remise
par l'accusée Gouyon-Beaufort à Adélaïde de Cicé,
ne contient pas l'ombre du mystère; le témoin Guillotin,
que vous avez entendu hier, vous en a développé le
sens. Quelque intérêt qu'on pût avoir dans le débat à
en faire jaillir des soupçons, il a été impossible d'en
exprimer aucun.

Il faut donc, citoyens jurés, retrancher de l'accusation la lettre remise par la veuve Gouyon-Beaufort à Adélaïde de Cicé ; ce fait doit en être écarté pour toujours, et ce fait cependant est le seul antérieur au 3 nivôse, qu'on a pu lui imputer.

Avez-vous vu, citoyens jurés, par le résultat du débat, aucun autre fait antérieur ? avez-vous aperçu la plus légère relation, le moindre rapport entre la veuve Gouyon et aucun de ceux à qui l'on pourrait imputer le forfait du 3 nivôse ! Personne lui a-t-il été opposé, antérieurement au 3 nivôse, dont elle ait dû se défier ! Elle a seulement connu Adélaïde de Cicé et la religieuse Duquesne, deux femmes dont la vie entière, à tous les regards, avait été un cours habituel de piété et de bienfaisance.

Sur soixante - deux témoins entendus, citoyens jurés, en est-il un seul qui ait élevé la voix contre la veuve Gouyon - Beaufort ! pas un n'en a parlé ; elle seule a pu vous en produire : *le C.en Lepicard, avoué au tribunal de cassation ; le C.en Pinot, tuteur de ses petits-enfans*, dont le père a été massacré ; et que vous ont-ils dit, ces témoins ! Ils vous ont dit un fait bien important, un fait qui tranche toute difficulté : ils vous ont dit que peu de temps après l'arrivée de la veuve Gouyon-Beaufort à Paris, le 29 frimaire, quatre jours avant l'exécrable attentat qui nous occupe, il avait été, au nom de la veuve Gouyon et de ses enfans, présenté, par eux - mêmes, au ministre de la police générale, une pétition tendant à lui faire connaître que l'intention de la veuve Gouyon était de retourner à Saint-Malo, tendant à en obtenir sûreté et protection. Que vous ont-ils dit, ces témoins ! que tous les préparatifs pour s'y rendre étaient prêts, qu'eux seuls ont suspendu le moment du départ : entraînés par le sentiment de la vérité, toujours grande et généreuse, ils vous ont déclaré qu'eux seuls étaient la cause involontaire de sa position actuelle, qu'ils s'en accusaient. Ah! je vous le demande, citoyens jurés, est-ce ainsi qu'en aurait agi une femme adhérente à un crime sur le point d'être consommé, adhérente à un crime qu'il fallait plus qu'aucun autre méditer dans l'ombre, et sur-tout loin des regards de la police : loin de redouter aucune surveillance, c'est la veuve Gouyon elle-même qui a appelé les regards du ministère.

Enfin, citoyens jurés, on a fait une perquisition exacte chez la veuve Gouyon-Beaufort, et qu'y a-t-on trouvé? rien, absolument rien de suspect.

Quoi! la complicité dans l'attentat du 3 nivôse pèse sur elle, et il n'existe contre elle ni correspondance ni relations quelconques avec aucun de ceux qui pourraient être soupçonnés du complot; il n'existe contre elle aucune démarche, aucune entrevue avec aucun des conspirateurs; il n'existe aucun témoin à l'appui de l'accusation! Elle est donc pleinement justifiée; car que reste-t-il maintenant à lui imputer! le fait ultérieur d'avoir concouru à donner asile à Carbon, qui, si vous le jugez coupable, se trouverait être un des auteurs de ce complot; et de là, de là l'effroyable prévention, que la veuve Gouyon-Beaufort eût été participante à ce projet détestable.

Vous n'avez pas attendu, citoyens jurés, pour repousser cette inhumaine conséquence, les moyens de la détruire. Il est écrit dans tous les cœurs que lorsqu'il s'agit de déterminer un coupable, que lorsqu'il s'agit de fixer le fer vengeur des lois sur sa tête, on ne criminalise point par induction. Mais enfin n'avez-vous pas entendu la défense de l'accusée de Cicé, celle directe de l'accusée Duquesne sur le fait de leur funeste condescendance, de l'excès d'humanité qui les avait portées à donner asile à Carbon! Leur justification n'opère-t-elle pas complétement celle de la veuve Gouyon-Beaufort! Que servirait-il de vous fatiguer par des redites inutiles ! Loin de vous sur tout, citoyens jurés, cette perfide conjecture, que peut-être ces malheureuses femmes soupçonnaient Carbon coupable de l'attentat ! Rappellez-vous que pendant les quinze premiers jours au moins qui le suivirent, le Gouvernement lui-même crut que les hommes de sang qui avaient souillé la révolution, avaient seuls pu commettre ce grand crime. Carbon, ex-chouan amnistié, écartait, par cela même, tous les soupçons ; comment des femmes vivant dans une retraite absolue en auraient-elles mieux connu la source !

J'ajouterai de plus en faveur de la veuve Gouyon-Beaufort, que vous n'avez pas perdu de vue qu'elle n'a été que l'intermédiaire d'un moment dans cet acte de condescendance ; qu'elle a, sans détail, sans examen, accédé à la demande que lui a faite Adélaïde de Cicé, qui lui a présenté Carbon comme un émigré, qui n'avait besoin que de quelques jours de précaution pour rentrer dans tous les droits de citoyen. Vous savez, citoyens jurés, combien il est doux de compatir aux maux qu'on a soufferts. Carbon présenté à la veuve Beaufort comme un émigré ! oh ! dès-lors qui plus qu'elle dut être d'une facile complaisance ! La veuve Gouyon-Beaufort a donc commis un acte d'imprudence : mais ériger en crime une action imprudente ; rattacher à un complot tendant au meurtre du premier Consul, au renversement de l'État, à un complot qui fera toujours l'horreur et l'effroi de l'univers, un acte de ce genre, un acte ultérieur au complot lui-même, ce serait là véritablement un crime : vous ne le commettrez point, citoyens jurés. La veuve Gouyon-Beaufort est évidemment innocente : son gendre et son mari périrent naguère sous la hache des tyrans ; sous le premier Consul, l'échafaud ne se dressera plus que pour des coupables.

N 4

Je ne vous ai point encore parlé des deux filles de la veuve Gouyon-Beaufort ; aurais-je donc oublié que je suis aussi chargé de leur défense ! aurais-je donc oublié *qu'elles sont ici à côté de leur mère !* . . . . (1) Non, personne ne peut les oublier ; elles sont le modèle de la tendresse filiale : depuis leur enfance elles partagent l'infortune de leur mère ; elles sont à ses côtés, et certes il eût été affreux pour elles de n'être pas captives avec elle.

Mais de quoi les défendre, citoyens jurés ? d'avoir été ses compagnes inséparables ! De quoi les défendre ! d'avoir été les témoins nécessaires et discrets de ses peines ! De quoi les défendre ! d'avoir eu la certitude que quelque chose que fît leur mère, son cœur ne pouvait être criminel ! De quoi les défendre enfin, citoyens jurés ? serait-ce, dans la supposition d'une faute quelconque, de n'avoir pas divulgué . . . dénoncé . . . . qui ! . . . ah ! rejetons cette monstrueuse idée.

Je ne pourrais donc, citoyens jurés, vous parler des filles de la veuve Gouyon-Beaufort, que pour répéter avec le citoyen commissaire du Gouvernement : *Oui, elles sont ici à côté de leur mère.* Je ne pourrais vous en parler que pour les plaindre et les louer : je préfère de hâter une plus douce jouissance qui vous est réservée, celle de les absoudre avec leur mère, avec Adélaïde de Cicé.

_____

(1) A ces seuls mots se sont réduites les charges portées par le commissaire du Gouvernement contre *Angélique-Marie-Françoise* et *Reine-Marie-Aubine, filles Gouyon-Beaufort.*

PLAIDOYER

DU C.ᴇɴ THÉVENIN,

Défenseur officieux de l'accusée Duquesne.

CITOYENS JURÉS,

Chargé de vous présenter dans cette affaire la défense de l'accusée Duquesne, je dois me féliciter, et vous vous félicitez vous-même, sans doute, du peu d'effort qui me reste à faire pour établir complétement sa justification. Si ma tâche avait pu, dans son principe, être susceptible de quelques difficultés, elles seraient toutes aplanies, et par la manière dont l'accusée qui est devant vous, a elle-même, dans le débat, présenté ses moyens justificatifs, et par les deux défenseurs qui m'ont précédé dans la carrière.

En effet, vous n'avez pas oublié ce ton de candeur, de franchise et de vérité, avec lequel l'accusée Duquesne a répondu à toutes les interpellations qui lui ont été adressées; pas la plus légère contradiction, uniformité parfaite entre ses réponses aux premiers interrogats et ses réponses aux interrogats qui lui ont été adressés devant vous. Oh! ce n'est pas là, citoyens jurés, de la feinte, de la dissimulation; c'est l'ame toute entière de l'accusée que vous avez vue; et l'impression qu'elle a faite sur vos esprits ne s'en effacera jamais. Quant aux deux défenseurs après lesquels je parle, ils ont, j'ose l'assurer, porté dans vos consciences la conviction de l'innocence des accusées de Gouyon et de Cicé : actuellement se peut-il que l'accusée Duquesne soit coupable, si vous

vous rappelez bien par quelles circonstances fatales ces diverses accusées se trouvent réunies dans le procès sur lequel vous allez enfin prononcer!

Je pourrais donc, à la rigueur, borner ici toute espèce de discussion : mais, dans une affaire de cette nature, suis-je libre de disposer de la défense qui m'est confiée! puis-je l'abandonner! et quoique rassuré par vos consciences, ne dois-je pas toujours craindre d'avoir le plus léger reproche à me faire! Je vais donc aborder les charges portées contre l'accusée Duquesne.

Elle est accusée de complicité dans cet attentat inouï qui, le 3 nivôse dernier, mit la République à quelques secondes de sa perte.

Que n'est-il en mon pouvoir, citoyens jurés, de m'abstenir désormais de toute espèce de réflexion sur la nature de cet attentat! le tableau vous en a été souvent offert dans le cours de ce débat; qu'il est déchirant! qu'il a affligé vos âmes! qu'il a excité votre sensibilité! Eh! qu'il était nécessaire, cet autre tableau des vertus de l'accusée de Cicé, offert avec tant de talent, avec l'expression de la vérité, par son éloquent défenseur! qu'il est venu porter dans vos âmes de douces et bienfaisantes consolations; qu'il vous tarde déjà le moment où, revenus de votre chambre des délibérations, vous aurez à proclamer ici l'innocence!

Deux réflexions sortent naturellement de la nature du délit imputé à l'accusée Duquesne; et je dois vous les présenter de suite avant de m'occuper des diverses charges qui sont portées contre elle.

Une première réflexion, la voici : Ce crime est atroce, il est épouvantable; il a fallu le renversement de toutes les lois de la nature pour le concevoir et le commettre; il n'a pu trouver place que dans un cœur perdu, gangréné, dans une tête exaltée, exas-

pérée. Actuellement, citoyéns jurés, considérez l'accusée Duquesne; voyez sa vie toute entière occupée
à des actes de religion, de bienfaisance et de vertu;
voyez-la, pendant le cours de la révolution, toujours
soumise avec sagesse aux lois du Gouvernement, quel
qu'il fût; et jugez s'il est possible que l'accusée Duquesne, qui, sous le Gouvernement protecteur et
paternel que nous avons aujourd'hui, retrouve le libre
exercice de son culte, une tolérance politique qu'elle
avait perdue; s'il est possible que l'accusée Duquesne,
occupée constamment à des actes de bienfaisance et
de charité journalières, à des actes religieux; que
l'accusée Duquesne, âgée, et depuis long-temps
éloignée des affaires et des embarras du monde, ait
pu tremper d'une façon quelconque dans ce crime
épouvantable: je le soutiens, cela n'est pas possible.

La seconde réflexion n'est pas moins importante:
Les conspirateurs ne mettent ni dans leurs complots,
ni dans leur confidence, des personnes inutiles; ils
n'emploient que celles qui leur sont indispensablement
nécessaires. Et de quelle utilité pouvait être à ces
conspirateurs du 3 nivôse, l'accusée Duquesne! à
quoi pouvait-elle leur être bonne!

Vous rappelez-vous cette lettre importante, justificative pour les accusées, trouvée dans la chambre
même de Carbon; cette lettre dans laquelle celui qui
l'a écrite dit à Carbon: *Tenez-vous bien tranquille; ne
vous confiez à personne, pas même à ceux que vous croyez ou
vos amis ou les miens; ils pourraient vous tromper. — Pas
même à ceux que vous croyez.* Sentez-vous bien, citoyens
jurés, toute la force de cette expression: il n'y a pas,
même à nos amis; mais il y a, *même à ceux que vous
croyez être vos amis.* Et puisqu'on disait à Carbon,
C'est chez des amis que vous êtes; et qu'on ajoutait,
*Point de confidence, ne vous confiez à personne; craignez
que ceux que vous croyez vos amis ou les miens, ne vous*

trompent, il n'y a jamais eu de confidence possible; jamais l'accusée Duquesne n'a été dans le secret de ce complot effroyable; la nature de ses occupations, sa vie toute entière, ne permettent pas même de le supposer.

Actuellement voyons quels sont les faits imputés à l'accusée Duquesne.

Le 28 nivôse, l'accusé Carbon a été arrêté dans une chambre au premier étage, sur le devant de la maison dont l'accusée Duquesne est principale locataire.

Voilà le fait principal. Les circonstances particulières, les voici :

Carbon avait été amené, le 7 nivôse, par les accusées Gouyon; il avait passé la nuit dans une antichambre dépendant de l'appartement occupé par les accusées Gouyon. Le lendemain, il avait été placé dans une chambre destinée à servir de garde-meuble, et dans laquelle une locataire précédente était décédée; il avait vécu dans cette chambre; un signal avait été donné dans la cour lors de son arrestation; le portier ne l'avait pas vu entrer; on n'en avait pas fait confidence aux compagnes de l'accusée Duquesne. Voilà tous les faits, toutes les circonstances; je ne crois pas les avoir atténués, et je n'en ai pas besoin.

Quant au fait principal, citoyens jurés, daignez remarquer cette circonstance importante, cette date précieuse, que je confie à votre attention, que je dépose dans vos consciences : c'est le 7 nivôse que l'accusé Carbon a été amené dans la maison dont l'accusée Duquesne est principale locataire; ainsi c'est quatre jours après le délit consommé, exécuté, qu'une relation quelconque s'établit entre cet accusé Carbon et l'accusée Duquesne.

Eh! mais depuis quel temps donc un fait postérieur au délit auquel aucun fait antérieur ne vient se rattacher, peut-il être présenté à un tribunal et à des jurés, comme une preuve de complicité dans ce délit lui-même ! En bonne logique, en morale, en raison, il est impossible de supposer la complicité de l'accusée Duquesne par ce fait, postérieur de quatre jours à la consommation du délit.

Mais vous avez entendu grand nombre de témoins ; aucun est-il venu pour parler de relations qui auraient existé entre l'accusée Duquesne, Limoëlan, Saint-Réjant, Carbon et tous autres ! Non, citoyens jurés, le silence le plus absolu à cet égard s'est rencontré dans le débat. Les papiers de l'accusée Duquesne ont été, lors de la perquisition, réunis avec beaucoup de soin ; ils ont été placés dans une cassette ; ils ont été apportés à la police ; ils ont été visités : pas une note, pas un chiffon, pas une lettre qui puisse établir une relation quelconque entre les prévenus de cet attentat abominable et l'accusée Duquesne. Donc il n'y a que ce fait postérieur qu'on invoque contre l'accusée Duquesne.

M'occuperai-je, citoyens jurés, de ces reproches adressés à l'accusée Duquesne, sur l'indiscrétion qu'elle aurait commise, soit de recevoir un particulier sans le déclarer à la police, aux termes d'une loi du mois de ventôse an 4, soit de recevoir un homme qui lui était présenté comme un émigré ; soit encore de recevoir un homme après la catastrophe, l'événement horrible du 3 nivôse ?

Le défenseur de l'accusée de Cicé, qui avait également à combattre ces préventions, vous a démontré jusqu'à l'évidence qu'elles étaient insignifiantes dans le procès sur lequel vous avez à prononcer ; que cette loi du mois de ventôse an 4 ne rendrait tout au plus soit l'accusée de Cicé, soit l'accusée Duquesne, passibles que d'une peine correctionnelle.

Il y a loin, citoyens jurés, d'une simple indiscrétion,

il y a loin même de l'asile donné à un homme soupçonné d'émigration et de n'avoir point ses papiers en
règle, dans un temps où le Gouvernement, distin-
guant avec justice et les enfans pervers et les enfans
égarés, semblait rappeler dans son sein ces derniers ;
il y a loin de ces deux espèces de délits à celui imputé
à l'accusée Duquesne.

Qu'importent donc ces circonstances ! elles sont
indifférentes au délit sur lequel vous allez prononcer, il faut donc les mettre de côté ; et, d'ailleurs, je ne pourrais qu'abuser de vos momens, et
répéter ce qui a été plaidé par le défenseur de l'accusée de Cicé, qui, comme je viens de le dire, a
répondu victorieusement à toutes ces préventions.

Il est, d'ailleurs, une circonstance bien importante : c'est qu'au moment où l'accusé Carbon a
été amené dans la maison de l'accusée Duquesne,
il n'y avait point de local préparé ; c'est qu'on ne
savait même où le placer. Et en effet, vous vous
rappelez qu'il fut obligé de passer une nuit dans
l'antichambre des accusées de Gouyon ; qu'il fut
placé le lendemain dans une chambre destinée à servir
de garde-meuble, et dans laquelle un autre locataire
était décédé quelque temps avant. Cette chambre est
située dans un corps-de-logis sur le devant de la
maison, sur la rue, et ouverte à tous venans. Et,
citoyens jurés, s'il eût pu entrer un instant dans
l'intention de l'accusée Duquesne de donner un asile
à un coupable de cette nature, sûrement ce n'est
pas là qu'on l'eût caché ; il n'est point d'antre assez
profond, point de forêt assez noire, point de caverne
assez ténébreuse pour cacher un homme prévenu
d'un pareil attentat : mais on ne l'a point caché à
tous les yeux ; il n'y avait là qu'une discrétion toute
particulière, point du tout cette dissimulation, ce
secret qui n'appartient qu'au crime.

Citoyens jurés, vous remarquerez que je m'abstiens de supposer que l'accusée Duquesne ait donné
asile à un coupable, sachant qu'il l'était. Un organe
plus éloquent que le mien vous a démontré que,
dans ce cas, certes, il y aurait une faute grave que
la morale réprouve, mais point un crime que la loi
ait prévu et que la vengeance publique puisse atteindre : l'accusée Duquesne aurait, d'ailleurs, re-
poussé avec indignation un pareil scélérat ; elle
n'aurait pas voulu lui donner retraite, elle l'aurait
abandonné au bras vengeur des lois.

Venons donc maintenant aux circonstances particulières.

Carbon est resté vingt jours dans la maison de
l'accusée Duquesne.

Ici, citoyens jurés, je dois vous rappeler un fait
avoué par tout le monde, avoué même par des témoins à charge, entendus en votre présence ; c'est
que, lorsque l'accusé Carbon a été amené dans la
maison de l'accusée Duquesne, il était question seulement de le recevoir pour quelques jours. Et en effet,
la chambre qui lui a été donnée, faisait partie de la
location du C.ᵉⁿ Hunot, instituteur. Ce citoyen, qui
en a déposé, devait entrer en jouissance, attendu la
modicité de la location, le 8 nivôse, ou à quelques
jours près. Eh bien ! est-il concevable que l'accusée
Duquesne aurait loué cette chambre, si elle l'eût destinée à servir de retraite à Carbon ! et dès qu'il est
constant que cette chambre a été louée, qu'elle devait être livrée au C.ᵉⁿ Hunot quelques jours après,
il en faut conclure qu'on avait l'intention de ne garder
Carbon que pendant peu de jours.

Il était envoyé par l'accusée de Cicé, amené par
les accusées de Gouyon : l'accusée Duquesne avait la
plus grande confiance dans ces accusées ; elle connaissait leur honnêteté, leur probité, leur délica-

tesse, leur sévérité même, sur la soumission qu'on doit au Gouvernement; et dès-lors, rien de coupable dans sa condescendance; la politesse seule eût pu lui en faire un devoir, car il est des devoirs de société. Une confiance si bien fondée est donc une excuse plus que suffisante.

Je le conçois, citoyens jurés, si aujourd'hui une pareille proposition vous était faite, sans doute instruits par l'expérience, vous refuseriez, ou du moins vous y mettriez de la circonspection. Mais, dans d'autres temps, un ami vous eût demandé un asile pendant une nuit pour un particulier dont il vous aurait attesté la moralité et les vertus, vous n'auriez pas balancé un moment à accorder cet asile. Voilà tout ce qu'a fait l'accusée Duquesne. L'asile a été donné par égard, par politesse, par considération : tels sont les mobiles de la plupart des actions dans le commerce de la vie; et l'accusée Duquesne aurait craint de manquer à toutes les convenances en refusant à l'accusée Cicé ce service si léger en apparence.

Il n'est donc pas étonnant que l'accusé Carbon ait resté vingt jours dans la chambre, dans laquelle il ne devait rester que quelques jours.

Il ne sortait que rarement et le soir. Ce fait, d'abord vous le remarquez, est indifférent à l'accusée Duquesne : elle avait placé Carbon dans un autre corps-de-logis que celui qu'elle occupe; et tout-à-l'heure j'aurai occasion de vous donner le plan de cette maison. Il était donc fort indifférent à l'accusée Duquesne que Carbon sortît ou ne sortît pas; elle s'en inquiétait fort peu : on ne peut donc lui adresser aucune espèce de reproche sur ce point.

On le servait dans sa chambre.

On aurait peut-être voulu vous présenter ce fait comme une preuve de clandestinité, du secret qu'observait l'accusée Duquesne; l'explication est facile. Tel

Tel est l'usage de la maison que tient l'accusée Duquesne, de servir dans leurs chambres les divers pensionnaires qu'elle reçoit, parce que le réfectoire ne serait pas assez grand pour les contenir tous. C'était un homme, sur-tout ; et prenez garde qu'un homme n'est pas admis à la table commune, dans les principes religieux qui régissaient cette maison ; par conséquent, il était tout simple et très-naturel de le faire servir dans sa chambre.

Les compagnes de l'accusée Duquesne n'ont pas eu connaissance de l'arrivée de Carbon dans la maison.

Il existe, citoyens jurés, des rapports religieux entre l'accusée Duquesne et ses compagnes. Aujourd'hui on peut le dire, tous les cultes sont permis ; l'accusée et ses compagnes se sont réunies en congrégation religieuse ; aucune loi ne leur interdit cette faculté, et l'exercice leur en est assuré par la liberté dont jouissent actuellement tous les cultes. La supériorité de la maison a été accordée à l'accusée Duquesne, et c'est probablement une marque de déférence due à ses vertus et à son mérite. L'accusée Duquesne, chargée par cette place de tous les détails de la maison, n'en instruit en aucune façon ses compagnes : celles-ci ne sont occupées qu'à la prière et à des travaux de leur sexe, travaux habituels et de tous les momens ; elles s'embarrassent peu de l'administration, soit intérieure, soit extérieure, de la maison ; elles s'embarrassent peu du régime des repas, des dépenses journalières : tout cela concerne l'accusée Duquesne ; il n'y a qu'elle qui s'en mêle. Voilà pourquoi, d'une part, elle n'a rien dit à ses compagnes de relatif à Carbon ; et de l'autre, ses compagnes n'ont demandé aucun détail à cet égard.

D'ailleurs, des témoins ont dit que Carbon s'était promené dans la cour, qui était commune à tous ceux qui habitaient la maison ; qu'il y avait été un assez

2.   O

grand nombre de fois. Ce n'était donc pas un homme
que l'on cachait, pour le soustraire aux supplices,
aux recherches de la justice; c'était un homme qu'on
considérait comme devant bientôt se montrer librement : enfant de la patrie , disait-on, il aspirait au
moment de reconquérir ce titre précieux, et ce moment n'était retardé que par l'absence de quelques
formalités qui restaient à remplir. Se pouvait-il un
motif plus capable d'inspirer de la confiance !

Le portier et sa femme ne l'ont pas vu entrer, et
c'est un fait sur lequel, dans le débat, on a attaché
quelque importance.

Ici, il faut considérer les heures, et par qui Carbon
était amené. Les accusées de Gouyon sont locataires de
la maison ; les accusées de Gouyon ont amené Carbon
le soir : elles ont frappé , la porte s'est ouverte. Que
fait en pareil cas un locataire qui rentre ? il ne va pas
dire au portier : J'amène telle personne chez moi.
L'accusée de Gouyon a dit : C'est moi; ou me voilà. Le
portier , entendant la voix d'un locataire de la maison,
n'en a pas demandé davantage. Un portier ne s'em-
barrasse pas des personnes qui entrent avec des locataires connus, parce que ce sont ces locataires connus
qui en répondent; et voilà ce qui s'est passé : on n'a
pas dit qu'on l'amenait. La circonstance était très-
naturelle : elle se représente tous les jours, et je crois,
citoyens jurés, qu'il ne peut y avoir le plus léger
doute sur ce point de la cause.

Un signal a été donné au moment où on s'est présenté, le 28 nivôse, pour arrêter l'accusé Carbon.

Citoyens jurés, c'est le procès-verbal de perquisition à la main que je vais vous parler de cette
circonstance.

La maison occupée par l'accusée Duquesne et ses
compagnes, ou plutôt dont l'accusée Duquesne est
principale locataire, consiste en deux corps-de-logis :

un corps-de-logis sur le devant, rue Notre-Dame-des-Champs, et un corps-de-logis sur le derrière, entre cour et jardin. Le corps-de-logis sur le derrière est le seul occupé par l'accusée Duquesne et ses compagnes : le corps-de-logis de devant est occupé par ses locataires; et c'est dans ce corps-de-logis de devant que se trouvait l'accusé Carbon. Ainsi l'accusé Carbon n'était point caché dans la retraite destinée au culte, dans le local religieux occupé par l'accusée Duquesne et ses compagnes.

On vous a dit, et les témoins ont été unanimes, qu'il était d'usage, vu le défaut de cloche, d'annoncer le moment du service divin par un claquement de mains, et d'appeler par le même signe celui qui devait servir la messe. C'est au moment où la force armée s'est présentée que la messe devait se dire; et effectivement le signal a été donné. Mais remarquez que du procès-verbal de perquisition il résulte que le commissaire de police s'est adressé au portier, et que le portier, chose remarquable et qui prouve bien qu'il n'y avait point de mystère; que le portier, dis-je, a mené de suite le commissaire de police dans la chambre qu'occupait Carbon sur le devant : dans cette chambre on a fait une perquisition; on a même remarqué que le lit était chaud, fait assez indifférent. On a cherché dans la cheminée, dans tous les papiers, dans tous les meubles qui garnissaient l'appartement; on n'a point trouvé l'accusé Carbon. On est descendu, et c'est au deuxième étage, dans une chambre ouverte, que le commissaire de police a trouvé l'accusé Carbon, chez le C.en Buchet; l'accusé Carbon était devant la cheminée à se chauffer.

Voilà ce que porte le procès-verbal du commissaire de police. De cette première circonstance se tirent deux conséquences : la première, qu'on ne cachait pas tellement l'accusé Carbon, qu'il ne fût même libre au portier de l'aller trouver dans sa chambre; la seconde, que l'accusé Carbon n'avait point été averti par le signal; car il ne se serait pas trouvé dans une chambre ouverte, se chauffant auprès du feu, si le signal avait eu pour objet de l'avertir qu'on voulait l'arrêter. J'en tire cette troisième conséquence, qu'il a fallu du temps pour faire cette perquisition, et dans la chambre de Carbon et dans celle de Buchet; et pendant ce temps-là la messe se disait dans l'autre corps de bâtiment, dans lequel l'officier de police perquisiteur ne s'était pas présenté, et qui n'avait pas même été investi.

C'est après avoir fait ces deux perquisitions, après avoir arrêté Carbon, que le commissaire de police déclare qu'il va dans un autre corps-de-logis entre cour et jardin; qu'il y trouve l'accusée Duquesne, qu'il l'interroge, et qu'il interroge ses compagnes.

Vous voyez que tout se succède naturellement; que le signal donné ne concerne évidemment que la messe; que Carbon n'avait pas été averti par ce signal; qu'il n'y avait pas eu d'intention de l'avertir; que la messe s'est dite pendant le temps qu'on faisait les perquisitions dans le corps-de-logis du devant; et que c'est après la messe dite qu'on est allé dans le corps-de-logis de derrière, parce qu'il ne faut pas tant de temps pour célébrer une simple messe. Cette circonstance du signal est donc parfaitement expliquée, et par les témoins, et par le procès-verbal de perquisition dressé chez l'accusée Duquesne. L'accusé Carbon n'a pas été trouvé dans sa chambre; le C.^{en} Buchet vous a expliqué comment cela s'était fait : le C.^{en} Buchet vous a dit qu'il avait invité Carbon à venir se chauffer; que lui Buchet avait été appelé pour donner la clef d'un grenier; qu'il y était allé, et avait laissé toutes les portes ouvertes. Vous

remarquez encore dans ce procès-verbal de perquisition, que le C.^{en} Buchet n'était pas dans sa chambre
au moment où Carbon y a été arrêté, et que Carbon
a été trouvé se chauffant, le dos tourné vers la cheminée : voilà les propres expressions du procès-
verbal.

Je ne vous occuperai pas non plus de cette circonstance que le lit était chaud ; il n'y a sur ce
point que manière de s'entendre. Je ne prétends pas,
dans une affaire de cette nature, trouver mauvais
qu'on se soit attaché à quelques circonstances minutieuses en apparence. Quand il s'agit d'un pareil
délit, d'un attentat aussi horrible, l'officier de police
a dû tout inspecter, tout vérifier : il a donc pu constater cette circonstance, que le lit était encore chaud ;
qu'il n'avait pas été quitté anciennement, mais fraî-
chement. Tout cela au surplus devient indifférent au
procès qui vous est soumis, et sur-tout à la question
de complicité que l'on fait peser maintenant sur la
tête de l'accusée Duquesne.

Le local était loué à un instituteur, et c'est la
dixième et dernière circonstance.

Vous avez entendu cet instituteur lui-même : il
vous a dit qu'il avait loué les trois chambres ; qu'il
n'avait pu être mis en possession tout de suite de la
troisième chambre, parce que l'accusée Duquesne
avait annoncé que cette chambre était occupée. Et
remarquez cette circonstance, elle est toute en faveur
de l'accusée Duquesne : elle avait loué cette chambre
avec les deux autres, pour le terme qui allait commencer le 1.er nivôse ; c'est par un événement im-
prévu qu'elle ne peut la livrer ; elle espérait la livrer
de jour en jour : on ne peut faire aucune espèce de
reproche à l'accusée Duquesne de ce qu'elle n'a pas
pu livrer sa chambre plutôt. Vous vous rappellerez
aussi que quelques témoins ont dit que l'accusée

Duquesne s'est plainte de la présence de Carbon , et a dit : Cet homme me gêne. Sans les égards qu'elle croyait devoir à l'accusée de Cicé et à l'accusée Gouyon, elle eût renvoyé cet homme, qu'elle ne gardait que par déférence.

J'ai donc, citoyens jurés, complétement détruit, je l'espère, toutes les charges que l'on avait invoquées contre l'accusée Duquesne, et expliqué les circonstances que l'on prétendait devoir accompagner ces charges et militer en faveur de l'accusation.

Toutes ces circonstances sont simples et naturelles ; elles se sont passées dans l'ordre commun des choses dans le cours ordinaire de la vie. Rien, aucune espèce de reproche à adresser à l'accusée Duquesne, si ce n'est une indiscrétion. Eh! qui n'en a pas commis! qui peut se dire que par amitié, charité ou déférence pour quelqu'un, il n'en commettra pas un jour! une indiscrétion n'est-elle pas bien punie par une détention de trois mois, et par les longueurs et les anxiétés attachées à une procédure criminelle?

Citoyens jurés, vous pardonnerez volontiers cette indiscrétion, et en considération du motif qui l'a fait commettre, et en considération des maux qui l'ont suivie pour l'accusée Duquesne.

Vous parlerai-je de sa moralité! Tous les témoins vous l'ont présentée comme pieuse, estimable, occupée sans cesse d'actes religieux et de charité; et sûrement ce n'est pas à côté de tant de vertus que le crime peut germer et s'exécuter, que peuvent se former toutes les combinaisons nécessaires à l'exécution d'un attentat aussi épouvantable que celui du 3 nivôse dernier.

Mais il est sur la moralité deux faits qui tiennent plus particulièrement à l'affaire, et que je ne puis négliger. D'abord un témoin vous a dit que l'accusée

Duquesne, pour laquelle il travaillait quelquefois, lorsque nos armées avaient des revers, en manifestait son chagrin et sa douleur ; qu'alors qu'elles avaient des succès, elle témoignait sa joie avec une expansion inexprimable. Eh bien ! citoyens jurés, qu'est-ce qui conduisait nos armées à la victoire ! quel est le héros qui combattait avec elles, et qui, par la force de son génie, préparait nos succès ! C'est le premier Consul de la République ; et c'est contre celui-là aux exploits duquel elle applaudissait chaque jour, qu'elle aurait voulu faire tourner cette machine meurtrière ! il n'est pas possible de le croire.

D'autres témoins vous ont dit que le 4 nivôse, et cette époque je la confie à vos consciences, que le 4 nivôse, dis-je, au moment où l'accusée Duquesne apprit tout-à-la-fois et le crime affreux qui avait produit l'explosion de la veille, et l'effet de la main puissante qui avait sauvé la victime, elle assembla ses compagnes, les appela dans le temple de la religion, dans un oratoire particulier ; et là, sans faste, sans bruit, sans ostentation, sans hypocrisie, elles adressèrent au ciel des actions de grâces en reconnaissance de ce qu'il avait bien voulu veiller sur les jours du génie tutélaire des Français : et depuis ce temps-là, vous a dit un témoin, elle nous a recommandé de prier journellement, pour que le ciel veuille continuer à ce héros, à ce génie bienfaisant, et sa surveillance et ses bontés.

Vous ne pouvez plus croire, citoyens jurés, que l'accusée soit coupable. A l'époque du 4 nivôse, elle ne pouvait penser qu'à ce moment où je parle, elle dût avoir besoin de cette circonstance pour se disculper. A cette époque du 4 nivôse, elle ne connaissait aucun des accusés : c'était du fond de leurs cœurs que l'accusée Duquesne et ses compagnes adressaient à Dieu leurs prières, qu'elles le conjuraient de veiller, comme il l'avait fait jusqu'alors, sur les destinées de la France.

J'en ai dit assez pour éclairer vos consciences, pour vous déterminer à proclamer l'innocence de l'accusée Duquesne.

PLAIDOYER

DU C.ᴱᴺ GAIRAL,

Défenseur de Collin.

CITOYENS JURÉS,

Je suis chargé d'une défense pour laquelle les orateurs qui m'ont précédé n'ont rien fait, que la nature des circonstances a isolée de toutes les autres ; c'est celle de Basile-Louis Collin.

En commençant, je n'aurai pas besoin de retracer l'événement qui va faire la matière de vos délibérations ; il a assez imprimé son horreur dans le fond des ames : mais j'aurai droit de demander si Basile-Louis Collin avait ce caractère de dépravation qui peut déterminer à se rendre ou l'auteur ou le complice d'un attentat aussi révoltant.

Ici je me rappelle quelle sensation a produite la déclaration de quelques témoins en faveur de deux des accusés. On est venu vous attester leur moralité, leur attachement au Gouvernement : la sévérité du ministère public s'est trouvée aussitôt désarmée ; il a cessé de les comprendre dans l'accusation.

Qu'il nous eût été facile d'amener devant vous une foule de témoins aussi véridiques, aussi respectables, les professeurs de l'école de chirurgie, ceux de l'école de médecine ! ils vous auraient tenu en faveur de Collin, le même langage que celui tenu en faveur de l'accusé Lavieuville et de sa femme.

Mais il fallait ménager vos instans ; il fallait sur-tout

procéder d'après notre intime conviction que Basile-
Louis Collin ne pouvait pas paraître coupable de
l'attentat exécuté le 3 nivôse : et cependant aujour-
d'hui je me sens dans la nécessité de vous dire un
mot de sa moralité. Elle est justifiée, non pas seulement par des certificats donnés au sujet du procès,
mais par des attestations qui remontent à une époque
bien précieuse, puisqu'elle est déjà très-éloignée de
nous.

Dès l'an 2 de la République, Basile-Louis Collin
quittant sa commune natale pour aller demeurer à
Rennes, où il se destinait à l'étude de la médecine,
une attestation lui fut donnée par le commandant et
les officiers de son habitation.

Voici dans quels termes : « Que Basile-Louis
» Collin a constamment fait le service le plus exact
» dans la garde nationale ; qu'il a montré le plus
» grand zèle pour la République dans le service ordi-
» naire, dans les visites domiciliaires et nocturnes
» faites en vertu des réquisitions de la municipalité,
» et dans tous les détachemens que notre commune
» a envoyés contre les hordes de chouans.

» En foi de quoi, &c. »

Ce certificat ne peut être suspect : il est visé du
juge de paix, et attesté par les officiers municipaux
de la commune.

« Vu et approuvé en comités de surveillance et
révolutionnaire. »

La moralité de Basile-Louis Collin a-t-elle changé
depuis cette époque ! Écoutez les déclarations de sa
commune natale, de celle de Rennes et de plusieurs
autres.

« Certifions qu'il n'est jamais venu à notre con-
» naissance que le C.en Basile-Jacques-Louis Collin,

» de ladite commune, ait participé directement ni
» indirectement aux troubles qui ont eu lieu dans
» notre département ; qu'au contraire nous avons
» une parfaite connaissance qu'il a toujours joui parmi
» ses concitoyens de la réputation de citoyen probe,
» vertueux, ami des lois et du Gouvernement répu-
» blicain. »

Et ce certificat, comme je l'annonçais, est accompagné d'une multitude d'autres attestations données,
non-seulement par la commune de Rennes, non-
seulement par la commune de Bazouges, mais encore
par toutes les communes environnantes.

Enfin, dernier témoignage bien précieux, c'est
celui des élèves de l'école de médecine, au milieu
desquels il vit tous les jours depuis quatre ans et demi,
qui ont été les témoins assidus de sa conduite, les
confidens perpétuels de ses principes. C'est une
pétition adressée aux professeurs en chef de l'école,
en ces termes :

« Basile-Jacques-Louis Collin n'a pu cesser de
» mériter notre intérêt et notre estime. Nous vous
» prions de réclamer en sa faveur auprès du citoyen
» ministre de la police ; de vous rendre, avec nous,
» témoins de sa probité, de ses vertus, de sa mora-
» lité pendant tout le cours de ses études, qu'il suivait
» depuis plusieurs années avec beaucoup de succès.

» Nous avons constamment reconnu en lui toutes
» les qualités d'un bon et loyal confrère, d'un élève
» entièrement dévoué à son instruction, et d'un
» citoyen probe. Nous nous ferons un devoir de
» le déposer en sa faveur, &c. »

Voici la réponse des professeurs de l'école :

« Nous soussignés, professeurs de l'école de mé-
» decine de la ville de Paris, certifions que tout ce qui

» est contenu dans la pétition et dans les autres pièces,
» toutes concernant le C.^{en} Basile - Jacques - Louis
» Collin, est conforme à la vérité, et que nous con-
» naissons parfaitement ledit Collin pour un élève qui
» mérite, à tous égards, l'estime et la considération,
» non-seulement de tous ses collègues, mais encore
» de tous les professeurs de ladite école de médecine.
» A Paris, ce, &c. » *Suivent les signatures.*

Je ne me bornerai pas, citoyens jurés, à ces attestations; je ne veux pas même m'arrêter sur cette idée,
qu'il est impossible que l'individu qui, pendant huit
années de sa vie, s'est fait connaître de ses concitoyens
sous des rapports aussi favorables, puisse s'être associé
à l'attentat du 3 nivôse. Je passe à un second aperçu.
Sans doute, pour s'être uni à cette horrible conju-
ration, il faudrait qu'un intérêt bien entraînant l'eût
déterminé; il faudrait que Basile Collin ait eu quelque intérêt à s'en mêler; il faudrait que ses principes
antérieurs l'y eussent porté; il faudrait que quelques
motifs l'y eussent déterminé. Mais vous savez quelle
est la nature de sa profession, quels sont les devoirs
qu'elle exige, quelle est la rigueur du travail qu'elle
nécessite.
Basile-Louis Collin s'est destiné depuis sept ans à
l'état de médecin; depuis sept ans, et tous ceux qui ont
vécu avec lui vous l'attestent, depuis sept ans quatorze heures par jour sont consacrées par lui à l'étude;
depuis sept ans il suit la totalité des cours, les suit
avec une extrême exactitude. Le but de Basile-Louis
Collin est de se nourrir de l'expérience des médecins
qui l'ont précédé, d'y ajouter son expérience personnelle, d'acquérir les connaissances difficiles et
indispensables qui méritent la réputation. Hé bien!
si telle a été son intention, si tel a été l'emploi constant de son temps; imaginerez-vous que Basile-Louis

Collin ait pu assister les conspirateurs dans leur projet, qu'il ait eu avec eux des conférences assidues, qu'il ait reçu leurs confidences, qu'il ait assisté à l'exécution du complot! Imaginerez-vous que, dans la nécessité de prétendre à la confiance et à l'estime publique, il ait voulu s'exposer au déshonneur, à jamais ineffaçable, d'avoir participé au crime le plus inoui dont le souvenir nous soit resté!

Voyons cependant si ce qui paraît si contraire à la moralité de Basile-Louis Collin, si ce que dément son intérêt, pourrait se vérifier dans les traces de l'instruction. Vous avez, citoyens jurés, entendu une multitude de témoins; vous avez vu passer sous vos yeux toutes les charges du procès : le nom de Basile-Louis Collin a-t-il été prononcé par un témoin? a-t-il été indiqué comme ayant eu part, soit de fait, soit de volonté, à l'attentat du 3 nivôse? Vous avez aussi reçu des déclarations de tous les accusés; plusieurs ont nommé Basile-Louis Collin; Saint-Réjant, pour vous dire qu'il l'a connu seulement à raison des soins qu'il lui a donnés dans son état de maladie; la femme Leguilloux, en vous déclarant que c'est elle-même qui l'a fait appeler pour donner des soins à Saint-Réjant; la fille Jourdan, qu'il est venu chez sa mère pour ce seul objet, et elle ajoute qu'il n'y est jamais resté que le temps nécessaire pour donner ses ordonnances.

Ainsi des déclarations des accusés comme de celles des témoins, il n'est pas résulté le moindre soupçon, la moindre présomption que Basile-Louis Collin ait eu part à l'attentat du 3 nivôse. Cependant Basile-Louis Collin est inculpé par l'acte d'accusation : il est indiqué au nombre des complices. Il faut bien, sans doute, que quelques nuages s'élèvent sur sa conduite; que des circonstances quelconques aient déterminé à le confondre dans le procès.

Les circonstances, vous les connaissez, citoyens jurés ; et déjà vous les avez pesées dans votre conscience.

Basile Collin a traité Saint-Réjant dans deux maladies : une première fois avant la catastrophe du 3 nivôse ; une seconde fois après.

Mais une explication bien vraie, que ne dément aucun témoin, que ne peut combattre aucune des charges du procès, vous satisfera à cet égard.

Comment Basile-Louis Collin a-t-il connu Saint-Réjant ! avait-il eu avec lui des relations avant l'époque où il l'avait traité la première fois ! Aucun témoin ne vous l'a dit. Basile-Louis Collin vous a déclaré le contraire. Saint-Réjant a confirmé la déclaration de Collin ; et celui-ci vous a ingénument expliqué comment il s'est trouvé en rapport avec lui.

Un jour Bourgeois (ce Bourgeois compromis dans le procès, et sur lequel je n'ai pas droit de m'expliquer), Bourgeois, qui connaissait Basile Collin, vient le chercher pour donner des soins à Saint-Réjant ; Saint-Réjant était alors attaqué d'un catarre pulmonaire. Collin le voit, lui donne des secours ; Collin l'amène à l'état de guérison. Le 3 nivôse, à dix heures du soir, Bourgeois vient une seconde fois, sur la demande de la femme Leguilloux. A cette occasion, vous aurez observé quel peu d'empressement il mit à se rendre auprès du malade. Il était alors à souper, et ne sortit qu'après avoir achevé. Il se rendit chez Saint-Réjant, le trouva dans un état d'oppression, la respiration gênée, parlant avec effort. Il prit le parti de le saigner, et la saignée parut l'avoir presque entièrement rétabli.

Je conçois très-bien que si Basile-Louis Collin fût allé chez Saint-Réjant antérieurement à sa première indisposition, que s'il eût existé entre eux une liaison intime, que s'il y avait eu une correspondance, je conçois très-bien que le concours de cette intimité avec la seconde indisposition ferait naître des inquiétudes, des soupçons. Mais tout s'explique très-naturellement. Il est appelé une première fois pour donner des secours à un malade ; tout autre médecin ne se serait-il pas rendu à l'invitation ? Il est ensuite appelé pour la seconde fois ; tout autre n'aurait-il pas déféré à la seconde invitation ?

Mais, dit-on, Collin aurait dû s'apercevoir que la seconde maladie de Saint-Réjant était l'effet de l'explosion. L'explosion était connue ; le bruit s'en était répandu dans tout Paris.

Voilà la présomption qu'on avait voulu élever contre lui. Je remets à m'expliquer sur cette présomption lorsque je recueillerai les espèces de griefs qui se sont trouvés dans le réquisitoire du commissaire du Gouvernement, et vous trouverez mon explication parfaitement satisfaisante.

Mais, vous dit-on, Collin avait eu la connaissance du complot. C'est par Bourgeois qu'il avait été appelé ; et Bourgeois est évidemment l'un des complices.

Une explication très-franche encore fera disparaître ce qu'il peut y avoir de louche. Collin vous a déclaré ; (aucun témoin n'a démenti sa déclaration, aucune des pièces du procès n'établit la contrariété), il vous a déclaré que Bourgeois avait été attiré à Paris par le Gouvernement, que le Gouvernement lui avait donné une place à l'Arsenal ; qu'il avait occupé cette place pendant deux ans ; qu'étant revenu à Paris dans un temps où bien certainement Basile Collin ne l'avait point encore connu, n'avait eu avec lui aucune espèce de rapport, il était venu lui remettre une lettre de sa famille ; que, quelque temps après, Bourgeois ayant essuyé une maladie grave, avait demandé les secours de Collin ; que Collin l'avait traité ; qu'après l'avoir guéri, Bourgeois se trouva dans un état d'imbécillité par suite de sa maladie ; qu'il l'avait fait placer dans un hospice de Paris.

Il était naturel, sans doute, que Bourgeois conservât quelque reconnaissance pour celui qui l'avait traité gratuitement, qui lui avait rendu la vie : Bourgeois n'avait donc pas cessé de voir Collin. Il ne s'était pas établi entre eux une intimité réelle ; la différence de leurs occupations, celle de leur éducation, y mettaient un obstacle nécessaire : mais de temps à autre Bourgeois allait voir Collin. Collin lui commande des plateaux à tourner, parce que l'état de Bourgeois était celui de tourneur.

Il ne sera pas étonnant que Bourgeois, lié ou non lié avec Saint-Réjant, mais enfin qui savait que Saint-Réjant était malade chez la femme Leguilloux, et qu'il avait besoin d'un médecin, se soit adressé à Basile Collin pour lui donner les premiers soins. Il ne sera pas étonnant que Basile Collin ayant donné ces premiers soins à Saint-Réjant, et Saint-Réjant se trouvant malade le soir du 3 nivôse, celui-ci ait demandé Collin.

Mais au milieu de tous ces soins, point d'intimité ni avec Saint-Réjant, ni avec Bourgeois ; point de soupçon que jamais Collin ait été appelé aux conciliabules qui ont nécessairement précédé l'exécution de l'attentat ; point de pièce qui l'accuse d'avoir été d'intelligence ; pas le moindre soupçon formé de la part des personnes qui habitaient la maison, qui ont vu venir Collin près de Saint-Réjant : toutes se sont bornées à déclarer que Basile Collin ne s'était présenté chez Saint-Réjant que pour examiner sa maladie et lui donner les remèdes qui lui convenaient ; aucune n'a prétendu que Collin ait été le confident du crime.

Reste

Reste dans l'instruction une contradiction assez formelle entre la déclaration de Saint-Réjant et la déclaration de Collin.

On demande à Collin si, lorsque le 3 nivôse il a été appelé près de Saint-Réjant, celui-ci lui a déclaré quelle était la cause de son accident. Collin a déclaré que Saint-Réjant s'était borné à dire que c'était l'effet d'une chute, et que lorsqu'il avait demandé des explications ultérieures, Saint-Réjant s'était borné à lui répondre, *Soulagez-moi*.

Saint-Réjant a déclaré au contraire que lorsque Collin demanda la cause de l'accident, il répondit qu'il s'était trouvé par hasard dans la rue de Malte, et avait été frappé par l'explosion de la machine.

Je pourrais vous laisser croire, citoyens jurés, que Collin n'a pas dit la vérité, il n'y aurait aucune conséquence à tirer de ce mensonge : mais pour dissiper tous les doutes, je vais examiner qui de Saint-Réjant ou de Collin doit être cru dans sa déclaration. Collin a dit constamment la vérité ; vous ne l'avez pas vu balbutier : vous n'avez point aperçu de variante dans ses déclarations. Toujours le même langage, le même fait. Saint-Réjant au contraire n'a pas toujours dit la vérité ; et vous en avez la preuve relativement à Collin lui-même. Celui-ci s'était trouvé en contradiction avec Saint-Réjant sur trois déclarations qui semblèrent de quelque importance au directeur du jury ; mais à la confrontation, Saint-Réjant a reconnu que sur ces trois faits, Collin avait dit l'exacte vérité : sa première version sur la cause de son accident est la seule dans laquelle il ait persisté.

Si je voulais avoir une preuve positive, je la trouverais dans les pièces du procès ; mais il est de mon intérêt de justifier Basile Collin, et non pas d'élever une présomption contre Saint-Réjant : je me bornerai

2.   P

donc à ce seul point : Basile Collin n'a point varié
dans ses déclarations ; il s'accorde avec les individus
de la maison où logeait Saint-Réjant, avec ceux qui
l'ont vu revenir sitôt après l'explosion. En effet, des
deux individus qui l'ont vu rentrer à ce moment,
l'un (c'est la femme Leguilloux) a déclaré que Saint-
Réjant avait dit, ou qu'on avait dit, que Saint-Réjant
avait été blessé par un cheval qui lui avait mis le
pied sur la tête et sur la poitrine ; l'autre (c'est le
fils de la femme Leguilloux) a déclaré que Saint-
Réjant avait fait une chute dans l'escalier de sa maison, ou bien dans un autre escalier.

Vous voyez donc, citoyens jurés, que cette déclaration de Collin, qui ne serait d'ailleurs d'aucune
importance dans le procès, est cependant parfaitement conforme à celle des individus qui demeuraient
dans la maison même qu'habitait Saint-Réjant.

Et de là je tire cette conséquence, que si les hôtes
de Saint-Réjant ont ignoré la cause de son accident,
Collin a dû l'ignorer bien plus encore qu'eux.

Ainsi, de toute l'instruction du procès, il ne résulte
aucune charge contre Basile Collin. Il reste démontré
que jamais il n'a eu de relations avec Saint-Réjant,
si ce n'est pour les deux maladies dont il l'a traité ;
qu'il n'a point existé entre eux d'intimité ; que jamais
Saint-Réjant ne l'a rendu confident d'aucun complot ;
que Basile Collin n'est jamais resté avec lui que le
temps nécessaire pour lui donner ses soins ; que Collin
n'a pris ni pu prendre aucune espèce de part à l'attentat du 3 nivôse. Mais quelques circonstances rendront ces conséquences encore plus frappantes.

Voyez, citoyens jurés, quelle a été la conduite
constante de Collin avant et après l'explosion du 3
nivôse.

Avant le 3 nivôse, il n'a jamais vu Saint-Réjant
que pour lui indiquer les remèdes qui convenaient à

sa maladie; il ne restait auprès de lui que le temps nécessaire pour reconnaître la nature de la maladie, et administrer les moyens de guérison : du reste, point d'intimité, point d'intelligence.

Voyez maintenant sa conduite après le 3 nivôse : a-t-on remarqué du désordre dans ses idées ! a-t-il cessé de suivre ses différens cours, de se livrer à ses habitudes journalières ! a-t-il pris quelque précaution pour échapper aux recherches de la justice ! Aucun soupçon, citoyens jurés, ne s'est formé dans son esprit; son cœur était pur, sa conduite innocente; il n'avait à faire, il ne faisait aucun retour sur lui-même : les témoins vous ont déclaré qu'il avait continué de suivre ses cours, de voir ses malades, de se livrer à ses études; et lorsque les agens de la police se sont présentés dans son local, ils l'ont trouvé s'occupant avec tranquillité de ses travaux ordinaires, sans crainte, sans effroi, et très-éloigné du soupçon qu'on pût l'accuser d'intelligence avec les auteurs de l'attentat du 3 nivôse.

Ce calme, cette conduite, cette pratique de ses habitudes journalières, n'est-ce donc pas là, citoyens jurés, le signe infaillible de l'innocence ! n'est-ce pas la preuve irrésistible que le crime n'avait mis aucun poids sur sa conscience ?

Voyons cependant quels sont, dans l'exposé du commissaire du Gouvernement, les griefs qui s'élèvent contre Collin.

Vous vous rappelez, citoyens jurés, avec quelle sagesse, avec quelle modération, ce magistrat s'est expliqué sur le compte de Basile Collin : *Il a de grands reproches à se faire*, a-t-il dit. Est-ce là le langage, sont-ce les expressions que l'on emploie contre un criminel ! Basile Collin aurait pu prendre quelque part à l'attentat du 3 nivôse, et il n'aurait que des reproches à se faire ! le remords ne devrait pas

bourreler sa conscience ! une qualification aussi douce
serait la seule que le magistrat pourrait lui appliquer !

Dans cette manière de s'exprimer, vous avez sans
doute remarqué, citoyens jurés, que la conscience
du ministère public ne s'élevait que bien faiblement
contre Basile Collin. Rappelons maintenant ses divers
reproches.

Vous ne voulez pas, sans doute, que je m'arrête
au fait que Collin a un frère qui, pendant quelque
temps, a servi dans l'armée royale. Les torts d'un
frère lui sont personnels : Collin répond, d'ailleurs,
que, depuis 1793, il n'a point de relation avec son
frère ; il répond ensuite, avec la loi elle-même : Ce
frère a servi pendant quelque temps dans l'armée
royaliste, mais depuis il s'en est séparé, depuis il
a rendu les armes, depuis il a fait sa soumission à
la République, depuis quatre ans et demi il remplit
à Rennes les fonctions d'avocat.

Pour resserrer davantage la discussion des autres
griefs, je saisis trois époques.

Première époque, celle où Collin a connu Saint-
Réjant et l'a traité d'une maladie.

Seconde époque, celle où Basile Collin a traité
Saint-Réjant de l'indisposition occasionnée par l'explosion du 3 nivôse.

Troisième époque, celle postérieure à l'explosion
du 3 nivôse.

Sur la première époque, on reproche à Collin
d'avoir rendu visite à un homme caché, environné
d'individus suspects, et de n'avoir fait aucune déclaration.

Je veux, citoyens jurés, supposer le reproche
fondé ; vous sentez avec moi qu'il ne pourrait en
résulter aucune conséquence. En effet le ministère
qu'allait exercer Basile Collin, était celui de
médecin, et de médecin appelé dans une maison

particulière, sous le seul rapport de son art, qui doit fermer les yeux sur tout ce qu'il voit, son oreille à toute espèce de soupçon. Saint-Réjant eût voulu se cacher, il eût été environné d'hommes suspects', qu'il n'eût pas été permis à Collin de l'observer, que Collin ne l'aurait pas aperçu.

Mais résulte-t-il de l'instruction qu'avant l'époque du 3 nivôse Saint-Réjant se tînt caché, qu'il fût environné d'hommes qui dussent paraître suspects! Non; si vous avez saisi la déclaration de la femme Leguilloux et de son fils, ils se sont accordés à dire que Saint-Réjant n'avait pris aucune précaution; qu'il sortait librement, rentrait librement, voyait divers individus; et qu'aucun soupçon ne s'était élevé sur ses intentions.

Il était environné d'hommes suspects. Mais est-ce que Collin, allant dans la maison pour examiner son état de maladie, pour lui prescrire des remèdes, pressé constamment de se rendre à ses études, à ses cours, aux malades qu'il devait voir, avait le temps d'observer, de méditer sur ce qu'il voyait, sur ce que l'on pouvait dire! Est-ce que les individus qui venaient voir Saint-Réjant, s'ouvraient à son médecin! N'est-il pas au contraire vraisemblable que s'ils se réunissaient pour conjurer, ils couvraient tout ce qu'ils avaient à dire ou à faire, des épaisseurs du mystère! J'ajoute qu'aucun témoin n'a déposé de conférences mystérieuses tenues par Saint-Réjant et les individus qui l'entouraient; ainsi rien n'invitait à concevoir des soupçons ni sur Saint-Réjant, ni sur les individus qui l'approchaient. De la première époque ne résulte donc aucune espèce de conséquence.

La seconde époque est celle de l'explosion.

L'explosion, vous a-t-on dit, avait eu lieu à huit heures du soir; c'est à dix heures que Collin est

appelé ; il sait que la machine a fait son explosion ;
il connaît les malheurs qu'elle a occasionnés. Saint-
Réjant est étendu sur son lit ; il existe du désordre
dans ses vêtemens ; il paraît oppressé , gêné dans sa
respiration ; il est sur le point de mourir , et n'a de
voix que pour demander qu'on le soulage : comment
Collin n'a-t-il pas deviné la cause ! comment n'a-t-il
pas attribué la maladie à l'explosion !

Tout cela s'explique bien naturellement. Des
témoins vous ont dit ce qui s'était passé dans le cours
auquel assistait Basile Collin. La machine avait éclaté
pendant la leçon du professeur ; la détonation s'était
entendue dans tous les points de Paris. Le professeur
et ses élèves furent partagés sur la cause de ce bruit
extraordinaire : les uns l'attribuaient à la nouvelle d'une
victoire , les autres à celle de la paix ; et ce fut l'opinion particulière du C.en Dubois. Le cours reprit
après de courtes explications. Collin rentre ensuite
chez lui , dans un quartier fort isolé ; à dix heures
et demie ou onze heures du soir, il se rend chez Saint-
Réjant sans trouver sur son chemin personne qui
l'instruise : enfin il arrive chez Saint-Réjant souffrant ,
s'informe de la cause de son accident, et apprend
qu'il provient d'une simple chute ; il visite ensuite
toutes les parties du corps de Saint-Réjant , n'y dé-
couvre ni plaie ni contusion : alors quelle dut être sa
pensée ! Saint-Réjant sortait à peine d'une première
maladie. Les hommes de l'art vous diront, avec lui,
que quand un organe a été offensé, une cause très-
légère suffit, avant la parfaite guérison , pour lui
faire éprouver une révolution considérable. Dix
jours auparavant il avait traité Saint-Réjant d'un
catarre pulmonaire ; c'était le poumon qui paraissait
attaqué , et Saint-Réjant parlait d'une chute : il a
donc fallu penser qu'une chute était la cause unique
de l'accident ; et ce qui a confirmé sa première

croyance, c'est qu'à peine la saignée fut faite, que Saint-Réjant parut complétement rétabli.

En effet le lendemain, à dix heures du matin, lorsque Collin vint lui rendre visite, Saint-Réjant était déjà levé, et disposé à quitter l'appartement de la femme Leguilloux. Collin devait donc croire ce qu'il voyait, et ne rien attribuer à l'explosion ; et du moment où la santé de Saint-Réjant fut rétablie, où il eut recouvré la respiration, où il fut libre de ses mouvemens, où sa maladie eut disparu, Collin n'eut plus de soupçon à former, de cause à rechercher, d'inquiétude à concevoir.

De la seconde époque ne résulte donc aucune conséquence à la charge de l'accusé.

Venons à la troisième.

Le 4 nivôse, tout Paris était informé des effets désastreux de la machine infernale ; les cris d'indignation s'élevaient de toutes parts. Collin dut en être informé comme tous les autres individus. Cependant Collin va voir Saint-Réjant ; comment dès-lors ne pensera-t-il pas que l'accident a sa cause unique dans l'explosion de la machine ! Une loi ordonne à tous les chirurgiens de faire la déclaration des blessés qu'ils traitent ; comment n'ira-t-il pas faire la sienne à la police ! Enfin, le 4 nivôse, Saint-Réjant veut changer de domicile ; comment Collin pourra-t-il se méprendre sur sa position, sur son embarras ! comment ne se doutera-t-il pas qu'il a participé au crime !

Ici encore, citoyens jurés, se présentent des explications infiniment simples.

Très-certainement vous avez vu vous-mêmes, le 4 nivôse, s'élever de toutes parts les cris de l'indignation contre les abominables auteurs de la machine infernale ; mais rappelez-vous quelle était la situation de Collin, et ce que devait lui paraître Saint-Réjant !

La veille, Saint-Réjant avait éprouvé un accident ;

il en avait imputé la cause à une simple chute, à une chute qui n'avait laissé après elle aucune plaie, aucune contusion. Le lendemain, à dix heures, Saint-Réjant est sur ses pieds, parfaitement rétabli, disposé à sortir pour prendre un autre domicile ; comment est-il possible, lorsque les effets de l'explosion avaient été si sensibles, lorsqu'une multitude de citoyens avaient été privés de leurs membres, lorsque plusieurs avaient reçu la mort ; comment Collin pouvait-il penser que l'indisposition passagère de Saint-Réjant eût une cause aussi effrayante ! Saint-Réjant n'avait aucune plaie, n'avait pas la plus légère contusion : cette seule circonstance écartait nécessairement tout soupçon.

Depuis 1680, la loi existait qui enjoignait aux médecins de faire la déclaration des blessés administrés par eux. Il faut bien voir, citoyens jurés, ce que cette loi, dont on s'est beaucoup occupé depuis quelques jours, et à laquelle ni le magistrat de la police, ni aucun de nous n'avait pensé avant cette funeste époque, peut avoir d'influence dans ce procès.

Cette loi est de 1680 ; elle n'avait pas été en vigueur depuis ce temps-là, ou du moins elle était inconnue d'une multitude de citoyens, et peut-être de tous les médecins de Paris : il était impossible à Collin de placer dans sa tête le souvenir de ce que jamais il n'avait connu. Au surplus, vous attendez une réponse plus positive, plus tranchante ; la voici : La loi oblige les chirurgiens à faire la déclaration des blessés qu'ils traitent. Pour que Collin fît une déclaration sur Saint-Réjant, il aurait fallu que ce dernier fût blessé : or, Collin vous a déclaré qu'après avoir vérifié toutes les parties de son corps, il n'y avait remarqué ni plaie, ni contusion : Saint-Réjant lui-même a confirmé cette déclaration ; les individus de la maison l'ont confirmée à leur tour. La loi n'avait donc point d'application à recevoir ; il n'y avait aucun accident qui pût être attribué à une cause autre que celle-là, parce qu'elle avait son principe dans les dispositions intérieures de Saint-Réjant : il n'y avait pas de déclaration à faire ; il n'y avait pas à se conformer à la disposition de la loi.

Mais Saint-Réjant, qui avait éprouvé l'effet de l'explosion, change, dès le lendemain, de domicile.

Rappelez-vous un instant, citoyens jurés, la position de Collin ; et vous conviendrez que cet acte même de Saint-Réjant aurait dû chasser de son esprit toute espèce de soupçon. Qu'était Collin relativement à Saint-Réjant ? était-ce son ancien ami ? est-ce un conspirateur habituel ? s'est-il signalé dans l'esprit de parti ? Vous avez saisi l'ensemble de l'instruction. Collin, depuis sept ans, donne à l'étude tout son temps ; il ne s'occupe que d'acquérir les connaissances nécessaires à l'exercice de son état ; ses qualités morales vous sont attestées par une multitude de certificats. Enfin il vous est notoire que c'est par une fatalité, par un simple hasard complétement indépendant de lui, qu'il a eu occasion de connaître Saint-Réjant ; la cause en est uniquement dans sa seule profession. Il a été appelé pour le guérir d'une maladie ; il l'a traité comme tout autre médecin l'eût traité, si Bourgeois se fût présenté chez lui. Point d'intimité avec Saint-Réjant ; point d'aptitude à se jeter dans un parti quelconque ; point de dispositions au crime ; point d'indices qu'il ait reçu des conspirateurs la moindre révélation : il ne connaissait Saint-Réjant que superficiellement ; il n'y a eu aucune intimité entre eux : et de ce que Saint-Réjant serait déclaré l'auteur de la conspiration, il n'en peut résulter que Saint-Réjant lui eût revelé toute la conspiration, ni qu'il lui eût dévoilé les auteurs du complot de l'abominable machine infernale. La moralité de Collin ne permet pas d'élever de soupçon. Saint-Réjant n'a donc rien déclaré, rien pu déclarer. Sera-t-il désormais étonnant, lorsque Saint-Réjant annonce qu'il quitte le logement de la femme Leguilloux parce que son mois est fini, qu'il va demeurer rue d'Aguesseau ; lorsqu'il donne son adresse, en l'invitant à aller lui rendre visite dans la rue d'Aguesseau ; lorsqu'enfin Saint-Réjant paraissait assez rétabli de sa première indisposition, non-seulement pour être levé, mais pour changer de logement ; sera-t-il étonnant que dans tout cela Collin n'ait rien aperçu d'extraordinaire ! Dans une telle réunion de circonstances, et s'il n'a pu les méditer, n'a-t-il pas dû se persuader que Saint-Réjant n'était point compromis, qu'il n'avait rien à craindre, qu'il n'était pas suspect, qu'il était complétement étranger au complot qui avait amené l'explosion de la machine infernale !

Ainsi, loin que ces circonstances soient à la charge de Collin, toutes deviennent des faits réellement justificatifs. Aucun soupçon ne s'est formé dans l'esprit de Collin, aucun soupçon n'a pu s'y former. Il s'est présenté comme médecin chez Saint-Réjant, l'a traité comme médecin, n'est jamais resté *que le temps nécessaire pour lui donner ses ordonnances* (je me sers de l'expression de l'un des témoins à charge), n'a jamais eu de communication intime avec lui, n'a jamais eu l'occasion de connaître sa moralité ; et toutes les circonstances elles-mêmes ont concouru à le laisser dans une complète sécurité.

Dès-lors quelle déclaration Collin avait-il à faire à la police ? le soupçon n'était pas dans son esprit ; il était impossible qu'il y fût.

Et puisque le soupçon devient la seule charge contre Collin, qu'il me soit permis de vous ramener encore aux jours qui suivirent l'explosion. Comment confondre alors Saint-Réjant avec les auteurs du crime du 3 nivôse! N'était-ce pas un autre parti qu'on avait alors l'injustice d'accuser! Ce que Collin aurait pu observer dans le peu de relations qu'il avait eues avec Saint-Réjant, c'est qu'il n'appartenait pas à ce parti. C'est donc encore une circonstance qui, si ce soupçon avait pu se former dans son esprit, l'aurait nécessairement écarté.

Je sens, citoyens jurés, que je donne trop d'importance à ma cause; la justification de Collin était déjà opérée dans vos esprits : toutes les circonstances du procès, et le silence des charges, et les déclarations des témoins, l'avaient complétement disculpé. Si quelques doutes se sont élevés, il faut les attribuer au malheur même du procès sur lequel vous avez à délibérer; à cette alarme si légitime, qui dut saisir et la police, et la totalité des citoyens, au souvenir du plus révoltant des attentats : il fallait prendre des précautions, se ménager des révélations; on ne pouvait trop s'assurer de la déclaration de tous ceux qui avaient pu approcher des coupables. Une mesure générale, une véritable méprise, a donc été la cause unique du malheur de Basile Collin.

Vous allez, citoyens jurés, reconnaître son innocence; vous allez le rendre à ses études, à ses amis, à la société.

[Le tribunal suspend sa séance une demi-heure.]

———————

OBSERVATION DU C.EN ROUSSIALLE

Pour la femme Vallon et ses deux filles.

ROUSSIALLE. Je vais relever seulement deux faits utiles à la cause.

Le président. Faites attention que les citoyens jurés sont fatigués de la longueur des débats.

Roussialle. Je ne parlerai que deux minutes.

Citoyens jurés, ce sont deux faits seulement que je vais relever à la décharge de la mère Vallon.

Hier on vous a démontré, dans sa défense, qu'en supposant que la mère Vallon eût reçu chez elle des chouans, elle n'était pas pour cela coupable : cela est très-vrai sans doute ; mais pourtant il faut rétablir le fait dans toute son exactitude. La mère Vallon avant l'explosion n'a jamais connu que deux particuliers, Persévérant et Fouchet, qui s'y sont présentés pour demander Carbon. Persévérant a été arrêté, et reconnu parfaitement innocent. Fouchet ne figure en aucune espèce de façon dans ce procès.

Limoelan n'a jamais mis le pied chez la femme Vallon avant l'explosion. C'est Madeleine Vallon seulement qui l'a vu une fois ; et voici à quelle occasion. Carbon apportait chez sa sœur le linge ; une fois qu'il n'avait pas eu le temps de le remporter, la mère Vallon ordonna à sa fille d'aller le lui porter. Après l'explosion, Limoelan s'est présenté chez la mère Vallon ; jamais cette femme et ses enfans n'ont conçu de soupçons ; elles croyaient seulement que c'étaient des visites qu'il rendait à leur oncle, et qu'il voulait le soustraire aux recherches de la police, parce qu'il était amnistié, et pouvait être compromis, n'étant pas en règle.

La seconde circonstance, c'est qu'on vous a dit que la mère Vallon n'était point instruite du complot, et que la preuve en résultait de ce que le soir du 3 nivôse elle et une de ses filles dormaient. Dans une cause de cette importance, il faut tâcher de détruire jusqu'aux moindres indices que pourrait peut-être présenter ce fait. On pourrait dire, La mère Vallon pouvait avoir quelque inquiétude ; elle se couche, elle ordonne à une de ses filles de se coucher ; mais à la troisième, elle lui ordonne donc de veiller. Eh bien ! voici le fait dans toute son exactitude ; c'est que la mère Vallon était couchée, et que ses deux filles l'étaient aussi lorsque Carbon est rentré : c'est Joséphine Vallon qui seule s'est éveillée au bruit que Carbon a fait en rentrant ; elle a vu son oncle qui soupait tranquillement, et qui s'est ensuite couché.

Je n'ai plus rien à dire.

PLAIDOYER

DU C.ᴱᴺ LEBON

Pour l'accusé Baudet.

CITOYENS JURÉS,

Dans une affaire extraordinaire, lorsqu'il s'agit d'un crime atroce dont les fastes de l'histoire n'offrent qu'un seul exemple, et qui se réduit encore à un projet non consommé ; il est doux, il est consolant de pouvoir se dire : L'homme qui m'a confié sa défense est évidemment innocent.

En effet, telle est l'heureuse position dans laquelle se trouve l'accusé Jean Baudet. Nulle preuve, nul indice, nulle présomption, aucun témoin ne le nomme ni ne l'indique ; et je me suis demandé, d'après l'absence de toute espèce de prévention, d'après le silence absolu du ministère public, si mon ministère ne lui était pas plus nuisible que nécessaire ; si vous présenter sa justification, ce n'était pas en quelque sorte l'atténuer. Mais enfin, puisqu'il m'a confié le soin de sa défense, puisque l'homme injustement accusé a besoin de le dire, de le prouver à ses concitoyens ; puisque c'est une consolation pour lui et une espèce de dédommagement que lui doit la société, d'entendre sa justification, qu'il me soit permis de vous présenter quelques réflexions en sa faveur. Vous sentez que cette tâche ne doit pas être plus longue que pénible.

Baudet est ouvrier. Il est ouvrier ! ce titre seul a dû opérer sa justification à vos yeux. En effet, est-ce dans cette classe intéressante, constamment occupée, soumise de tout temps aux lois de tous les gouvernemens; est-ce dans cette classe si précieuse à la société en raison de son utilité, qu'il s'est jamais rencontré des conspirateurs, des assassins, des meurtriers!

Baudet est originaire du département de la Sarthe; il y a quinze ans qu'il l'a quitté. Depuis ce temps il n'a fait aucun voyage dans son pays, et ne s'est jamais absenté de Paris. Il est resté onze ans dans différentes maisons de commerce. Après onze années il s'est établi; il tient maintenant une boutique et fait l'état de marchand peaussier-gantier au Palais-Égalité.

Je ne viendrai point ici vous faire l'éloge ou l'étalage de ses vertus; je dirai simplement qu'il a fait son devoir depuis qu'il est à Paris; qu'il a rempli tous ceux de bon citoyen. Il a gémi, sans doute, il a versé des larmes sur les malheurs qui ont affligé la Vendée, sa triste patrie; mais il n'y a pas participé: toujours occupé, toujours éloigné des affaires, il est resté étranger à tous les partis, à toutes les factions, n'ayant qu'un sentiment, celui de la soumission aux lois du Gouvernement. Voilà, pendant quinze années, quelles ont été ses occupations, ses habitudes, ses goûts, et, j'ose dire, ses vertus domestiques.

Comment donc se trouve-t-il enveloppé dans cette malheureuse et extraordinaire affaire! C'est le hasard; c'est un incident infiniment simple qui l'y a amené.

Il y a trois ans qu'il reçoit la visite d'un particulier de son pays; ce particulier était accompagné d'un nommé Lahaye-Saint-Hilaire, que Baudet avait connu dans son enfance au collége du Mans. Ce nom de Baudet rappelle à Saint-Hilaire une ancienne connaissance de collége; il fait chez lui quelques emplettes. Le lendemain il amène deux ou trois de ses amis; ceux-ci se fournirent à leur tour de choses qui dépendaient du commerce de Baudet. Voilà l'origine de cette connaissance qui devait bientôt lui devenir si fatale ; et dans ce moment Baudet présente trois ou quatre imprimés qui portent son nom, son adresse et son état, ainsi que font tous les marchands qui veulent se faire connaître ; il les remet à Lahaye et aux autres qui étaient avec lui.

Deux ans se passent ; il n'entend plus parler de Lahaye ; il ignore sa destinée, ses occupations, sa résidence. En vendémiaire dernier, il reçoit un billet dans lequel ce Lahaye se rappelle à son souvenir, et l'engage à procurer un logement au porteur du billet. Ce porteur était le nommé Joyau. De quoi s'agissait-il ? il s'agissait, non pas d'un acte de vertu, d'un acte d'humanité ; il s'agissait d'un acte infiniment simple, plus qu'indifférent. Baudet ne balance pas à rendre ce léger service qu'on lui demande.

Et rappelez-vous, citoyens jurés, à quelle époque il a rendu ce léger service. A cette époque n'y avait-il pas un traité avec les chouans ? la guerre civile n'était-elle pas éteinte ? un gouvernement paternel n'avait-il pas manifesté ses intentions de ramener des enfans égarés dans le sein de la patrie ! les chefs de chouans n'avaient-ils pas mis bas les armes ! une amnistie générale ne s'était-elle pas étendue sur cette malheureuse contrée ! Comment Baudet, qui ne connaissait pas Joyau, qui ne connaissait pas Saint-Hilaire, qui ignorait s'ils avaient pris part à la guerre civile qui avait existé, comment aurait-il pu avoir quelques soupçons ! Qui de vous, qui de nous aurait balancé un instant à rendre, non pas ce service important, mais à exercer un acte si simple, si indifférent en lui-même !

Voilà tout ce qu'a fait Baudet, et ce qui est arrivé. Il a présenté ce Joyau, porteur de la lettre de recommandation de Lahaye-Saint-Hilaire ; il l'a présenté à une dame Pellissier. Cette dame Pellissier n'avait point

d'appartement

d'appartement à louer dans sa demeure ; elle lui a, indiqué une dame Larbitret. Cette dame Larbitret a logé, pendant deux mois, Joyau dans sa maison. Cette dame Larbitret a-t-elle fait sa déclaration à la police ? a-t-elle rempli les formalités prescrites ? Nous, l'ignorons, et vous sentez combien cela est étranger à l'accusé Baudet. Cependant vous avez dû remarquer dans les débats, par la déposition de la dame Pellissier, que cette formalité a été remplie : Saint-Hilaire a montré son passe-port ; le commissaire de police en a été instruit. Ainsi les formalités, si étrangères à Baudet, qu'elles ne concernaient nullement, qui ne s'appliquaient qu'à celui qui donnait un asile au nommé Joyau, ont été remplies.

Et d'ailleurs vous en avez une preuve sans réplique. Cette dame Pellissier, cette dame Larbitret, si c'était un crime d'avoir logé quelqu'un et de l'avoir logé sans en avertir la police, en auraient supporté la peine. Eh bien! par suite de l'accusation elles avaient été incarcérées ; elles ont été relâchées. C'est encore une circonstance qui prouve que les papiers des deux individus étaient parfaitement en règle.

Depuis ce temps, Baudet n'a vu qu'une fois ces deux individus ; et d'après la déposition de la dame Larbitret, vous avez dû remarquer qu'il n'y avait eu aucune conférence, aucune communication, aucune démarche de la part de Baudet dans la maison qui servait d'asile à Joyau. Elle a dû également laisser dans vos esprits la conviction que c'était au mois de frimaire que ces deux individus ont quitté leur logement, et tout annonce qu'ils avaient même quitté totalement Paris à cette époque.

Quoi qu'il en soit, la triste, la désastreuse journée du 3 nivôse arrive : Baudet en gémit comme tous ses concitoyens ; il fait plus ; il a, dans le moment, rempli une dette bien respectable, bien sacrée ; il a eu le bonheur de concourir au soulagement des malheureuses victimes autant que ses faibles moyens pouvaient le lui permettre.

Vous avez dû remarquer qu'après ce crime exécrable, tous ceux sur lesquels les soupçons pouvaient se fixer, avaient pris la fuite, avaient cherché à se soustraire aux regards de la justice. Baudet a été trouvé chez lui, uniquement occupé de son commerce; il a été arrêté. Voilà, citoyens jurés, par rapport à lui, toutes les charges qui s'élèvent sur la tête de l'accusé Baudet.

Je me demande, après cela, quel est le crime qu'on lui impute! C'est d'avoir participé à l'exécrable journée du 3 nivôse; c'est d'avoir été un des complices, un des coopérateurs de ce crime affreux. Eh mais! où sont donc les preuves! où sont les indices, où sont les témoins qui le chargent! où sont les lettres qui déposent contre lui! Eh mais! citoyens jurés, il a dû, cet accusé, vous paraître si étranger à l'affaire, que je suis persuadé que plus d'un de vous, malgré votre sagacité, l'avait entièrement oublié, et qu'on s'est demandé, lorsque j'ai pris la parole pour le défendre, quel est cet accusé dont il n'a point été question dans les débats! Aussi ai-je la consolation, en le défendant, de n'avoir pas à porter les yeux sur cette scène de douleur, sur le spectacle si déchirant de la journée du 3 nivôse; aussi ai-je cette consolation de n'avoir point à lutter contre les autres accusés, de n'avoir point à examiner leurs déclarations, de n'être point obligé de me débattre avec les témoins, les accusés ou les chargés. Tout est muet sur le compte de l'accusé Baudet.

Pourquoi donc se trouve-t-il impliqué dans cette affaire! J'ai eu l'honneur de vous le dire en débutant; c'est pour avoir fait, non pas un acte de vertu,

un acte d'humanité, ce serait profaner ces mots que
de les appliquer dans ce moment à Baudet; non pas
un acte d'importance, mais un acte simple, insignifiant; en un mot, pour avoir rendu un service qui
ne tirait point à conséquence, pour avoir procuré un
logement à l'accusé Joyau.

Eh! citoyens jurés, si ce reproche était bien
grave, s'il présentait quelques charges contre l'accusé Baudet, je vous dirais : Mais d'abord pour que
l'accusé Baudet soit coupable d'avoir procuré un
asile à Joyau, il faudrait établir que Joyau est coupable; et qu'est-ce qui établit la culpabilité de Joyau!
qui constate qu'il est un des auteurs ou coupables de
cet exécrable attentat? quelles sont les preuves qui
s'élèvent contre lui! comment et par qui se trouve-
t-il nommé ce Joyau qu'on prétendrait avoir communiqué ses projets à Baudet! Ce Joyau ne s'est
trouvé chargé nulle part; il n'est nommé par personne, excepté par Baudet. Il serait bien étrange
que Baudet fût coupable pour avoir procuré un
asile à Joyau, lorsqu'aucune autre charge ne s'élève
contre Joyau, ne démontre qu'il soit coupable.

Il y a plus; rappelez-vous que Joyau n'a occupé
cet appartement que jusqu'au mois de frimaire. Au
mois de frimaire, il l'a quitté : qu'est-il devenu! où
a-t-il été! où est son nouvel asile! Ici, il nous
échappe; ici les ténèbres les plus épaisses viennent
l'environner. Tout annonce qu'il a quitté Paris dès
cette époque; vous concevez la conséquence que
je peux en tirer : s'il a quitté Paris, il n'y était pas
au moment du 3 nivôse; il n'a pu participer à cet
attentat. En un mot l'innocence de Joyau même ne
serait pas un problème; elle est démontrée.

Mais qu'importe à Baudet que Joyau soit innocent ou coupable! qu'a-t-il de commun avec lui! En
un mot, quand Joyau serait coupable ou complice,

Q 2

de la journée du 3 nivôse, en quoi cela pourrait-il incriminer Baudet! en quoi cela déclarerait-il sa complicité! Rappelez-vous ce qu'il a fait, et l'époque à laquelle il l'a fait. Plus de chouans, plus de guerre civile; il n'y avait plus que des citoyens dans toute la République : a-t-il pu soupçonner que cet homme, qu'il ne connaissait pas, qu'il n'avait jamais vu, qui lui était présenté de la part d'un ancien camarade de collége, venait à Paris pour concevoir, pour consommer le plus grand des crimes! Non, cela ne se peut pas. A sa place, tous, tant que nous sommes, nous aurions été coupables, nous aurions rendu le même service.

Dans le cours des débats, le citoyen président lui a fait une objection qui pourrait avoir trouvé quelque accès dans vos esprits; il lui a dit : « On a » trouvé dans les papiers d'un nommé Lemercier, » qui s'est donné la mort ou qui l'a reçue, on a » trouvé dans ses papiers une note écrite contenant » votre adresse; cela annonce que vous étiez l'homme » du parti; que vous étiez un homme sûr; qu'on » pouvait s'adresser à vous en toute confiance, vous » communiquer toute espèce de projet. »

Voilà dans toute sa force l'objection qui vous a été présentée de la part du président.

Mais d'abord, citoyens jurés, qu'il me soit permis de vous observer que cette note, que ce papier ne nous ont point été communiqués. Il n'existe dans la procédure aucune espèce de traces ni de cette note, ni de ce papier, ni de cette communication. Vous sentez que dans une affaire de cette nature, je suis loin de vouloir élever des incidens; vous sentez que je suis loin de vouloir me plaindre de ce qu'on a fait un mystère d'une pièce qu'on ne nous a pas communiquée : comment exiger que je me défende relativement à une pièce que je ne connais

pas., que je repousse des armes dont on me frappe
dans l'ombre! J'écarte toute espèce de difficulté, et
j'admets l'existence, la légalité de cette pièce.

Si cette note existe ; si on a trouvé dans les papiers de Lemercier , que je ne connais pas., une
carte imprimée contenant le nom de Baudet , cela
s'explique tout naturellement ; cela vient de l'usage
où sont les marchands qui font un commerce de
quelque nature et de quelque espèce que ce soit, de
distribuer les cartes imprimées qui contiennent leur
état et leur adresse. Est-il donc étonnant qu'une carte
de Baudet, qu'un imprimé qui annonce son état ,
se soit trouvé dans les papiers de tout individu qui
aura pu s'en procurer une !

Voilà cependant, citoyens jurés, voilà exacte-
ment toutes les charges, tous les indices qui s'élèvent sur le compte de Baudet, qui viennent répandre
quelque soupçon contre lui.

Eh bien, ces preuves méritent-elles une accusation ! Eh ! citoyens jurés, si vous pensez à l'énor-
mité du crime, vous vous direz, Plus l'attentat est
atroce, plus il excite notre indignation, et plus nous
devons être scrupuleux sur les preuves, plus nous
devons être difficiles à croire qu'un homme se soit
porté à le commettre sans motif , sans raison , sans
intérêt. Quel serait donc l'intérêt de Baudet de s'être
porté à un crime aussi affreux ! où serait son motif !
quels seraient son but, son espérance ! Qu'el est Baudet ! c'est un ouvrier : a-t-il le temps, le loisir de s'occuper d'un projet atroce ? Quel est Baudet ! est-ce un
homme qui regrette les anciens honneurs , les distinctions, les prérogatives ! est-ce un homme élevé au
milieu des préjugés d'une caste proscrite ! c'est un
roturier , c'est un honnête homme , un homme simple , de mœurs extrêmement paisibles , qui doit aimer

Q 3

un gouvernement sous la protection duquel les propriétés sont assurées, les arts protégés, le commerce
encouragé et reprend son antique splendeur.

Vous voulez qu'un homme, sans raison, sans motifs, sans intérêt, étranger à tous les partis, qui n'a
qu'un intérêt, celui d'être soumis aux lois de son
pays, parce que ces lois garantissent son existence,
son état, son honneur ; vous voulez que cet homme
soit soupçonné d'avoir conçu, de s'être associé au
crime le plus infernal, le plus affreux ! Non, cela
n'est pas dans la nature, cela n'est pas vraisemblable,
cela n'est pas possible.

Ainsi donc il a été accusé injustement. Voilà trois
mois que cet homme innocent, évidemment innocent, est enlevé à son état, à sa famille, à ses occupations, et qu'une accusation capitale pèse sur sa
tête.

Mais, citoyens jurés, il est loin de s'en plaindre.
Dans un malheur général, il est juste que le fardeau
pèse sur tous : la journée du 3 nivôse est certes une
calamité publique ; ses malheureuses victimes, et ceux
qui leur ont survécu, qui ont à pleurer la perte d'époux,
de pères, de frères, d'amis, ceux-là sans doute ont
bien payé leur dette dans cette malheureuse contribution : eh bien ! il est juste aussi que ceux qu'une erreur
de la justice, qu'une précaution très-fondée, que
des mesures rigoureuses, mais commandées par la
nécessité, ont impliqués dans cette affaire ; il est juste
aussi qu'ils supportent leur portion du malheur commun : oui, que ceux que la précipitation, que l'erreur,
que la prévention, ont impliqués dans cette affaire,
qui, quoique innocens, ont été accusés d'un crime
atroce, contemplent les malheureuses victimes du 3
nivôse, et leurs maux leur paraîtront légers.

Telle est, citoyens jurés, l'idée consolante qui a

suivi Baudet, qui l'a encouragé, qui lui a fait oublier ses peines; et dans ce moment le seul sentiment dont son cœur est pénétré, est de bénir la Providence, qui a empêché l'entière consommation du plus grand des crimes, qui a veillé sur les destinées de l'Empire français, en sauvant de l'abîme ce héros dans lequel il a mis son espoir et sa confiance.

———

PLAIDOYER

DU C.ᴱᴺ LÉPIDOR

Pour Lavieuville *et sa femme.*

CITOYENS JURÉS,

Si je n'écoutais que le sentiment dont je suis pénétré, si j'en croyois les conseils qui me sont donnés de toutes parts, je ne retarderais pas d'une seule minute le moment de vos délibérations.

Ceux-là en effet contre lesquels ne s'élèvent ni preuves écrites, ni témoignages, ni même présomptions morales, ceux que le magistrat accusateur, dans son exposé, avait complétement oublié de nommer, ceux dont il ne s'est ressouvenu dans son résumé que pour déclarer qu'il ne les croyait pas coupables, ceux-là, dis-je, n'ont pas besoin d'être défendus.

Cependant, citoyens jurés, par respect pour l'indépendance de vos opinions et par déférence encore pour le vœu des accusés eux-mêmes, je ne saurais me réduire à un silence absolu.

Lavieuville et sa femme gémissent depuis trois mois sous le coup de l'accusation la plus terrible; depuis trois mois ils ont perdu la liberté. C'est un bien léger soulagement pour eux, après d'aussi longues souffrances, que d'entendre s'élever la voix de celui qui leur a promis secours dans le malheur, assistance dans le danger; vous ne leur envierez pas cette consolation; vous me permettrez quelques paroles.

Eh bien oui, homme vraiment honnête, vous êtes innocent; eh bien oui, femme estimable sous tous les rapports, vous êtes innocente : c'est une vérité de raison pour toute personne qui a lu l'acte d'accusation ; c'est devenu pour moi une vérité de sentiment, dès qu'il m'a été permis de communiquer avec vous ; c'est maintenant, j'ose le dire, une vérité généralement reconnue.

Vous desirez que je la développe ; mais il n'y a pas ici matière à développement.

En effet, citoyens jurés, vous ne pouvez attendre de ma part aucune explication sur ce qui constitue le corps du délit ; car, vous le savez, le nom de Lavieuville n'a pas été prononcé une seule fois par tous ceux qui vous ont détaillé les circonstances relatives soit à la préparation soit à l'exécution du crime : vous le savez aussi, les traces que ce forfait épouvantable a laissées après lui sont évidemment étrangères à Lavieuville : vous le savez enfin, ces tristes débris que le commissaire du Gouvernement appelait des preuves muettes mais éloquentes, n'ont aucun rapport avec les accusés que je défends. N'ayant point de preuves à combattre, irai-je au moins au-devant des soupçons en vous faisant connaître le personnel de ces accusés et les habitudes de leur vie. Parlerai-je de leurs vertus domestiques ! elles ne sont pas douteuses non plus : elles ont été, dès l'origine de leur captivité, la source des consolations les plus précieuses ; elles leur ont valu, de la part d'une foule de personnes respectables, les témoignages les plus touchans et d'intérêt et d'amitié : c'est spontanément, par exemple, que presque tous les habitans de Senlis se sont portés leurs cautions auprès des premiers magistrats.

Tel est l'avantage d'une bonne conduite. Elle ne suffit pas toujours pour écarter de nous les maux ordinaires, ceux qui affligent communément l'humanité ; mais on en recueille au moins le fruit dans les circonstances singulièrement désastreuses, dans les grandes et rares calamités. C'est parce qu'on a pratiqué la vertu que l'on excite alors l'attendrissement. A vos yeux sur-tout, citoyens jurés, c'est une forte recommandation, c'est une forte présomption d'innocence, qu'une vie sans tache et des mœurs toujours pures. Mais quelle nécessité de présenter, pour ceux que je défends, des considérations de cette nature, puisqu'il ne s'élève contre eux aucune voix accusatrice !

Quant à leur conduite dans le cours de la révolution, eh ! que pourrais-je dire de plus éloquent que la déposition de dix témoins dont pas un seul n'a dû vous paraître suspect ; toutes personnes recommandables par un mérite reconnu, toutes personnes attachées au Gouvernement actuel par des fonctions importantes ! Que pourrais-je dire lorsque tous ces témoins se sont accordés à vous peindre Lavieuville comme le plus paisible des citoyens, le plus étranger à la fureur des partis ; lorsqu'ils se sont accordés à vous peindre son épouse comme la femme la plus exclusivement livrée aux soins de sa maison, à l'éducation de ses enfans !

Parlerai-je enfin de la seule chose qui ait motivé leur accusation, de cette parenté éloignée et des rapports qu'elle a pu établir entre eux et Limoelan ?

Oh oui ! citoyens jurés, je dois en parler, mais comme de la preuve la plus complétement justificative que je puisse vous présenter. Pourquoi, en effet, iriez-vous chercher des intentions criminelles dans un rapprochement que la nature même des choses a déterminé, dans un rapprochement que commandaient, en quelque sorte, tous les usages reçus, toutes les convenances sociales !

Catherine Cudel de Villeneuve, aujourd'hui femme de Lavieuville, avait épousé, en premières noces, le C.^{en} Picot, militaire considéré, et ancien gouverneur des Indes : elle a deux enfans de ce mariage, deux enfans qui sont jeunes encore; elle ne perdra jamais le souvenir d'une union qui fut toujours douce, d'un époux qu'elle a tendrement aimé, et qui l'a rendue très-heureuse.

C'est à la famille de ce premier mari que Limoelan se trouvait appartenir. Or, je le demande : Lavieuville qui venait d'épouser la veuve du C.^{en} Picot; Lavieuville qui venait de recueillir, si je puis m'exprimer ainsi, cette succession de bonheur, pouvait-il refuser, sans motif, l'entrée de sa maison à l'un des alliés de sa femme, au cousin des enfans qu'il regardait et élevait comme les siens, au parent d'un homme que lui-même avait connu, que lui-même avait aimé ! n'était-il pas tout naturel qu'il admît quelquefois Limoelan dans des réunions de famille !

On objecte que Limoelan avait marqué dans l'armée des rebelles. Cela est vrai, citoyens jurés : mais Limoelan était amnistié; les pièces du procès le constatent.

Elles constatent aussi que, lors de la dernière pacification de l'Ouest, Limoelan avait rendu des services essentiels au général Hédouville, et que ce dernier l'avait compris sur une liste de quarante chouans dont la radiation définitive lui paraissait utile et juste.

D'ailleurs, citoyens jurés, Limoelan était jeune, il était aimable : chez Lavieuville, il n'a jamais paru être occupé que de choses d'agrément; dans le cercle, il conversait de préférence avec les femmes, et l'on pense bien qu'il ne les entretenait pas de discussions politiques. Il se plaisait aussi avec les enfans; il s'amusait de leurs folies naïves, et se mêlait à leurs petits jeux. Il s'était offert pour montrer le dessin à l'aîné d'entre ces enfans ; et c'est à ce sujet que vous avez entendu l'accusée Lavieuville vous dire qu'elle lui avait reproché la rareté de ses visites, qui, dans le fait, se sont réduites à trois ou quatre. Limoelan enfin n'était étranger ni aux sciences ni aux beaux arts ; il parlait plusieurs langues avec facilité ; il possédait des talens en tout genre.

Qui de vous, citoyens jurés, eût soupçonné un cœur féroce sous des dehors aussi séduisans !

Eh ! que sont donc, au surplus, toutes les relations de Lavieuville avec Limoelan ? ne se réduisent-elles pas à un logement indiqué, et à la réception d'une petite caisse !

Vous connaissez tous les détails à cet égard.

Le logement était annoncé sur les petites affiches. Un jour, ce papier-nouvelle tombe entre les mains de Limoelan ; il veut connaître le propriétaire de la maison ; il apprend de Lavieuville que c'était le C.ᵉⁿ Leclerc. Il va chez Leclerc ; il entre avec lui en pour-parler. Leclerc prend des informations auprès de Lavieuville, qui lui donne assez indifféremment toutes celles qu'il avait lui-même : c'est un parent de ma femme, je le crois honnête : il a été chef de chouans ; mais il est amnistié : il espère sa radiation définitive ; et c'est pour la solliciter qu'il cherche à Paris un pied à terre ; il est, je crois, à ce sujet, en correspondance directe avec le ministre de la police.

Enfin, citoyens jurés, je vous prie d'observer que, dans la supposition où Limoelan serait coupable, il ne regardait sûrement pas lui-même son appartement chez Leclerc comme un lieu de retraite, comme un asile assuré contre les perquisitions ; car c'est plus de quinze jours avant le 3 nivôse qu'il a quitté cet appartement.

C'est encore bien antérieurement à cette malheureuse époque que la petite caisse a été déposée.

Il y avait société chez l'accusée Lavieuville ; on était à jouer. Limoelan entre dans le salon, prie sa cousine de se déranger un moment : Permettez-moi , lui dit-il , de mettre chez vous pour quelques jours ce que l'on va vous apporter ; je vais à la campagne ; je le ferai reprendre à mon retour. Il avait à peine fini de parler , il avait à peine obtenu la permission demandée, que déjà la caisse était dans l'antichambre , placée par une espèce de domestique qui disparut aussitôt, que ne vit pas même l'accusée Lavieuville , et qui fut de près suivi par son maître.

Faut-il enfin que je vous rappelle les circonstances qui ont accompagné la découverte de ce dépôt.

L'accusée Lavieuville y avait attaché si peu d'importance , qu'elle avait oublié d'en parler à son mari , et qu'elle avait placé la caisse sur une soupente fort peu profonde qui donne dans l'antichambre , et dont la porte , ne fermant point à clef, reste toujours entr'ouverte.

Quand , avec un ordre du préfet , l'officier de police entra dans la maison, ce fut au mari Lavieuville qu'il s'adressa. Il lui déclara d'abord qu'il venait pour faire perquisition de Limoelan. Lavieuville répondit que jamais Limoelan n'avait demeuré chez lui. Mais ne vous a-t-il pas laissé une caisse ! Non , je vous assure ; je n'ai reçu de caisse ni de lui , ni de personne de sa part.

La femme de Lavieuville était dans son lit lorsque se passait cette scène ; elle entend cette dernière réponse, réponse conforme à la vérité, mais dont elle conçoit tout le danger. Elle sort du lit à demi-nue ; elle se précipite au devant de son mari qui donnait dans ce moment au perquisiteur une échelle, pour faire des recherches dans la soupente. Eh ! mon Dieu si , s'écrie-t-elle ; nous avons chez nous une caisse que Limoelan a déposée ; j'ignore ce qu'elle contient ; mais c'est moi qui l'ai reçue. Que l'on me mène à la police , je vais m'expliquer à cet égard. On l'y mène en effet ; et c'est-là que , par une démarche volontaire , elle a perdu la liberté ; et c'est là que , par une démarche volontaire , elle a trouvé cette accusation qui la force à se disculper aujourd'hui d'un crime que nulle expression ne peut qualifier , que nulle couleur ne saurait peindre.

Citoyens jurés , l'attentat dont vous recherchez les auteurs a fait deux sortes de victimes. Les unes ; ah ! leur sort affreux n'est ignoré de personne ; vous avez frémi , votre cœur s'est brisé , lorsqu'elles se sont présentées devant vous encore toutes sanglantes ; lorsque vous avez été obligés de toucher , en quelque sorte , et compter leurs blessures. Toutefois ce spectacle déchirant n'a rien ajouté à votre conviction bien antérieurement acquise.

Mais le malheur des innocens qui se trouvent impliqués dans cette affaire , vous ne le connaissez que depuis le débat ; vous ne le connaîtrez jamais dans toute son étendue.

Et ne croyez pas que j'entende parler ici d'un genre d'infortune que tant et de si respectables citoyens ont éprouvé pendant les orages de la révolution : habiter les cachots ; se voir séparé de tous les objets de ses affections , être sevré de toutes les jouissances de la vie.

Non, non, ce n'est pas cela que je veux dire.

Le malheur dont je parle est bien autrement affreux. Il ne vient point des privations ; ce n'est pas même l'inquiétude qui le fait naître : c'est le trouble de la pensée, c'est la conscience qui lutte contre l'accusation , et qui combat toujours à forces inégales.

Plus il est honnête celui qu'on désigne comme l'auteur d'un crime atroce, plus il se révolte contre le soupçon, plus il s'épuise en efforts pour le repousser : ainsi la douleur s'envenime de ce qui semblerait devoir y porter remède ; elle obscurcit les jours, elle chasse le sommeil des nuits, elle se saisit de l'ame toute entière, elle ne permet pas même le courage.

J'en ai vu les effets ; je désespère de les décrire. J'ai vu la meilleure des femmes tourmentée sans relâche par une idée insupportable. Quoi, se disait-elle, c'est moi, moi qui n'ai jamais connu d'autre sentiment que l'amour conjugal et l'amour maternel, c'est moi que l'on peut confondre un moment avec les auteurs d'un complot qui, d'un seul coup, a jeté la désolation dans une multitude de familles ! Il se pourra donc qu'au jour de ce terrible débat, je voie des femmes me redemander leurs maris, des mères me redemander leurs enfans ! Tenez, n'entendez-vous pas crier la liste sur laquelle on a placé nos noms ! Mais qu'ai-je donc fait pour motiver de semblables soupçons !

Vainement, pour lui rendre le calme, tout s'est-il réuni autour d'elle. Lorsque c'était son mari qui cherchait à la consoler, il ne faisait que donner un autre objet à sa douleur. C'est moi, lui disait-elle, qui suis la cause de tout ; c'est moi qui ai reçu ce dépôt fatal, qui l'ai reçu de mon parent, qui l'ai reçu sans te consulter. Puis elle voulait à toute force s'imputer le malheur de sa maison ; elle s'en composait un crime ; elle s'en tourmentait comme d'un remords.

Lorsque paraissait l'aînée de ses filles, enfant bien-aimé, et bien digne de l'être, elle en recevait avec plaisir des caresses affectueuses ; mais, en la voyant, elle se rappelait ses autres enfans qu'elle ne voyait pas ; elle se les représentait abandonnés à eux-mêmes, privés de soins , dénués de secours ; elle se livrait de nouveau à la triste méditation de ses infortunes ; et c'était quelquefois en vain que sa fille épuisait auprès d'elle tous les moyens de consolation que peut inspirer la tendresse réunie à la grâce, à l'esprit, à la douceur.

Sa fille n'ayant pas réussi, que pouvaient ses autres parens, que pouvaient ses amis, que pouvais-je moi, simple conseil ? J'ai fait cependant plus d'une tentative ; j'ai tour-à-tour employé l'accent de la raison, celui de la sensibilité, quelquefois même un remède qui réussit presque toujours, je veux dire une sorte de brusquerie qui annonce la confiance dans l'avenir, le défaut absolu d'inquiétudes, la certitude du succès.

Inutile, citoyens jurés, inutile ; le poids était sur le cœur ; impossible de le soulever.

Et voilà cependant le supplice qu'ont éprouvé pendant trois mois celles des victimes pour lesquelles j'implore votre justice. Je termine par une réflexion d'un autre ordre, réflexion qui me paraît digne d'être présentée à des jurés, réflexion qui me paraît propre à terminer la discussion de cette affaire.

Quels que soient les auteurs de l'attentat du 3 nivôse, étrangers ou républicoles, ennemis ouvertement déclarés ou factieux cachés dans l'ombre, quels qu'ils soient, citoyens jurés, vous ne pouvez pas douter que les principaux d'entre eux, que ceux qui ont tissu la trame infernale, ne se trouvent maintenant placés hors de votre puissance. Que peuvent-ils désirer, aujourd'hui que le complot est découvert, aujourd'hui qu'il n'a pas réussi au gré de leurs détestables vœux ! Ne croyez pas d'abord qu'ils attachent une grande importance au salut de leurs véritables complices : les scélérats de ce genre ne

s'attendrissent

s'attendrissent pas facilement sur le sort de leurs compagnons de crime. Ils se soutiennent avec énergie, tant que la sûreté commune le leur commande; mais si quelqu'un d'entre eux tombe isolément dans le piége, ils ne font pas de grands efforts pour le sauver. Ils citent par fois Régulus, non pour imiter son courage, mais pour conseiller à leurs amis malheureux de se le rappeler.

Et s'il est vrai sur-tout, comme on pourrait le conjecturer, que le coup dont nous gémissons parte du dehors, vous n'ignorez pas avec quelle perfidie l'insulaire se joue des instrumens de sa vengeance. Que veulent-ils donc aujourd'hui, citoyens jurés! Ce qu'ils veulent! eh! ce qu'ils ont toujours voulu; ce qu'ils voulaient le 3 nivôse: troubler l'État, saper les institutions républicaines, attaquer le Gouvernement actuel, parce qu'il est fort, parce qu'il a réuni les esprits divisés, parce qu'il se consolide de jour en jour.

Ils ont manqué leur coup par un moyen direct; ils épient sans doute à présent l'occasion d'arriver au même but par un moyen détourné.

Ah! si de fatales destinées vous entraînaient dans une erreur; si, par suite de la malheureuse affaire qui vous occupe, l'autel de la vengeance allait être souillé; s'il allait être arrosé d'un sang pur; s'il recevait une seule tête innocente, comme ils jouiraient ces cœurs féroces! avec quelle joie ils s'écrieraient: Non, nous ne sommes pas encore perdus; il n'est pas encore paisible ce Gouvernement; elle fermente encore la nation française; elle est encore loin du repos!

Oui, citoyens jurés, donnez-leur un martyre; ils vous le paieront par le sacrifice d'un grand nombre de leurs propres affidés. Alors, en effet, aux lamentations hypocrites des coupables désignés, se mêleraient

2. R

les cris déchirans de victimes vraiment intéressantes ; alors aussi l'opinion, incertaine et flottante entre l'indignation et la pitié, donnerait bientôt un champ libre aux discussions des parties : de là le retour des haines, la renaissance des factions et de toutes leurs horreurs.

Eh bien! citoyens jurés, vous allez les désespérer ; vous allez leur porter le dernier coup : vous allez leur apprendre que le crime aujourd'hui n'a plus de puissance, ni celle de parvenir directement à son but, ni celle de compromettre par ses fureurs la sûreté des citoyens paisibles ; vous allez leur apprendre que vainement les plus horribles moyens seraient mis en usage, meurtre, carnage, explosion ; qu'il restera toujours une puissance immuable, des esprits fermes, des institutions sagement organisées ; que les délibérations seront toujours calmes, et que la distinction entre les innocens et les coupables se fera toujours avec le même soin.

———————

Le président. Accusé Carbon, où étiez-vous en l'an 7 ?

Carbon. Je ne connais pas l'an 7.

Le président. Il y a deux ans.

Carbon. J'étais au Mans.

Le président. N'êtes-vous pas venu à Paris ?

Carbon. Nous sommes au mois d'avril. Je suis venu, au mois de janvier, ici à Paris.

Le président. Avez-vous été quelquefois à Versailles ?

Carbon. Citoyen, j'y ai passé en m'en allant et en venant ici.

Le président. Qu'avez-vous été faire à Versailles ?

Carbon. Je n'y ai passé que quand je m'en suis en allé d'ici.

Le président. Avez-vous été à Versailles pour affaires !

Carbon. Non, citoyen.

Le président. Etes-vous resté long-temps à Paris à cette époque-là !

Carbon. Peu de temps.

Le président. Combien ! un mois !

Carbon. J'arrivai au mois de janvier, et je partis d'ici aux environs de la débâcle.

Le président. Etes-vous resté long-temps à Versailles !

Carbon. Non, citoyen.

Le président. N'êtes-vous pas allé et venu fréquemment de Versailles à Paris !

Carbon. Non, citoyen.

Le président. Connaissez-vous un nommé *Chevalier* !

Carbon. Non, citoyen.

Le président. Vous ne l'avez pas vu !

Carbon. Non, citoyen.

Le président. Vous étiez connu sous le nom de *Petit-François* !

Carbon. Je ne sais pas si j'étais connu sous le nom de *Petit-François* ; on m'a toujours appelé *François*.

Le président. On vous appelait toujours *François* ! c'est bien vous qui étiez connu sous ce nom-là !

Carbon. Oui, citoyen.

Le président. Vous ne vous êtes pas trouvé avec un nommé *Chevalier* !

Carbon. Non, citoyen.

Le président. Avec un individu quelconque !

Carbon. Non.

Le président. Il est possible que vous ayez voyagé avec quelqu'un sans le connaître.

Carbon. Oui, citoyen.

Le président. N'avez-vous pas voyagé avec un dragon, un militaire !

Carbon. Non , citoyen.

Le président. Cependant il résulte d'une pièce que je tiens à la main , que vous avez été à Versailles , et que vous êtes revenu de Versailles à Paris.

Carbon. Non , citoyen.

Le président. Ou plutôt que vous avez été à Versailles, et que vous y avez fait la rencontre d'un individu qui. alors était déserteur ; que vous avez fait connaissance avec cet individu , et qu'au bout de quelque temps vous lui avez fait part de vos projets. Vous lui avez d'abord fait la confidence que vous étiez chouan, et que vous veniez à Paris avec la mission d'arrêter les voitures et diligences.

Carbon. Est-ce que j'aurais pu arrêter des diligences tout seul !

Le président. Il ne faut pas rire ; la question n'est pas gaie.

N'y avait-il pas aussi avec vous, au moment que vous avez fait la rencontre de ce particulier, un autre individu !

Carbon. Non , citoyen.

Le président. N'avez-vous pas passé dans la forêt de Saint-Cloud !

Carbon. Jamais je n'ai été par-là ; j'ai toujours été par Sèvres quand j'ai été à Versailles.

Le président. Vous avez proposé à ce particulier d'être chouan , lui qui ne l'était pas , et d'aller avec vous dans la Bretagne.

Carbon. Je n'étais pas en activité dans ce temps-là.

Le président. Mais on espérait probablement rentrer en activité. On n'était pas en activité, puisque vous étiez à Paris ; mais on avait le projet de rentrer en activité.

Carbon. Je n'en ai jamais eu connaissance.

Le président. N'avez-vous pas dit à ce particulier, que vous aviez une voiture à arrêter sur la route de Paris à la Ferté-Bernard, où il y avait un dépôt de 15,000 francs en argent !

Carbon. Je n'ai jamais parlé de cela.

Le président. Il faut que vous l'ayez dit.

Carbon. Comment l'aurais-je su moi-même !

Le président. Cependant ce particulier vous désigne d'une manière précise. D'abord vous avez dit que vous vous nommiez *François*, ensuite que vous étiez chouan : il est bien constant que vous vous nommez François, et que vous avez été chouan.

Carbon. Il peut y avoir plusieurs François !

Le président. Il y a une circonstance encore plus forte.

Je vous demande où vous demeuriez lorsque vous êtes venu à Paris il y a deux ans passés.

Carbon. J'étais chez ma sœur.

Le président. Dans quelle rue !

Carbon. Rue Saint-Martin.

Le président. Eh bien ! positivement, vous avez dit à ce particulier que vous demeuriez dans la rue Saint-Martin : vous voyez qu'il était bien informé.

Carbon. Eh bien ! c'est faux.

Le président. Ce particulier, qui ne partageait pas vos sentimens, vous avait promis de vous rejoindre le lendemain, et d'aller avec vous attaquer les diligences ; il n'y a pas été.

Carbon. Je ne le connais pas.

Le président. Il vous a rencontré en sortant de Paris, et il vous a même désigné par votre costume. Vous aviez un habit et une veste couleur de café, un pantalon d'étoffe et un chapeau rond.

Carbon. J'avais un chapeau à trois cornes.

Le président. Dès qu'il y a un chapeau rond, vous dites un chapeau à trois cornes.

Mais il y a une autre circonstance : vous alliez à Versailles, non pas parce que vous y aviez affaire,

R 3

mais parce que vous partiez, parce que vous alliez attendre une diligence pour l'arrêter.

Carbon. Jamais cè n'a été mes intentions ; je n'en ai jamais arrêté. Dans la guerre des chouans, je ne me suis jamais chargé d'arrêter les diligences.

Le président. Comment pouvez-vous nier ces trois faits-là, lorsque l'individu vous désigne par votre nom, par votre qualité de chouan, et qu'il vous désigne sur-tout par votre demeure ! comment pouvez-vous prétendre qu'il ne parlait pas de vous !

Carbon. Je n'ai jamais vu ce particulier.

Le commissaire du Gouvernement. La déclaration est faite à l'instant même.

Le président. La désignation est faite à l'époque même.

Carbon. Je vous assure, citoyen, que c'est faux.

Le président. Vous étiez, à ce qu'il paraît, avec un autre particulier qu'il désigne, et je demande à Saint-Réjant s'il n'était point avec vous.

Saint-Réjant. Non, citoyen : je ne suis jamais venu à Paris alors.

Le président. Vous n'étiez pas à Paris il y a deux ans passés !

Saint-Réjant. Non, citoyen..

Le président. Cependant ce particulier vous désigne, non pas par votre nom ; mais voici de quelle manière il vous désigne : *Ce François n'avait qu'un compagnon, homme gros et court, visage gros et plein, que je n'ai pas entendu nommer.*

Saint-Réjant. Je ne suis pas gros et court, citoyen président.

Le président. Ce n'est pas vous !

Saint-Réjant. Ce n'est pas moi, puisque je ne suis jamais venu à Paris.

Le président. Cependant vous étiez assez lié avec Carbon, connu sous le nom de *François ;* vous avez

fait la guerre des chouans ensemble, et vous vous
êtes trouvés ensemble à l'époque du 3 nivôse.

Saint-Réjant. Permettez ; je ne me suis jamais
trouvé avec l'accusé Carbon que quand il est venu
chez moi m'apporter du vin.

Le président. Mais vous êtes désigné aussi, vous
Carbon (par la note de la police; à la vérité je n'en
ai pas de preuves), mais toutes les notes de la police
vous désignent également pour un homme qui atta-
quiez les diligences ; et on sait en général que depuis
la pacification des chouans, certains individus se sont
mis à arrêter les diligences ; et même des gendarmes
qui conduisaient une diligence qui a été arrêtée par
vous et par d'autres, en ont été les victimes.

Carbon. Je n'en ai jamais entendu parler.

Fin de la séance du 14 Germinal matin.

SÉANCE DU 15 GERMINAL.

Dix heures du matin.

Le président. Accusé Carbon, où étiez-vous vers la fin de 1791 ?

Carbon. J'étais à la petite chapelle de.....

Le président. Que faisiez-vous là !

Carbon. J'étais là comme médecin ; je traitais les malades.

Le président. Vous traitiez les malades dans ce pays-là !

Carbon. Oui, citoyen.

Le président. Vous avez dit que vous aviez été marin !

Carbon. Oui, citoyen.

Le président. Dans quel port ?

Carbon. A Lorient.

Le président. N'avez-vous pas été au contraire à Brest ou à Rochefort !

Carbon. Non, citoyen.

Le président. Avez-vous déjà été arrêté autrefois !

Carbon. Non, citoyen.

Le président. Non !

Carbon. Non, citoyen.

Le président. Avez-vous connu un nommé Ledoux !

Carbon. Non, citoyen.

Le président. Et vous assurez que vous n'étiez point à Paris ; ou plutôt avez-vous été à Mantes en 1791 !

Carbon. Je ne m'en rappelle pas.

Le président. Vous ne vous en rappelez pas !

Carbon. Non, citoyen.

Le président. Cependant vous y avez été.

Carbon. Non , citoyen.

Le président. Vous avez même commis un vol dans une église pendant la nuit, à l'aide d'effraction, avec le nommé Ledoux dont je vous parle ; vous avez même , à raison de ce délit , été condamné à vingt années de fers.

Carbon. Non , citoyen.

Le président. Je tiens le jugement dans mes mains ; il est en forme : vous vous nommez bien *François-Jean* , dit *Carbon* , natif de Paris ! Je tiens le jugement ; ainsi vous vous êtes évadé des fers.

Carbon ne répond rien.

Le président. Carbon , avez-vous autre chose à ajouter à votre défense !

Carbon. Non, citoyen..... J'ajoute que ceci est faux.

Le président. Saint-Réjant, avez-vous quelque chose à ajouter à votre défense !

Saint-Réjant. Non , citoyen.

Le président. Femme Vallon , avez-vous quelque chose à ajouter à votre défense !

La femme Vallon. Non , citoyen.

Le président. Accusée de Cicé , avez-vous quelque chose à ajouter à votre défense !

De Cicé. Non , citoyen.

Le président. Accusée femme Leguilloux , avez-vous quelque chose à ajouter à votre défense !

La femme Leguilloux. Non , citoyen. Je crois que les citoyens jurés ont eu l'attention de vouloir bien entendre ce que j'ai dit l'autre jour ; c'est bien ma justification.

Le président. Veuve Gouyon-Beaufort, avez-vous quelque chose à ajouter à votre défense !

La veuve Gouyon-Beaufort. Rien , citoyen.

Le président. Accusée Duquesne, avez-vous quelque chose à ajouter à votre défense !

Duquesne. Non, citoyen.

Le président. Accusé Leguilloux, avez-vous quelque chose à ajouter à votre défense ?

Leguilloux. Non, citoyen. *Aux jurés.* Citoyens, je n'ai pas autre chose à dire, que ce que j'ai oublié de mettre dans ma déclaration ; j'ai sacrifié ma fortune et mes enfans au service de la patrie.

Le président. Joséphine Vallon, avez-vous quelque chose à ajouter à votre défense ?

Joséphine Vallon. Non, citoyen.

Le président. Madeleine Vallon, avez-vous quelque chose à ajouter à votre défense ?

Madeleine Vallon. Non, citoyen.

Le président. Angélique-Marie-Françoise Gouyon, avez-vous quelque chose à ajouter à votre défense ?

Angélique Gouyon. Non, citoyen.

Le président. Reine-Marie-Aubine Gouyon, avez-vous quelque chose à ajouter à votre défense ?

Reine Gouyon. Non, citoyen.

Le président. Accusé Collin, avez-vous quelque chose à ajouter à votre défense ?

Collin. Non, citoyen.

Le président. Accusé Baudet, avez-vous quelque chose à ajouter à votre défense ?

Baudet. Non, citoyen.

Le président. Accusés Lavieuville et son épouse, avez-vous quelque chose à ajouter à votre défense ?

Lavieuville et son épouse. Non, citoyen.

Le président. Les débats sont terminés.

RÉSUMÉ DU PRÉSIDENT.

CITOYENS JURÉS,

Ce n'est pas sans une véritable crainte sur l'insuffisance de mes moyens, que je me vois obligé de vous présenter le résultat des débats, dans une affaire qui intéresse la République entière, et du sort de laquelle peut dépendre la sécurité ou l'alarme du peuple français.

En effet, citoyens jurés, l'attentat inouï sur lequel vous avez à délibérer, a des ramifications telles, que les coupables et leurs approbateurs jouissent encore de la liberté, et attendent peut-être avec impatience votre délibération pour arrêter le plan de leur conduite.

Je ne parle pas ici de ces hommes qui n'ont été qu'exagérés ou égarés dans leurs opinions; ceux-là ne sont pas à craindre, parce qu'ils ont été ou seront éclairés par le flambeau de la raison : mais je parle de ces êtres tellement fanatisés, que leur aveuglement les conduit au crime; de ces êtres enfin qui sont de toutes les religions et de toutes les opinions, lorsqu'ils trouvent des moyens d'exercer leurs brigandages.

C'est ainsi qu'était composée cette armée soi-disant royale et catholique, que la perfide politique d'un cabinet trop connu a su organiser et disséminer dans plusieurs contrées de la France. On y a vu des hommes, les uns aigris par le malheur ou pressés par le besoin, les autres dirigés par un fanatisme insensé, d'autres enfin tellement impurs que l'indulgence n'a été pour eux qu'un moyen d'exercer le crime avec une nouvelle audace.

Le chef de ces brigands que je viens de dépeindre, toujours soudoyé par le cabinet de Londres, n'a feint de rendre les armes que pour servir nos ennemis avec plus d'activité, pour entrer plus particulièrement dans les vues de cette cour, dont l'orgueil voudrait envahir jusqu'à la liberté des mers. Ce vil assassin, connu sous le nom de *Georges*, est resté avec le ramas de brigands qu'il s'était associé ; et les attaques sur les routes, le pillage des voitures publiques, tous les crimes ont été organisés et commis par ses ordres. Mais le but de cet homme atroce n'était pas rempli ; la haine du cabinet de Saint-James n'était pas satisfaite ; l'ordre qui renaissait en France, un Gouvernement fort de l'opinion publique parce qu'il fait le bien, un magistrat suprême que la France révère parce qu'il ramène la tranquillité et le bonheur, une paix assurée par le génie, la valeur et le courage ; tout présageait à cet audacieux la fin de ses brigandages, et qu'il n'aurait plus qu'à regretter ses coupables efforts. Alors, citoyens jurés, des complots se forment ; un attentat affreux, qui a ôté la vie à plusieurs personnes et causé des blessures à tant d'autres, est conçu : on veut ravir à la France le héros qu'un génie bienfaisant lui a conservé ; et une machine, dont le nom fait horreur, est imaginée, combinée et mise à exécution pour lui donner la mort.

Vous avez vu, citoyens jurés, les terribles effets de cet instrument inconnu jusqu'alors ; vous avez entendu les malheureuses victimes de ses meurtriers effets : c'est une mère qui demande ses enfans ; c'est une femme tremblante d'effroi qui déplore la mort cruelle de son mari ; c'est une amie versant des larmes sur la triste fin de sa compagne ; c'est un vieillard respectable qui à peine aperçoit la lumière ; ce sont enfin des mères de famille, des enfans de la patrie, mutilés, couverts de plaies, et qui toute leur vie porteront les marques de cet affreux attentat.

Non, citoyens jurés, le tribunal, en vous présentant ces victimes de la plus perfide scélératesse, n'a pas voulu influencer vos opinions ; il n'a fait que ce que la loi et son devoir lui prescrivaient ; et l'homme qui s'est permis à cet égard des réflexions, a manqué au respect qu'on doit à la justice et à ses fonctions.

Dans une cause où tant de défenseurs, presque tous recommandables par leurs talens et leurs vertus, ont fait valoir des moyens divers, il est nécessaire, citoyens jurés, de vous rappeler les faits qui appartiennent à l'accusation, les charges qui résultent du débat, et la défense que chacun des accusés vous a présentée.

Le 3 nivôse dernier, vers les 8 heures du soir, une explosion se fait entendre dans cette immense capitale : les personnes qui en sont éloignées, imaginent que c'est le signal de la paix ; d'autres, plus rapprochées, en conçoivent de l'inquiétude ; et ceux qui étaient sur les lieux, en sont les victimes. Bientôt la police, instruite de cet événement aussi atroce qu'inoui, se rend rue Nicaise, lieu de l'explosion, et apprend que le premier Consul a heureusement échappé à l'attentat : mais elle voit sur la place, des cadavres défigurés et dont les vêtemens étaient en lambeaux ; des personnes grièvement blessées ; les débris de la machine infernale, de la charrette sur laquelle elle avait été placée, et du cheval qui y était attelé ; elle remarque enfin que l'explosion a, par son terrible effet, dégradé et même ébranlé jusque dans leurs fondemens plusieurs maisons. Tous ces débris sont recueillis avec le soin le plus précieux, portés à la préfecture de police ; et alors rien n'indiquait les auteurs de cet attentat : mais la police mit la plus grande activité à les découvrir, et à cet effet invita, par les papiers publics, les personnes qui pourraient avoir chez elles des individus inconnus ou des renseignemens à donner sur cet infame complot, d'en faire leur déclaration sans délai.

Enfin, citoyens jurés, la vérité, qui perce toujours les nuages les plus épais, s'est montrée. Celui qui avait vendu la charrette et le cheval s'est rendu à la préfecture de police, et a reconnu les débris de l'un et de l'autre.

Un autre citoyen, qui avait vendu un tonneau, a également reconnu une douve de ce tonneau. Ces personnes ont donné le signalement le plus exact de l'individu qui avait acheté la charrette, le cheval et le tonneau.

D'autres renseignemens sont parvenus à la police. Le même homme avait loué une remise rue de Paradis, où il avait, le 29 frimaire, déposé et la charrette et le cheval, et en était sorti le 3 nivôse vers les quatre à cinq heures du soir; les locataires et le portier de la maison ont également donné son signalement, qui coïncide parfaitement avec celui donné par les vendeurs du cheval, de la charrette et du tonneau.

Ce signalement, citoyens jurés, est celui du nommé Carbon, ici présent; mais Carbon avait pris la fuite, et trouvé des personnes qui, dans une circonstance aussi déplorable, lui avaient donné asile.

Cependant des perquisitions ont été faites; la mère et les deux filles Vallon ont été arrêtées: on a trouvé dans leur domicile, 1.º un baril dans lequel il y avait de la poudre; 2.º des blouses qui avaient servi de déguisement aux coupables, des balles; 3.º une assez grande quantité de hardes et d'effets qui appartenaient à Carbon, leur frère et oncle.

Une des filles, interrogée, a déclaré que Carbon, son oncle, avait logé chez sa mère; mais que, le 7

nivôse, un individu nommé Limoelan lui avait
donné le conseil de quitter le domicile de sa sœur;
qu'en effet il l'avait quitté, et qu'il était rue Notre-
Dame - des - Champs , chez des religieuses; qu'elle
avait été le voir dans cette maison , et lui avait même
porté des effets. Enfin elle a ajouté que Carbon était
venu voir sa mère une fois pendant la nuit, et qu'il
était retourné dans la même maison.

La sœur Vallon a déclaré à-peu-près les mêmes faits.
A l'égard de la femme Vallon, son langage n'a pas été
celui de la vérité. Interrogée avant ses filles, elle n'a
pas pu dissimuler qu'elle avait un frère; mais elle a
prétendu que , depuis deux mois et demi, elle ne
l'avait pas vu, et qu'elle ignorait le lieu de sa retraite.
Ce n'est qu'au moment où on lui mit sous les yeux
les déclarations précises de ses filles, qu'il ne lui fut
plus possible de rien dissimuler : alors elle avoua
qu'effectivement son frère avait demeuré dans sa maison, et qu'il s'en était absenté il y avait peu de jours.

Par suite de cette déclaration, on s'est transporté
rue Notre - Dame - des - Champs, dans la maison de
l'accusée Duquesne, où Carbon a été arrêté. Mais
vous n'avez pas oublié qu'au moment où le commissaire de police s'y est présenté, un signal a été donné
par la femme Duquesne; vous verrez quel a été l'objet
de ce signal, puisque Carbon n'a pas été trouvé dans
sa chambre, mais chez un nommé Hunot. Le procès-verbal qui vous passera sous les yeux, constate
d'ailleurs que le lit de l'accusé Carbon était encore
chaud; ce qui établit qu'il n'y avait pas long-temps
qu'il avait quitté sa chambre.

Carbon, au moment de son arrestation, avait dans
l'une de ses poches un billet qu'il a déclaré lui avoir
été adressé par Limoelan, et lui avoir été remis par
l'accusée de Cicé , par lequel Limoelan l'invitait à ne
pas quitter le lieu de sa retraite, et à ne se confier à

personne, pas même à ceux qu'il croyait leurs amis.

Perquisition faite dans les lieux habités par les accusées Duquesne et veuve Gouyon-Beaufort et ses filles, il ne s'y est rien trouvé de suspect. La police ayant découvert que Saint-Réjant avait logé dans la maison de la femme Leguilloux, et même chez la veuve Jourdan, on s'est transporté chez Leguilloux et sa femme. Saint-Réjant n'y était plus : mais on a trouvé dans la chambre qu'il avait occupée, deux lettres; l'une, signée *Gédeon*, annonce une impatience singulière de ne point avoir de nouvelles de l'événement; l'autre, qui n'est qu'un projet de réponse à cette lettre, rend compte, de la manière la plus détaillée, des circonstances de ce même événement, et des motifs qui en ont empêché le succès.

La femme Leguilloux a-t-elle été vraie au moment de son arrestation? a-t-elle dit toute la vérité? Non, citoyens jurés. Il est bien établi que Saint-Réjant était entré chez elle sous le nom de Soyer; que même il avait une carte de sûreté sous ce nom. Mais, lorsqu'on demande à cette femme si elle a logé un nommé Soyer, sa première réponse est qu'elle ne connaît pas cet individu; et cependant elle lui a donné asile dans son domicile, rue des Prouvaires, pendant environ deux mois ou deux mois et demi.

A l'égard de Leguilloux père, vous ferez sans doute une différence entre lui et son épouse. Cet homme est courrier de la malle; il voyage fréquemment; et il paraît que c'est sa femme qui se mêle de l'intérieur de la maison, et qu'il ne savait pas même les personnes qu'elle se permettait d'y loger.

Perquisition également faite chez la veuve Jourdan, rue d'Argenteuil, on a trouvé, dans la chambre qu'occupait l'accusé Saint-Réjant, qu'il avait louée quelques jours avant le 3 nivôse, mais qu'il n'avait occupée de fait que depuis le même jour, une boîte

qui

qui renfermait des allumettes phosphoriques et autres
objets ; et on sut par la fille Jourdan, témoin que
vous avez entendu à cette audience, qu'on avait
apporté dans la chambre de Saint-Réjant, 1.° un baril
dans lequel il y avait de la poudre, 2.° une blouse
semblable à celles qui se sont trouvées chez la femme
Vallon ; qu'enfin Saint-Réjant, le 2 nivôse, avait
fait acheter, par la fille Jourdan, de l'amadou qu'il
lui avait fait préparer ; et que le 3 nivôse au matin
il avait essayé combien il fallait de temps pour communiquer le feu de l'amadou à la poudre ; qu'il
avait répété trois fois cette expérience, qui n'avait
pas été à son gré ; puisqu'au lieu de deux secondes il
s'en était passé vingt avant que l'amadou fût pris.

La femme Jourdan ne vous est pas présentée,
parce qu'au moment où l'on était sur le point de
l'arrêter, elle s'est précipitée par la fenêtre et s'est
donné la mort.

Carbon a aussi donné des lumières sur les auteurs
et complices de l'horrible attentat du 3 nivôse. Tant
qu'il a cru ne pas se compromettre, il a dit la vérité,
et ne s'est arrêté qu'au moment où il a pensé qu'il
pourrait fournir des armes contre lui. D'après ses
déclarations, Limoelan est un des principaux chefs ;
Saint-Réjant, Joyau, Bourgeois, Saint-Victor, sont
ses complices.

Collin, qui se dit médecin, avait été appelé, le
3 nivôse au soir, dans la maison de la femme Leguilloux, pour donner ses soins au nommé Saint-Réjant.
Alors Collin était instruit de l'événement ; il aurait dû
en être affecté comme tous les citoyens de cette capitale : cependant lui qui aperçoit un changement réel
dans l'état de Saint-Réjant, et tel que lui-même en
conçoit des inquiétudes, qui voit cet homme auprès
d'un confesseur, lui donne ses soins sans insister pour
en savoir la cause.

S

Collin ayant d'ailleurs été indiqué pour s'être, le lendemain 4 nivôse, trouvé au rendez-vous qui a eu lieu chez la veuve Jourdan vers les quatre à cinq heures du soir, a été également arrêté. Perquisition faite dans son domicile, rien de suspect ne s'y est trouvé.

Baudet a aussi été signalé comme ayant procuré un logement à un nommé Joyau, ex-chouan, mis en accusation dans cette affaire comme complice du complot.

On a trouvé dans les papiers d'un nommé Lemercier, qui devait être envoyé à Paris à la place du nommé Saint-Réjant, lieutenant-général de Georges, l'adresse de Baudet ; non pas une adresse imprimée comme on voudrait vous le faire croire, mais une adresse écrite à la main, et indicative que l'on pouvait s'adresser à cet individu avec confiance.

Dans une affaire aussi importante, la police ne pouvant prendre trop de précautions, on s'est transporté chez l'accusé Lavieuville : on y a fait une perquisition, et on a trouvé, dans un endroit séparé, une caisse qui renfermait des armes, et qui a été saisie.

Il faut pourtant le dire à la décharge de Lavieuville et son épouse ; aucune difficulté n'a été faite par eux lors de la perquisition : au contraire, l'accusé Lavieuville a lui-même donné l'échelle pour monter à l'endroit où était la caisse, et a déclaré qu'il ne savait pas qu'elle était dans son domicile. A l'égard de son épouse, elle a dit que la caisse avait été envoyée par le nommé Limoelan ; mais qu'étant fermée, elle ignorait ce qu'elle contenait.

Cependant Lavieuville et son épouse, qui d'ailleurs avaient procuré, il y avait quelque temps, un appartement à Limoelan, ont également été arrêtés.

C'est dans cet état que des mandats d'arrêt ont été décernés, non-seulement contre les seize accusés ici présens, mais encore contre Bourgeois, Limoelan, Joyau, Coster, Saint-Hilaire et un nommé Lahaye, qui ont fui les regards de la justice.

C'est dans cet état qu'un acte d'accusation a été dressé et admis, tant contre les contumax que contre les individus qui figurent devant vous.

Vous aurez, d'après l'acte d'accusation, d'après la nature, l'ordre des questions qui vous seront présentées, à examiner d'abord, citoyens jurés, s'il y a eu un complot tendant au meurtre du premier Consul de la République.

Je vous ferais injure si j'insistais sur ce point : vous avez ici les débris de la malheureuse machine infernale. Tout Paris a retenti de l'explosion qui a ôté la vie à tant de citoyens : personne n'ignore que la charrette qui renfermait cet instrument de mort, a été conduite dans la rue Nicaise ; qu'elle y était au moment où le premier Consul allait à l'Opéra, et que toutes les précautions avaient été prises pour que le coup ne manquât pas, et que la France fût privée de son premier magistrat.

Ainsi, citoyens jurés, le complot, j'ose le dire, est constant ; et aucun des défenseurs que vous avez entendus, n'a osé élever un doute à cet égard. Mais il s'agit de savoir quels sont ceux des accusés qui ont pris part à ce complot, et qui l'ont fait dans l'intention d'en faciliter l'exécution.

Je commence par le nommé Carbon.

Vous avez entendu à son égard un très - grand nombre de témoins. Il faut prendre leurs déclarations, ou plutôt les faits qui en résultent.

Si l'on en croit les témoins, et même les aveux de l'accusé Carbon, vers le 26 ou le 27 frimaire dernier, il s'est transporté chez un C.en Brunet, pour avoir un cheval et une charrette ; les voitures qu'avait le C.^{en} Brunet n'ayant pas convenu à Carbon, Brunet l'a adressé à Lambel.

L'accusé Carbon va chez le C.^{en} Lambel ; il examine une charrette qui lui avait été vendue par le C.^{en} Brunet, ainsi qu'un cheval que le C.^{en} Lambel avait : ces deux objets paraissent lui convenir ; on dispute quelque temps sur le prix. Enfin ce prix est fixé à 200 francs ; et le nommé Carbon donne 24 francs d'arrhes, et paye le surplus quelques jours après.

Il faut, dès cet instant, citoyens jurés, ne pas perdre de vue le langage de ce Carbon, dont toute la défense se borne à prétendre qu'il n'était que le domestique de Limoelan, et qu'il n'a agi que comme un être passif dans cette affaire. Carbon a-t-il dit au C.^{en} Lambel et aux autres personnes que vous avez entendues, qu'il n'était qu'un serviteur, et ne faisait qu'une commission ? Non, citoyens jurés : il résulte des déclarations des témoins, que Carbon s'est dit marchand forain ; qu'il a déclaré que la charrette qu'il achetait, était pour mettre des toiles qu'il devait conduire à Laval.

Cet accusé achète la voiture, et y fait faire un berceau par un citoyen que vous avez entendu ; le berceau fait, Carbon l'examine, le trouve trop élevé, et le fait diminuer. Il achète également une bâche pour couvrir la charrette. On lui avait proposé de la toile neuve ; il n'en voulut pas : vous verrez quel était son motif pour ne pas vouloir accepter la toile neuve qui lui était offerte, et pour dire à ceux auxquels il demande cette bâche, qu'il est marchand de toile, et qu'il sait ce que c'est que cette marchandise.

Carbon demande une remise au C.^{en} Lambel pour y placer la charrette. Lambel consentait bien de lui louer celle qui dépendait de sa location ; mais l'accusé Carbon exigeant que le C.^{en} Lambel lui remît la clef de cette remise, et celui-ci n'yant pas voulu y consentir, la location n'eut pas lieu.

Il fallut s'adresser ailleurs. Carbon va rue de Paradis ; là, il voit une remise à louer, en parle à la portière, et il se dit également marchand forain. La portière lui répond que cette remise est à louer ; mais qu'elle n'en savait pas le prix, et qu'il doit s'adresser au propriétaire, dont elle lui donne l'adresse.

Carbon va chez le propriétaire. Vous n'oublierez pas ce qui se passe alors ; car toutes les circonstances sont essentielles dans une affaire de cette nature. Il veut louer la remise pour quatre ou cinq jours ; c'était le 29 frimaire. Le crime a été commis le 3 nivôse. Mais le propriétaire répond qu'il ne loue qu'à l'année. Alors Carbon paye trois mois d'avance, et le lendemain il arrive, accompagné d'autres particuliers, avec la charrette, non pas vide ainsi qu'il le prétend, mais garnie de caisses.

Il faut encore, citoyens jurés, examiner à cet instant la conduite de l'accusé Carbon et de ceux qui l'accompagnent. Ils allument une lanterne et s'enferment dans la remise. Une citoyenne, qui a eu la curiosité de regarder à travers une fente du mur, a vu l'un de ces individus qui était sur la charrette, et qui examinait ce qu'elle renfermait.

Le lendemain Carbon revient dans la remise, et soigne le cheval ; ensuite il demande un tonnelier. Ce tonnelier arrive : Carbon fait cercler un tonneau, et fait revenir le tonnelier pour en arranger un autre. Le même jour, ce second tonneau est rapporté pareillement cerclé en cercles de fer, recouverts par des cercles de bois.

L'accusé Carbon demande à la portière un entonnoir sans expliquer l'usage qu'il en voulait faire ;

la portière lui répond qu'elle n'en a pas : alors il se contente d'une tasse qui lui est remise , et qu'il rend peu de temps après ; et malgré qu'il eût eu le soin de la laver, la portière sentit encore le goût de la poudre , qui ne se passa qu'après l'avoir lavée à l'eau chaude.

La veille du 3 nivôse , cet accusé est encore aperçu par le garçon tonnelier , emportant sur ses épaules une pièce de Mâcon : mais déjà, dès cet instant, la voiture était garnie; et même des témoins vous ont dit que Carbon avait apporté un panier fort lourd, qu'il avait déposé dans la remise, et qu'il avait même vidé dans la charrette. Ce panier ne renfermait-il pas la mitraille qui a causé tant de ravages dans la rue Nicaise et sur les personnes qui étaient dans les environs !

Le 3 nivôse au matin , l'accusé Carbon revint à la remise à son ordinaire. Le soir , vers les quatre à cinq heures , il attelle le cheval à la charrette, et part avec d'autres particuliers qui l'accompagnaient : ils vont, on ne sait, citoyens jurés , par quel endroit ; car , à cet égard , il paraît que Carbon a dissimulé la vérité. Son système est de faire croire qu'il n'a été qu'un instrument passif, qu'il n'a suivi la voiture que jusqu'à la rue Neuve- Saint - Eustache, et qu'alors Saint-Réjant a dit à Limoelan de le renvoyer ; mais tout, au contraire, semble indiquer que Carbon n'a pas quitté la charrette, et qu'il a été la conduire au lieu même où l'explosion s'est faite.

D'après toutes ces circonstances, citoyens jurés , douterez-vous que Carbon ait pris une part active au complot tramé contre la vie du premier Consul ! Sa défense, je le répète, ne consiste qu'en ce seul fait, qu'il était domestique de Limoelan et obligé de faire ce que celui-ci lui ordonnait : mais a-t-il été con-sulter Limoelan pour savoir, par exemple, si le berceau était trop élevé ; si Limoelan, au lieu de prendre la remise pour quatre jours, consentirait de la prendre pour trois mois? a-t-il été le consulter lorsqu'il a été porter le tonneau chez le tonnelier, lorsqu'il a porté dans la remise le panier très-lourd qui paraissait rempli de mitraille? a-t-il, en un mot, été le consulter pour diriger ses actions?

Oui, citoyens jurés, je crois que Limoelan était un des chefs du complot et qu'il a dirigé Carbon : mais Carbon savait ce qu'il faisait ; il savait qu'il servait le parti de Limoelan, et n'ignorait pas que la charrette, les tonneaux, que tout ce qui a été porté dans la remise était pour donner la mort au premier Consul.

Et d'ailleurs, citoyens jurés, quel est donc ce Carbon? quelle est sa moralité? Vous l'avez entendu : lui-même vous a dit que, depuis sept ans, il était parmi les chouans ; qu'il était la créature de Limoelan, chef de chouans ; qu'il avait été au service d'un nommé Châteauneuf, attaché au même parti; qu'il avait fait la guerre de la Vendée contre la République.

Déja vous connaissez l'homme. Mais, citoyens jurés, Carbon ne s'est pas borné à servir les ennemis de la République; il a aussi servi son intérêt particulier : si j'en crois les notes qui sont sous mes yeux, Carbon, ainsi que celui qui est à côté de lui (Saint-Réjant), attaquaient dans les départemens de l'ouest les diligences, pillaient les voyageurs et sur-tout les deniers publics.

Si j'en crois une déclaration qui a été faite par un déserteur, ce Carbon lui avait proposé de se réunir à lui pour attaquer une voiture publique du côté de la Ferté-Bernard : si j'en crois un jugement que j'ai sous les yeux et que je vous remettrai, en 1792 il a été condamné à vingt années de fers pour un vol commis dans une église , à l'aide d'effraction et pendant la nuit.

Je pense, citoyens jurés, que tout ce que je viens de vous rappeler à l'égard du nommé Carbon, suffit pour opérer votre conviction ; cependant quelques circonstances m'ont échappé à son égard.

Cet homme, qui , je le répète, veut toujours être l'homme de Limoelan , est interrogé lorsqu'il va acheter un baril ; on lui demande ce qu'il en veut faire, et il répond sèchement : Je vous paye , cela ne vous regarde pas. Vous verrez l'usage qu'il a fait de ce baril, qui s'est trouvé dans le domicile même de sa sœur, ainsi que des balles et les blouses avec lesquelles les conspirateurs se sont déguisés. Quelle a été, citoyens jurés, sa conduite depuis l'événement du 3 nivôse !

Carbon était logé chez sa sœur. Déja quelques jours s'étaient écoulés depuis l'explosion ; mais la crainte agitait les coupables : d'abord ils avaient imaginé que cet infame attentat serait attribué à un autre parti , et ils étaient restés tranquilles ; mais ils ont réfléchi qu'en cherchant les uns, on pourrait découvrir les autres, et ont décidé de prendre la fuite.

Le 7 nivôse, Limoelan se rend chez la femme Vallon ; Carbon y était avec sa sœur et ses nièces. Limoelan dit à Carbon de se déguiser , lui remet à cet effet une veste, et fait brûler, sous les yeux de Carbon , de sa sœur et de ses filles , un tonneau qui avait renfermé de la poudre. Vous avez entendu , à cet égard, Madeleine Vallon déclarer qu'elle avait effectivement vu de la poudre, et que Limoelan avait dit : Ce bois coûte bien cher.

Limoelan dit à Carbon de se rendre, le soir, dans un lieu qu'il lui avait indiqué. Carbon s'y rend le soir même; il est conduit rue Cassette : là, il reste; et quelque temps après, les accusées de Cicé, veuve

Gouyon-Beaufort et ses filles, ou plutôt les trois dernières, viennent le prendre dans la rue, et le con-
duisent rue Notre-Dame-des-Champs, chez l'accusée Duquesne.

On prétend que, dans cet endroit, le nommé
Carbon ne s'est pas caché : mais comment donc se
cache-t-on! Comment! cet homme n'a pas voulu se
soustraire aux recherches de la police, et il n'est
pas sorti de cette maison pendant vingt jours; ou
s'il en est sorti, ce n'a été qu'une seule fois, et pendant la nuit! S'est-il montré, même aux yeux des
personnes de la maison! a-t-il été les voir! a-t-il fré-
quenté avec elles! Non, citoyens jurés; la déclaration même des locataires de cette maison prouve
qu'ils n'ont rencontré Carbon que par hasard; et lorsqu'il allait pour satisfaire des besoins naturels.

Je crois, citoyens jurés, que toute cette conduite
de Carbon éclairera vos consciences, et vous mettra
à même de prononcer.

J'arrive maintenant à ce qui concerne le nommé
Saint-Réjant.

Saint-Réjant est un autre homme que Carbon; il
est plus astucieux, plus adroit, plus intrépide : c'est
ainsi que les notes de la police le dépeignent.

Saint-Réjant a été chouan; il l'avoue. A-t-il été
amnistié! c'est un fait très-incertain, puisqu'il ne
nous en administre aucune preuve, et que tout indique, au contraire, qu'il n'a pas voulu profiter du
bienfait qui lui avait été offert.

Il vient à Paris: à quelle époque! quelque temps
avant l'explosion du 3 nivôse. Comment y est-il
arrivé! c'est, citoyens jurés, ce qu'il n'a pas voulu
vous dire. D'abord il a prétendu qu'il était venu à
pied; puis il a dit qu'il était venu par la voiture
d'Évreux; mais il n'a pu indiquer ni les lieux où il
s'était arrêté pendant la route, ni aucune personne

avec laquelle il avait voyagé , ni même l'endroit où il était descendu à Paris : d'ailleurs , les registres de la diligence d'Évreux ne contiennent aucune preuve qu'il ait réellement voyagé dans cette diligence.

En arrivant à Paris , Saint-Réjant va loger chez la femme Leguilloux ; il y entre sous le nom de Soyer, et avec une carte de sûreté sous ce nom. Que fait-il dans cette maison avant le 3 nivôse! aucun témoin n'a pu vous déposer de ce fait : mais tout annonce qu'il y recevait Limoelan, Bourgeois, Joyau , et tous les conspirateurs ; qu'il leur donnait souvent à dîner, et que c'était dans cet asile que se tenaient tous les conciliabules.

A la fin de frimaire, au moment où le cheval et la charrette étaient achetés , Saint-Réjant prend des précautions : sans avertir la femme Leguilloux qu'il entendait quitter son logement, il va avec Carbon chez la femme Jourdan , et y loue une chambre, dans laquelle il couche seulement une ou deux fois avant le 3 nivôse : antérieurement il n'avait pas fixé son domicile rue d'Argenteuil.

Si vous en croyez une déclaration bien précieuse, celle de la fille Jourdan, Saint Réjant était dans cette maison , le 4 nivôse au matin, le lendemain de l'explosion. Le 2 , il avait fait acheter de l'amadou, l'avait fait arranger par la fille Jourdan , et, en sa présence, avait placé de la poudre à côté de l'amadou, et calculé , la montre à la main, le temps qu'il faudrait pour faire prendre cet amadou. L'expérience, recommencée par trois fois, ne réussit pas comme il l'avait annoncé : mais enfin cette expérience a été faite ; et des deux morceaux d'amadou qui avaient été arrangés par la fille Jourdan , un seul a été rapporté par Saint-Réjant le 4 nivôse. Vous ajouterez à ces faits les allumettes phosphoriques qui ont été trouvées dans la chambre de Saint-Réjant, rue d'Argenteuil, le baril de poudre qui a été vu par la fille Jourdan, ainsi qu'une blouse parfaitement semblable à celles trouvées chez la femme Vallon, et qui ont été emportées le même jour 2 nivôse.

Il faut aussi, citoyens jurés, vous rappeler ce que Saint-Réjant a fait immédiatement avant le 3 nivôse. Le 2 nivôse, il monte dans un cabriolet qu'il rencontre, et se fait conduire d'abord rue des Prouvaires, et ensuite au Carrousel. Le cocher s'arrête devant la maison Longueville : Saint-Réjant descend, entre dans cette maison; quelque temps après il en sort, et se tient en face du château des Tuileries, ayant la montre à la main.

Vous verrez, citoyens jurés, si alors il ne calculait pas le temps qu'il fallait à une voiture qui partait du palais, pour se rendre à la rue Nicaise. Cet accusé ne se borne pas à cette première démarche. Le soir, il se fait de nouveau conduire dans le même cabriolet, toujours en face du Carrousel, entre également dans la maison Longueville, et en sort quelque temps après. Vous verrez, citoyens jurés, quelle affaire pouvait l'y conduire, puisqu'il allait pour y voir un individu qu'il nommait Bernard, qu'il avait su n'avoir jamais demeuré dans cette maison, et si dès-lors il ne calculait pas les moyens d'exécuter le crime.

Si l'on en croit Carbon, Saint-Réjant a eu connaissance de l'acquisition de la charrette et du cheval; il a été à la remise de la rue de Paradis, a vu et examiné le premier tonneau qui avait été acheté par Carbon; et l'ayant trouvé trop petit, il a donné l'ordre à Carbon d'en acheter un autre.

Le 3 nivôse, Saint-Réjant se rend également à l'endroit où la charrette était arrêtée, fait apporter un tonneau, et le fait placer dans cette charrette.

Voyons maintenant, citoyens jurés, ce qui s'est passé depuis ce moment jusqu'au 3 nivôse après l'explosion. Saint-Réjant, qui se prétend étranger à cet horrible attentat, rentre ce jour-là, vers les neuf heures du soir, dans la maison de Leguilloux, sans rien dire à personne (s'il faut les croire); aussitôt il se couche et fait appeler un médecin et un confesseur. Limoelan, Bourgeois, tous ceux qu'il avait l'habitude de fréquenter, se rendent dans cette maison après l'explosion.

Collin, qui l'avait soigné quelques jours avant, arrive, et est étonné lui-même du changement survenu; il demande à Saint-Réjant la cause de son état. Si on l'en croit, Saint-Réjant a répondu qu'il avait fait une chute, et enfin : *Je suis trop malade, je ne peux pas parler ; donnez-moi les secours qui me sont nécessaires.*

L'état dans lequel Collin a trouvé Saint-Réjant a dû singulièrement fixer votre attention : point de contusions extérieures, la respiration gênée, un crachement de sang, un mal d'yeux, une surdité, de grandes douleurs abdominales. Saint-Réjant, aujourd'hui, vous dit la cause de son état; il avoue qu'il s'était trouvé rue de Malte au moment de l'explosion, qu'il a été blessé par l'effet de cette explosion. Mais pourquoi donc cet homme, qui convient maintenant qu'il a été rue de Malte, ne l'a-t-il pas dit dès l'instant même? pourquoi n'est-ce qu'à cette audience, ou plutôt lorsqu'il a été interrogé, qu'il a fait cette déclaration? D'ailleurs, citoyens jurés, comment s'est-il trouvé là! où allait-il! quelles étaient les affaires qui le conduisaient dans cette rue! J'avais, ajoute l'accusé, le projet d'aller au théâtre de la rue de Thionville; mais ensuite ayant appris qu'on donnait une pièce nouvelle au théâtre de la République, j'ai conçu le projet de voir cette pièce.

Il faut examiner qu'il était alors huit heures du soir, qu'à ce moment le spectacle était ouvert, et qu'assurément Saint-Réjant n'aurait pas pu avoir de place;

et voir si ce n'est pas ici la preuve qu'il a mis le feu à la machine, et si cette preuve ne se tire pas d'ailleurs de tout ce qui s'est passé le 2 nivôse, de l'amadou acheté, des allumettes phosphoriques, et de la poudre essayée pour s'assurer du temps nécessaire pour faire prendre la poudre à l'amadou.

Vous croirez peut-être, citoyens jurés, que Saint-Réjant, qui avait tout préparé d'avance, qui avait tout calculé, puisqu'il a été deux fois dans la rue Nicaise, a pris l'un des deux morceaux d'amadou, qu'il a fait servir de mèche, et fait une traînée en poudre pour mettre le feu à l'amadou et le communiquer à la machine.

D'ailleurs, citoyens jurés, la moralité de Saint-Réjant vous est également connue.

Saint-Réjant, qui ne veut pas même vous dire son véritable nom, qui est connu tantôt sous le nom de Soyer, tantôt sous celui de Sollier, tantôt sous celui de Pierrot, de Martin et de beaucoup d'autres, prétend qu'il était venu à Paris dans l'intention de se faire rayer de la liste des émigrés. D'abord il est incertain qu'il ait été porté sur la liste des émigrés ; mais ce qui ne l'est pas, c'est que cet homme, qui était à Paris depuis deux mois et demi à l'époque de l'explosion, ne justifie d'aucune manière qu'il ait fait des démarches pour obtenir sa radiation.

Il faut maintenant, citoyens jurés, vous parler des lettres qui se sont trouvées dans la chambre qu'avait occupée Saint-Réjant chez Leguilloux et sa femme : elles sont au nombre de deux ; l'une n'est qu'un projet. La lettre est signée *Gédéon* ; et en examinant les dates, vous verrez qu'elles se rapprochent singulièrement de l'époque de l'événement du 3 nivôse. Les experts qui ont été entendus à cet égard, vous ont déclaré que la signature *Gédéon* était celle de Georges : ainsi c'était Georges qui écrivait à Saint-Réjant, puisque la lettre commence par *Mon cher Soyer*, et qu'il est constant que Saint-Réjant portait ce nom.

Georges témoigne beaucoup d'inquiétudes, et desire ardemment savoir des nouvelles du résultat de l'attentat qui avait été imaginé. Mais dans le projet de lettre, qui paraît être l'ouvrage de Limoelan, quoique l'écriture en soit déguisée, et qui devait être adressé à Georges, on rend compte de l'événement du 3 nivôse : on y dit d'abord *qu'on n'a pas été informé à temps de l'arrivée du premier Consul, qu'on n'a pas reçu à temps les renseignemens qui avaient été promis; que la poudre n'était pas aussi bonne qu'on l'avait espéré; que l'individu qui devait mettre le feu à la machine, a été renversé par un cavalier contre une borne, et blessé; que c'est ce qui a retardé l'exécution; que cependant il s'est relevé et a mis le feu à la machine, et que deux secondes plus tard le premier Consul périssait infailliblement.*

Il n'y a, citoyens jurés, que l'homme bien initié dans cette atrocité qui ait pu donner de pareils renseignemens; il n'y a que celui qui était en quelque sorte la cheville ouvrière, si je puis me servir de cette expression, qui ait pu rendre compte de la manière dont les choses se sont passées, qui pût savoir que le malfaiteur avait été renversé par un cheval, qu'il n'avait pas reçu à temps les renseignemens qui avaient été promis, et que la poudre n'avait pas la vertu qu'on lui attribuait.

Je finis par vous observer, à l'égard de Saint-Réjant, qu'il a été chouan, et que sa conduite depuis l'explosion a dû singulièrement vous frapper : lui qui était très-malade le 3 nivôse, qui avait été saigné, qui avait reçu les secours spirituels et temporels, et avait passé la nuit la plus douloureuse, quitte son domicile le lendemain matin, après s'être fait coiffer, et se rend chez la veuve Jourdan.

Mais ne croirez-vous pas que cet homme, qui avait été si fortement affecté, qui se trouvait dans un état si déplorable, était déjà tourmenté par les remords ; qu'il craignait les poursuites de la police, dans une maison où il avait déjà vu des individus qui lui avaient porté ombrage ; qu'il redoutait les conséquences d'une perquisition et de son arrestation ; et qu'alors, oubliant tous ses maux, il a fui la maison de la femme Leguilloux !

Le 27 nivôse, Saint-Réjant est informé par un nommé Coster, dit Saint-Victor, contumax dans cette affaire, de l'arrestation de Carbon ; un billet lui arrive de la part de ce Saint-Victor par la femme Jourdan chez la femme Leguilloux. S'il était étranger au complot, s'il n'avait aucune relation avec ce Carbon, s'il n'était pas, j'ose le dire, son complice, l'arrestation de ce nommé Carbon ne devait pas lui donner d'inquiétude : il aurait pu en être affecté, s'il l'eût cru innocent ; mais il n'aurait pas dû en prendre de l'humeur : cependant Saint-Réjant, si vous en croyez la déclaration de la fille Jourdan, s'est fâché, a frappé du pied, et s'est fortement plaint de ce qu'on avait donné son adresse ; il a craint, c'est son expression, que moyennant de l'argent, on ne fît dire au Petit-François tout ce qu'on voudrait.

Mais, citoyens jurés, s'il n'avait rien su, probablement il n'aurait rien dit ; et si Saint-Réjant n'avait eu rien à craindre de sa déclaration, il aurait été parfaitement tranquille. Que fait-il alors ! va-t-il chez la femme Jourdan ! reste-t-il chez la femme Leguilloux ! Non, citoyens : il quitte ces deux domiciles ; il est errant, vagabond : on ne sait pas où il a couché, où il a été depuis le 27 nivôse jusqu'au 8 pluviôse, jour de son arrestation.

Je crois, citoyens jurés, que j'abuserais de vos

momens, si j'insistais davantage sur ce qui regarde Saint-Réjant.

[Pause.]

Citoyens jurés, avant d'abandonner ce qui concerne Saint-Réjant, je dois vous parler d'une dernière lettre qui a été remise au commissaire du Gouvernement, et dont copie a été donnée aux accusés.

Cette lettre était adressée par Saint-Réjant à sa sœur, la C.ne Corion. Vous avez vu, et vous aurez occasion de remarquer dans votre chambre des délibérations, de quelle manière cette lettre est conçue. Saint-Réjant lui dit qu'il est arrêté, qu'on lui a fait beaucoup de questions, qu'on l'a mis même à la torture; mais qu'il n'a rien voulu dire *ni contre ses camarades ni contre LE PARTI.*

D'autres expressions annoncent encore que Saint-Réjant n'a pas écrit cette lettre, ainsi qu'il le dit, pour ses affaires, mais qu'il avait un tout autre objet; et d'ailleurs, lorsqu'il dit à sa sœur, *Quand je vous verrai, je vous dirai beaucoup d'autres choses,* n'aperçoit-on pas le coupable qui craint d'aller trop loin et de se compromettre!

Je passe à la femme Vallon, troisième des accusés.

Vous verrez, citoyens jurés, par le procès-verbal, qu'on a saisi chez cette femme un baril qui renfermait de la poudre, des blouses, des cartouches, et une quantité assez considérable d'effets qu'elle avait d'abord déclaré appartenir à son mari, encore qu'elle sût qu'ils appartenaient à Carbon son frère.

La femme Vallon est-elle étrangère au complot tramé contre les jours du premier Consul! Il vous appartient, citoyens jurés, de décider cette question; mais il faut que je vous rappelle quelle a été sa conduite dans toute cette affaire.

On ne lui fera pas un reproche d'avoir reçu son

frère

frère chez elle, quoiqu'elle eût connaissance qu'il
sortait de l'armée des chouans, qu'il n'avait aucun
papier; mais ne pourrait-on pas lui en faire d'avoir
reçu chez elle de la poudre, des cartouches et des
blouses qui ont servi à déguiser les coupables! Cette
accusée savait parfaitement bien que tous ces effets
étaient renfermés chez elle, son appartement n'étant
composé que d'une seule chambre, qu'elle habitait
avec ses deux filles et Carbon.

Si l'on en croit les premières déclarations de la
femme Vallon, celles de ses filles et de Carbon, cette
femme ne travaillait que pour Limoelan, un nommé
Persévérant et d'autres individus qui sortaient de la
Vendée. C'était chez elle aussi que les conspirateurs
se réunissaient, qu'ils venaient voir Carbon; et, citoyens jurés, croirez-vous que la femme Vallon
n'avait pas connaissance de ce qui s'y disait, qu'elle
ne savait pas à quoi était destinée la poudre qui était
chez elle, qu'elle n'a pas vu quand on a emporté
un baril de cette poudre, qu'elle n'a pas vu sortir de
son domicile les blouses qui y avaient été apportées,
qu'elle ne les a pas vu rapporter, qu'elle n'a su
en aucune manière quelle était la conduite de son
frère!

Vous verrez, citoyens jurés, si une femme qui se
conduit ainsi que l'a fait l'accusée Vallon, peut être
considérée comme innocente, si celle en présence
de laquelle on brûle un baril qui avait renfermé de
la poudre, à laquelle on demande de mettre dans
des sacs la poudre qui s'était trouvée dans le baril,
et qui répond, *Cela est inutile, parce qu'il est bien
caché*, n'avait pas une connaissance parfaite du complot, si par cela même elle n'y a pas participé.

D'ailleurs la femme Vallon a-t-elle été de bonne
foi! a-t-elle mis dans cette affaire la même franchise
que ses filles! Non, citoyens jurés: elle a dissimulé

2.

la vérité, en prétendant que son frère avait cessé
d'habiter chez elle depuis long-temps, et qu'elle
ne savait pas où il était, ni pourquoi le baril de
poudre, les blouses et les balles avaient été déposées
dans sa chambre, lorsque tout annonçait qu'elle ne
pouvait l'ignorer.

Elle en a encore imposé à l'égard de ces blouses,
en prétendant ensuite qu'elles lui avaient été apportées pour les blanchir, puisqu'il est reconnu aujour-
d'hui qu'elles ont servi au déguisement de ceux qui
ont commis le forfait qui vous occupe.

C'est à vous, citoyens jurés, qu'il appartient de
peser toutes ces circonstances, d'examiner le genre
de défense qui vous a été présenté pour la femme
Vallon d'une manière fort ingénieuse, mais qui peut-
être ne vous aura pas convaincus de son innocence.

On a été inexact sur un fait, en soutenant que
la femme Vallon, au moment de l'explosion, avait
dit : C'est sans doute la paix. Ce n'est pas ainsi que
le témoin l'a rapporté ; il a déclaré que l'accusée
Vallon avait répondu à l'observation qui lui fut faite:
C'est sûrement une fête qu'on donne à Bonaparte ;
et si cette femme a pu participer au complot, si elle
en avait connaissance, elle aura pu faire cette réponse, mais dans un sens tout opposé à celui qu'on
voudrait lui donner.

Je ne vous parlerai pas, citoyens jurés, des filles
Vallon ; elles sont, ainsi que vous l'a observé le
commissaire du Gouvernement, à côté de leur mère.
La justice, dans une affaire aussi importante, avait
besoin des plus grands renseignemens, et a dû prendre toutes les précautions pour les obtenir. Ce n'est
donc que sous ce rapport que vous voyez figurer
devant vous ces deux accusées.

J'arrive à l'accusée de Cicé : est-elle innocente,
ainsi qu'elle le prétend ! a-t-elle agi, dans cette

affaire, dans la seule et unique intention d'obliger un individu qu'elle ne connaissait pas ? C'est, citoyens jurés, ce qu'il faut examiner avec vous.

Je ne vous parlerai pas des principes de l'accusée de Cicé ; ils vous sont bien connus : entreprendre d'établir qu'elle est sincèrement attachée au Gouvernement, serait une tâche trop difficile à remplir ; mais enfin, malgré ses opinions, elle pourrait ne pas avoir pris part à un complot. C'est donc là seule question qu'il faut examiner.

Il résulte des déclarations des accusées Gouyon-Beaufort, de ses deux filles, de la fille Duquesne, et de Carbon lui-même, que l'accusée de Cicé, le 7 nivôse au soir, proposa à la veuve Beaufort, qui était chez elle avec ses enfans, de présenter à l'accusée Duquesne un particulier qui était dans la rue ; que la veuve Beaufort, qui demeurait dans la maison de la fille Duquesne, rue Notre-Dame-des-Champs, accepta cette proposition, et qu'alors l'accusée de Cicé descendit pour indiquer cet homme qui attendait, et qui aujourd'hui est reconnu pour être Carbon ; qu'ensuite l'accusée veuve Beaufort et ses filles conduisirent Carbon chez la fille Duquesne, qui déclara ne pouvoir lui donner asile que le lendemain ; qu'en conséquence la veuve Beaufort le fit coucher sur un lit de repos, qu'elle fit préparer à cet effet, et le 8 le présenta à l'accusée Duquesne qui le reçut.

Si l'accusée de Cicé avait mis de la franchise dans sa défense, si elle avait dit la vérité que sa conscience lui prescrivait, peut-être vous aurait-elle intéressés davantage : mais vous avez vu une dissimulation continuelle de sa part ; vous l'avez entendue refuser même de déclarer si c'était une femme ou un homme qui lui avait proposé de se charger de Carbon, lorsque bien certainement il n'en pouvait

T 2

résulter aucun inconvénient, et que toutes les recherches ne pouvaient conduire à rien.

Si l'on en croit Carbon, c'est Limoelan qui avait
prié l'accusée de Cicé de procurer un asile à Carbon ;
c'est Limoelan qui a conduit Carbon dans la rue
Cassette ; c'est le même homme qui est entré dans
la maison de l'accusée de Cicé ; c'est lui aussi qui,
environ une demi-heure après, est descendu de cette
maison, et lui dit : Trois dames vont descendre tout-
à-l'heure, et vous conduiront dans un endroit.

Ces faits, citoyens jurés, sont démentis fortement
par l'accusée de Cicé : elle ne dissimule pas qu'elle
connaît Limoelan ; mais elle prétend que depuis très-
long-temps elle ne l'a pas vu ; que ce n'est pas lui
qui lui a proposé de procurer un asile à Carbon ; et
qu'à l'égard de la personne, ne voulant pas la compromettre, elle ne veut pas l'indiquer.

Mais quelle serait donc cette personne qui aurait
indiqué Carbon à l'accusée de Cicé !

Quel autre que Limoelan aurait pu faire une pareille proposition, lorsque vous voyez, citoyens
jurés, que, le jour même, il avait prévenu Carbon et
lui avait donné rendez-vous ; lorsque c'est lui qui le
conduit rue Cassette ; lorsqu'effectivement toutes les
probabilités annoncent que Limoelan seul pouvait se
charger de procurer une pareille retraite à Carbon !

Pourquoi donc l'accusée de Cicé, si c'est Limoelan, que tout présente en quelque sorte comme
l'ame de cette conspiration, qui l'a chargée de trouver
un asile à Carbon, refuse-t-elle à la justice un ren-
seignement qui lui est nécessaire pour découvrir les
coupables ! pourquoi céler ainsi la vérité, lorsque
l'intérêt social et de la République entière l'exige !
Si l'accusée de Cicé a de la conscience, elle devrait
sentir toutes ces vérités.

Mais, citoyens jurés, à l'égard de l'intention de

l'accusée de Cicé, quelle a été cette intention ! n'a-
vait-elle pas, comme tous les citoyens de Paris, connaissance de l'explosion du 3 nivôse ! ne savait-elle
pas que la police était à la recherche des auteurs de
cet attentat ; que tous les citoyens étaient prévenus
de donner des renseignemens sur ce crime épouvantable ! et alors comment n'aurait-elle pas dû avoir
des doutes sur un individu qu'elle ne connaissait pas,
qui même ne lui disait pas son nom ; sur un être
qui ne devait l'intéresser d'aucune manière ! pourquoi
propose-t-elle cet individu à la veuve Gouyon, et
descend-elle de son appartement pour lui montrer
cet individu qui était dans la rue ! pourquoi enfin
rend-elle tant de services à un être qui aujourd'hui
est bien plus que suspect ! n'a-t-elle pas dû avoir des
doutes et réfléchir aux conséquences de sa conduite !

O citoyens jurés, si l'accusée de Cicé aime le
Gouvernement, si elle est attachée à sa patrie, si elle
a éprouvé l'émotion qui a saisi tous les bons citoyens,
si elle a vu avec horreur cet attentat, elle aurait dû
nécessairement concevoir des soupçons, et ne pas
se charger de Carbon ; elle aurait dû, au moins,
s'assurer qu'il n'était qu'un émigré, puisqu'il est
dans ses principes de les secourir.

Mais l'accusée de Cicé n'a-t-elle fait que conduire
dans la maison de l'accusée Duquesne le nommé
Carbon ! n'a-t-elle pas été lui rendre au moins une
visite, pendant son séjour dans cette maison ?

Ce qu'il y a de certain, citoyens jurés, c'est qu'il
a été trouvé sur l'accusé Carbon un billet reconnu
pour être de Limoelan, par lequel Limoelan lui
conseille d'être tranquille, de ne se confier à qui que
ce soit, de ne communiquer avec qui que ce soit, et
qu'il donnera de ses nouvelles à sa sœur.

Quelle est la personne qui a remis ce billet à
Carbon ! Il faut l'entendre à cet égard ; si on l'en

T 3

çroit; c'est elle qui, en le lui remettant, lui dit : *Je vous apporte un billet de votre monsieur ; si vous avez une réponse à faire, je m'en chargerai.*

D'ailleurs, citoyens jurés, quelle autre personne aurait pu être l'intermédiaire dans cette horrible affaire, que l'accusée de Cicé, qui avait d'abord procuré l'asile à Carbon ? et pourquoi, si elle lui a remis ce billet non cacheté, s'est-elle déplacée de son domicile, a-t-elle été chez l'accusée Duquesne, et est-elle entrée dans la chambre de Carbon pour le lui remettre ?

Bellart, défenseur. Je vous demande bien pardon, citoyen président, c'est un fait bien important, il était cacheté.

[Le président continue.]

Ce billet n'était pas cacheté, et ne contenait aucune adresse. Au surplus, si je me trompe, les citoyens jurés, qui l'auront sous les yeux, pourront s'en convaincre.

Je répète donc que ce billet, qui n'était pas cacheté, paraît avoir été remis par l'accusée de Cicé, qui a pu savoir ce qu'il contenait ; et dans cette supposition, qui n'est pas invraisemblable, elle a dû concevoir des soupçons sur un homme qu'on cachait avec tant de soin, et auquel on recommandait de si grandes précautions. Cependant elle n'en est pas plus émue, et consent même de se charger de la réponse.

Ces faits, qui paraissent assez probables, sont fortement démentis par l'accusée de Cicé. Vous verrez à laquelle déclaration vous devez vous arrêter pour découvrir la vérité.

Mais l'accusée de Cicé est-elle donc de ces femmes qui peuvent être soupçonnées ?

On a fait une perquisition dans son domicile, et

on y a saisi une assez grande quantité de papiers.

Je ne vous parlerai pas de la note qui s'est trouvée dans son livre de piété, portant ces mots : *Vaincre ou mourir.*

Je ne vous parlerai pas non plus de cette bourse intitulée : *Bourse de ces messieurs.*

On vous a donné à cet égard des explications qui peuvent être vraies comme elles peuvent être fausses. Ces faits ne tiennent pas, d'ailleurs, directement à l'acte d'accusation.

Mais on a trouvé dans son domicile une correspondance mystérieuse, des lettres d'émigrés ses parens, qu'elle se faisait adresser par des personnes tierces ; les noms de ceux dont on parle n'y sont indiqués que par des lettres initiales ; le style est composé de manière à donner de l'embarras à ceux qui pourraient en prendre lecture.

Cependant, à travers toutes ces obscurités, on remarque des passages que vous n'avez pas oubliés, citoyens jurés : c'est un frère qui lui marque qu'il vient d'écrire aux acquéreurs de ses biens qu'il comptait rentrer incessamment dans ses propriétés, et qu'il prend ce moyen pour les effrayer et obtenir de l'argent.

Dans une autre lettre on parle d'une ancienne congrégation, et on annonce l'espoir prochain de la voir rétablir.

Dans une autre, on parle d'un individu B. L. qui a fait l'acquisition de deux bons compagnons. On vous a donné également des explications sur cette lettre : mais peut-être auriez-vous été plus jaloux de les entendre de la bouche même de l'accusée de Cicé que de celle de son défenseur ; la vérité première doit venir de celui qui est appelé pour rendre compte de sa conduite à la justice.

Cette lettre, citoyens jurés, contient encore un

T 4

passage qui vous a déjà été remis sous les yeux. Il paraît que dans celle à laquelle on répond, on avait parlé d'un projet que l'on adoptait en quelque sorte : le plan, dit l'auteur, peut convenir à la morale ; mais il ajoute : *S'accordera-t-il avec la religion et les anciens principes !*

Je ne veux pas, citoyens jurés, m'étendre davantage sur cette correspondance ; elle vous passera sous les yeux, vous l'examinerez, et vous verrez si elle ne contient pas un mystère qui laisse au moins sur l'accusée de Cicé de violens soupçons.

On a parlé, citoyens jurés, des vertus de l'accusée de Cicé ; on a prétendu que jamais elle ne s'était occupée des affaires du Gouvernement ; on s'est beaucoup étendu sur sa piété et sa bienfaisance. A cet égard, citoyens jurés, peut-être avez-vous la conviction que réellement l'accusée de Cicé a répandu des bienfaits, et qu'elle a des droits à la reconnaissance de certaines personnes ; mais si elle était une de ces personnes que je vous ai dépeintes dans mon exposé, une de ces fanatiques qui sacrifient tout lorsqu'il s'agit d'arriver à leur but, vous pourriez croire alors que, malgré sa piété et ses bienfaits, elle aurait pu se prêter à un pareil excès. Je vous abandonne ces réflexions.

Je passe à ce qui regarde l'accusée femme Leguilloux.

L'accusée Leguilloux, comme vous l'avez vu, citoyens jurés, demeurait rue des Prouvaires : son mari, courrier de la malle, était presque continuellement en voyage, tandis qu'elle habitait Paris avec ses enfans.

C'est chez elle que l'accusé Saint-Réjant a logé pour la première fois ; car il est impossible de savoir où il a demeuré antérieurement. Cette femme le reçoit sans en faire de déclaration, quoiqu'il n'eût aucune permission, et qu'elle sût parfaitement qu'il sortait de l'armée des chouans. Quelles étaient, d'ailleurs, les personnes qui fréquentaient la femme Leguilloux ? vous l'avez vu, citoyens jurés : c'étaient Joyau, qu'elle a été voir au Temple, Limoelan, Coster, Saint-Hilaire, et tous ceux qui n'étaient à Paris que pour attenter aux jours du premier Consul.

Saint-Réjant logé chez l'accusée Leguilloux, elle fait ses commissions, et est en quelque sorte sa confidente ; néanmoins, si on l'en croit, elle ne sait rien de tous les faits qui se sont passés.

Le 3 nivôse, Saint-Réjant rentre ; on envoie chercher et confesseur et médecin ; eh bien! cette femme, qui avait connaissance de l'explosion, qui devait croire naturellement que Saint-Réjant avait pu être blessé par l'effet de cette explosion, n'a pas même la curiosité de demander quelle est la cause de son état ; elle va elle-même pour lui procurer un confesseur ; elle se donne tous les soins nécessaires pour lui administrer des secours.

Mais il y a un fait assez essentiel. Saint-Réjant, depuis le 3 nivôse, voulait adresser un paquet à Rennes, et peut-être ce paquet était-il la lettre dont le projet a été trouvé dans la chambre qu'il occupait : la femme Leguilloux, au lieu de proposer à Saint-Réjant de confier ce paquet à son mari ou à un autre courrier, va chercher une fille Bertault ; c'est à elle que le secret est confié, et c'est elle qui se charge de le porter. A la vérité, il n'a pas été remis ; mais les démarches n'en ont pas moins été faites, et c'est la femme Leguilloux qui se mêle de toute cette opération.

Si j'en crois, d'ailleurs, les renseignemens particuliers de la police, qui sans doute ne font pas preuve contre un accusé, mais qui toujours établissent sa moralité, l'accusée Leguilloux y est désignée

comme une fanatique royaliste, attachée particulièrement à ce parti, qui ferait tout pour le voir réussir,
et qui se plaît à donner asile à tous ceux qui desirent
le renversement du Gouvernement.

Elle a logé, d'ailleurs, avant le nommé Saint-
Réjant, d'autres individus, un Anglais, des chouans,
tous gens qui n'avaient aucune espèce de papiers ;
elle a même reçu Limoelan : enfin cette femme, qui
avait un logement très-petit, envoie coucher sa fille
dans une autre maison, pour donner un asile à Saint-
Réjant.

Si toutes ces circonstances, citoyens jurés, établissent dans vos consciences que la femme Leguilloux avait connaissance de la conduite des individus
qu'elle a reçus, et qu'elle n'a pu ignorer la conduite
de Saint-Réjant le 3 nivôse, vous n'aurez aucun
doute qu'elle a participé au complot, et qu'elle l'a
fait dans l'intention du crime.

J'arrive, citoyens jurés, à ce qui concerne l'accusée Gouyon-Beaufort.

Cette accusée avait d'abord été présentée sous un
point de vue peu favorable ; des renseignemens
avaient été fournis : mais, comme sur les questions
que je lui ai faites, elle a répondu d'une manière
négative, et qu'on n'a administré au ministère public
aucune preuve de ces faits, il s'est empressé de les
abandonner ; et moi-même, citoyens jurés, je ne
m'arrêterai plus aux questions que je lui ai faites à
cet égard.

La veuve Gouyon-Beaufort a été obligée de quitter
la France en 1792 (car il paraît constant qu'il n'y
avait aucun motif légal de la déporter), et y est
rentrée peu de temps avant l'époque du 3 nivôse :
elle a été loger dans la maison dont l'accusée Duquesne est principale locataire ; et à cet égard rien ne
vient s'élever contre sa moralité. La perquisition qui

a eu lieu dans son domicile, n'a rien présenté qui pût lui être opposé.

Seulement elle a remis deux lettres du ci-devant archevêque de Bordeaux à l'accusée de Cicé; mais vous croirez sans doute que cette circonstance ne peut faire charge contre elle.

Des faits graves néanmoins s'élèvent contre elle. C'est cette veuve qui, étant chez l'accusée de Cicé, se charge de prendre dans la rue l'accusé Carbon, et de le conduire chez l'accusée Duquesne; c'est elle qui, avec ses filles, le conduit à l'accusée Duquesne; c'est elle enfin qui lui donne asile la nuit du 7 au 8 nivôse, et qui, le lendemain, l'envoie à la fille Duquesne.

Comme tous les citoyens, elle était informée de l'événement du 3 nivôse : n'aurait-elle pas dû, plus que tout autre, étant rentrée en France dans un état d'émigration, n'ayant aucune permission de rester à Paris, être surveillante ! elle qui pouvait être surveillée par la police, aurait-elle dû se permettre de donner asile à Carbon, et se charger d'un sujet qui pouvait si fortement la compromettre !

Elle vous a dit à cet égard qu'elle connaissait l'accusée de Cicé; que c'était sur sa recommandation qu'elle s'était chargée de Carbon; qu'on lui avait dit que cet homme était un émigré qui n'avait pas ses papiers en règle, et qu'elle n'avait point trouvé d'inconvénient à s'en charger.

Il est certain, citoyens jurés, que si l'accusée Gouyon-Beaufort connaissait depuis long-temps l'accusée de Cicé, elle a pu être induite en erreur.

Vous verrez donc si la seule circonstance qu'elle a reçu le nommé Carbon, qu'elle l'a couché pendant une nuit, doit opérer votre conviction contre elle.

Je ne vous parlerai pas également des deux filles

Gouyon; je suivrai la marche qu'a tenue à cet égard le commissaire du Gouvernement.

L'accusée Duquesne est-elle innocente de l'accusation portée contre elle ?

Cette accusée a reçu, logé, nourri chez elle, pendant vingt jours, le nommé Carbon. Quelle est la personne qui lui a indiqué cet individu ? D'abord elle avait prétendu que l'accusée de Cicé lui en avait parlé deux jours d'avance ; cette déclaration est consignée dans son premier interrogatoire : mais depuis, sans revenir précisément contre cette déclaration, elle a dit qu'elle ne se rappelait pas bien si effectivement l'accusée de Cicé lui en avait parlé d'avance. Mais enfin c'est elle qui, malgré la location qu'elle avait faite de sa chambre, reçoit Carbon, lui fait servir séparément à manger, et le loge pendant vingt jours.

Comment la femme Duquesne a-t-elle pu, d'après ses principes et les maximes qu'elle professe, donner asile à un individu qu'elle ne connaissait pas, et dans une maison qui ne devait être habitée que par des femmes ? Elle avait entendu parler de l'explosion ; elle était informée que la police était à la recherche des auteurs de cette machine, dont les effets ont été si funestes. Comment ne lui est-il pas venu dans l'idée de s'informer si cet homme n'était, ainsi qu'il le prétendait, qu'un émigré ? Ne le connaissant pas, n'ayant pas vu Limoelan, Carbon ne lui ayant été indiqué que par l'accusée de Cicé, qui elle-même prétend n'en avoir entendu parler que par un autre individu, devait-elle lui accorder un logement, et le nourrir pendant vingt jours ?

D'ailleurs, citoyens jurés, quel intérêt si puissant pouvait la déterminer à donner asile à Carbon ? Devait-elle une reconnaissance particulière à l'accusée de Cicé ? pouvait-elle, trois jours après l'explosion, recevoir un homme qui pouvait être soupçonné d'avoir pris part au complot ? et pourquoi, l'ayant reçu, n'a-t-elle pas été en faire sa déclaration au commissaire de police de son quartier.

Mais, au lieu de prendre toutes ces précautions dictées par la loi et par la prudence, elle garde le plus profond silence. A la vérité, si vous l'en croyez, son intention n'était de lui donner asile que pendant quelques jours, parce qu'elle avait loué sa chambre. Mais d'abord ces faits sont-ils bien établis ? est-il bien constant que l'accusée Duquesne n'ait voulu donner refuge à Carbon que pendant quatre à cinq jours ? Ce qu'il y a de certain, c'est qu'elle lui a donné asile pendant vingt jours, et lui a procuré tout ce qui lui était nécessaire ; c'est qu'elle n'a fait aucune espèce de déclaration pour se mettre à l'abri des reproches ; c'est qu'au moment où on s'est présenté pour arrêter Carbon, un signal a été donné, signal qui a fait disparaître l'individu de la chambre où il était logé.

On vous a parlé également des vertus de l'accusée Duquesne.

Je ne dissimule pas que dans le nombre des témoins à décharge, plusieurs ont pu vous inspirer de la confiance ; mais d'autres n'ont-ils pas montré une partialité frappante, en assurant des faits que sa conduite paraît démentir ? Vous auriez sans doute desiré que la fille Duquesne eût fait entendre des citoyens dont les principes eussent été d'accord avec leur langage.

Au surplus, citoyens jurés, on vous a dit que l'accusée Duquesne avait une conduite régulière, des mœurs pures, et qu'elle était attachée au Gouvernement : vous verrez si ces faits peuvent balancer les charges qui s'élèvent contre elle. Je ne puis que l'abandonner à vos consciences.

[Pause.]

Citoyens jurés, vous parlerai-je de ce qui concerne Leguilloux père !

Déjà je vous ai fait remarquer qu'il y avait une très-grande différence à faire entre lui et sa femme. Cependant Leguilloux est-il sans reproche ! n'a-t-il pas dû exciter également la surveillance de la police !

A la vérité, il est fréquemment absent de chez lui à raison de ses occupations : mais enfin Leguilloux est le chef du ménage ; il était chez lui le 3 nivôse ; il a vu dans sa maison l'accusé Saint-Réjant : comment n'a-t-il pas eu le courage et la force de demander à sa femme pourquoi un individu tel que Saint-Réjant logeait chez lui ! pourquoi ne s'est-il pas informé de ce qu'était Saint-Réjant, d'où il venait, quelle était sa profession, quelles étaient ses occupations ! pourquoi enfin n'a-t-il pas fait sa déclaration au commissaire de police !

Ce sont au moins, citoyens jurés, des reproches que l'on peut adresser à l'accusé Leguilloux, et qu'il a sans doute bien mérités.

Mais l'accusé Leguilloux a-t-il participé au complot tramé contre les jours du premier Consul !

Rien dans la procédure ne l'indique sous cet aspect affreux ; il est au contraire présenté comme un homme qui ne se mêle de rien, et qui est presque nul dans son ménage : d'ailleurs, étant courrier de la malle, il est fréquemment en campagne. De plus, vous avez entendu la déclaration de plusieurs témoins, qui vous ont assuré que lui-même avait été victime des chouans, et que ses propriétés lui ont été ravies.

D'après toutes ces circonstances, vous verrez si vous pouvez regarder Leguilloux comme ayant pu participer à cet horrible attentat ; je n'en dirai pas davantage à son égard.

Je passe à ce qui regarde l'accusé Collin : a-t-il participé au complot ? l'a-t-il fait sciemment et dans l'intention du crime !

C'est lui qui a été appelé, le 3 nivôse au soir,
pour donner ses soins à l'accusé Saint-Réjant : alors
il était informé de l'explosion ; il connaissait les ravages affreux qu'elle avait causés ; et lorsqu'il appro-
che pour donner à cet homme les secours qui peuvent
lui être nécessaires, dont l'état était singulièrement
changé, qu'il trouve affecté d'un mal d'yeux, de douleurs abdominales et de surdité, sur le corps duquel,
suivant lui-même, il n'a trouvé aucune espèce de contusion, il ne fait aucune information ; seulement, si
on l'en croit, il lui demande une fois d'où provient
son mal. Saint-Réjant répond que c'est d'une chute,
et l'accusé Collin n'en exige pas davantage.

Mais il connaissait Saint-Réjant antérieurement,
et l'avait traité. A la vérité, s'il faut l'en croire, il ne
savait pas son nom : mais vous aurez bien de la peine à
vous persuader qu'un médecin qui va plusieurs fois
dans une maison, qui traite un malade pendant quelque temps, et obtient par cela même sa confiance,
ne sache pas son nom.

Quelle était d'ailleurs la conduite que devait tenir
l'accusé Collin ! ne devait-il pas faire sa déclaration,
conformément à la loi et aux ordres qui avaient été
donnés par la police ! A-t-il fait cette déclaration !
Non, citoyens jurés. Il faut aussi examiner quel est
l'individu qui a procuré à Saint-Réjant l'accusé Collin.
C'est Bourgeois, qui a passé la nuit du 3 au 4 nivôse
auprès de Saint-Réjant ; c'est ce Bourgeois, dont la
fuite caractérise la moralité, qui procure un médecin
à son ami. Croirez-vous, citoyens jurés, que dans
une circonstance aussi délicate, on aurait été prendre
un médecin inconnu ! n'aurait-on pas craint que,
justement indigné de l'événement, inquiet sur les
causes de la maladie de cet homme qu'il était appelé
à soigner, il n'allât faire sa déclaration à un commissaire de police, et l'informer des soins qu'il avait

donnés à un individu que l'état seul rendait suspect!

Cependant l'accusé Collin, qui avait connaissance de l'événement, et qui devait avoir de violens soupçons sur la cause de la maladie de Saint-Réjant, ne fait point de déclaration.

Le lendemain, Collin retourne voir Saint-Réjant, non pas dans la maison de l'accusé Leguilloux, mais dans celle de la femme Jourdan, où il s'était réfugié, et ne lui demande pas même comment il a pu faire pour se rendre de la rue des Prouvaires à la rue d'Aguesseau : aucune interpellation n'est faite, rien n'est demandé.

Et quelles étaient encore les personnes qui étaient avec l'accusé Saint-Réjant, le 4 nivôse, chez la veuve Jourdan : c'étaient Limoelan, Bourgeois, Joyau, Saint-Hilaire, tous ces hommes qui figurent d'une manière si horrible dans la conspiration.

Eh bien ! citoyens jurés, quels ont été les propos qu'on a tenus dans cette maison ? Vous l'avez entendu de la bouche de la fille Jourdan ; on a dit que *le premier Consul l'avait manqué deux fois, mais qu'il ne le manquerait pas la troisième.* Collin était chez Saint-Réjant ; il a nécessairement entendu la menace : si jusqu'alors il ne savait rien, n'aurait-il pas dû s'empresser d'aller faire sa déclaration ! La fait-il ? Non, citoyens jurés : il garde encore le silence.

On a fait également perquisition chez l'accusé Collin ; on n'y a effectivement, ainsi qu'on vous l'a dit, trouvé rien de suspect.

Je ne vous rappellerai pas que l'accusé Collin a un frère chouan ; la révolution n'a que trop prouvé à cet égard qu'un frère peut avoir de mauvais principes, et un autre en avoir de très-bons. Ce n'est donc pas une circonstance qu'on puisse lui reprocher ; mais sa conduite du 3 nivôse, ses relations

avec

avec tous ces hommes si justement accusés, doivent particulièrement fixer votre attention.

Quant au nommé Baudet, peu de charges s'élèvent effectivement contre lui : seulement on voit qu'il était également lié avec les conspirateurs ; son adresse se trouve dans les papiers d'un nommé Lemercier. Joyau, chef de chouans, trouve un asile à Paris par les soins de Baudet. A la vérité, c'est antérieurement au 3 nivôse ; mais un homme qui va chercher un logement pour un individu, le connaît nécessairement, est lié avec lui, et peut alors connaître sa manière de penser.

Cependant, citoyens jurés, comme cette seule charge semble s'élever contre l'accusé Baudet, vous pourrez croire qu'elle ne suffit pas pour établir votre conviction qu'il a réellement participé au complot dirigé contre la personne du premier Consul.

J'arrive, citoyens jurés, à la partie la plus consolante de la discussion, à celle qui me soulage de mes pénibles travaux, à ce qui concerne les accusés Lavieuville et son épouse.

Lavieuville et son épouse avaient connu Limoelan, parce que Limoelan avait été parent du premier mari de l'accusée Lavieuville. Limoelan venait dans cette maison, et il était naturel qu'il y vînt. Par suite de ces relations, il paraît qu'il a adressé chez Lavieuville deux caisses renfermant des armes, qui ont été portées par l'accusé Carbon, et c'est une circonstance que j'avais omise. L'une de ces caisses a été emportée, et l'autre a été trouvée, si je ne me trompe, dans une soupente.

L'accusé Lavieuville savait-il que ces caisses renfermaient des armes, et quels étaient les projets de Limoelan ! C'est à vous, citoyens jurés, qu'il appartient de décider le fait. Ce qu'il y a de certain, c'est qu'elles étaient fermées ; que Lavieuville et son épouse

2. V

ont pu ne pas savoir ce qu'elles contenaient, et que rien ne détruit leur assertion sur ce point.

D'ailleurs, citoyens jurés, la moralité des accusés Lavieuville et son épouse est attestée par des citoyens dignes de foi, qui vous ont dit que depuis vingt-cinq ans ils les connaissaient; qu'ils étaient attachés au Gouvernement, et ne s'occupaient que de l'éducation de leurs enfans, et des moyens de leur procurer une existence honnête.

Je crois, citoyens jurés, avoir parcouru la tâche qui m'était imposée : il vous appartient maintenant de prononcer avec le calme et l'impartialité qui doivent vous caractériser.

Vous n'oublierez pas que la loi ne consulte que vos consciences ; aucune règle ne vous est prescrite ; personne n'a le droit de vous demander compte des moyens qui ont opéré votre conviction : c'est dans l'ensemble du débat, dans la réunion de toutes les circonstances qui ont précédé, accompagné et suivi le délit, dans les réponses des accusés, dans leur conduite et leur moralité, que vous devez puiser les raisons de vos doutes ou de votre conviction.

En s'attachant à l'acte d'accusation, en écartant tout ce qui est étranger, ce qui n'est que déclamations ou considérations, des hommes probes, éclairés, amis de la liberté et de l'ordre social, ne s'écarteront jamais du sentier de la justice.

Si le résultat de votre délibération vous montre des coupables, vous les indiquerez aux organes de la loi, et le plus horrible des forfaits sera puni : mais aussi vous aurez peut-être à donner au tribunal la douce consolation de proclamer l'innocence, et de montrer à la France entière que si le crime a tout à redouter, l'innocence peut attendre avec sécurité la décision de la justice.

Voici les questions que le tribunal m'a chargé de vous présenter.

[Un juge lit l'instruction aux jurés.]

Art. 372 du code des délits et des peines.

« Les jurés doivent examiner l'acte d'accusation,
» les procès-verbaux, et toutes les autres pièces du
» procès, à l'exception des déclarations écrites des
» témoins, des notes écrites des interrogatoires subis
» par l'accusé devant l'officier de police, le direc-
» teur du jury et le président du tribunal criminel.

» C'est sur ces bases, et particulièrement sur les
» dépositions et les débats qui ont eu lieu en leur
» présence, qu'ils doivent asseoir leur conviction
» personnelle : car c'est de leur conviction person-
» nelle qu'il s'agit ici ; c'est cette conviction que la
» loi les charge d'énoncer ; c'est à cette conviction
» que la société, que l'accusé s'en rapportent.

» La loi ne leur demande pas compte des moyens
» par lesquels ils se sont convaincus ; elle ne leur
» prescrit point de règles desquelles ils doivent faire
» particulièrement dépendre la plénitude et la suf-
» fisance d'une preuve : elle leur prescrit de s'in-
» terroger eux-mêmes dans le silence et le recueille-
» ment, et de chercher dans la sincérité de leur
» conscience quelle impression ont faite sur leur
» raison les preuves rapportées contre l'accusé, et
» les moyens de sa défense. La loi ne leur dit point :
» *Vous tiendrez pour vrai tout fait attesté par tel ou tel*
» *nombre de témoins.* Elle ne leur dit pas non plus :
» *Vous ne regarderez pas comme suffisamment établie toute*
» *preuve qui ne sera pas formée de tel procès-verbal, de*
» *telles pièces, de tant de témoins ou de tant d'indices.*
» Elle ne leur fait que cette seule question qui ren-
» ferme toute la mesure de leurs devoirs : *Avez-vous*
» *une intime conviction !*

V 2

» Ce qu'il est bien essentiel de ne pas perdre de
» vue, c'est que toute la délibération du jury de
» jugement porte sur l'acte d'accusation : c'est à cet
» acte qu'ils doivent uniquement s'attacher ; et ils
» manquent à leur premier devoir, lorsque, pensant
» aux dispositions des lois pénales, ils considèrent
» les suites que pourra avoir, par rapport à l'accusé,
» la déclaration qu'ils ont à faire. Leur mission n'a
» pas pour objet la poursuite ni la punition des délits :
» ils ne sont appelés que pour décider si le fait est
» constant, et si l'accusé est, ou non, coupable du
» crime qu'on lui impute. »

Questions proposées par le Tribunal.

PREMIÈRE SÉRIE.

1. A-t-il existé au commencement de nivôse dernier
un complot tendant au meurtre du premier Consul !

2. Y a-t-il eu amas de poudre, mitraille, balles et
pierres, pour l'exécution de ce complot !

3. Ces munitions ont-elles servi à composer une
machine meurtrière !

4. Cette machine a-t-elle été composée pour
l'exécution de ce complot !

5. François-Jean, dit Carbon, dit le Petit-François,
dit Constant, est-il convaincu d'avoir coopéré à ce
complot !

6. L'a-t-il fait dans le dessein d'en faciliter l'exécution !

7. Pierre Robinault, dit Saint-Réjant, dit Pierrot,
dit Soyer, dit Sollier, dit Pierre-Martin, est-il convaincu d'avoir coopéré à ce complot !

8. L'a-t-il fait dans le dessein d'en faciliter l'exécution !

9. Catherine Jean, femme d'Alexandre Vallon,
est-elle convaincue d'avoir coopéré à ce complot !

10. L'a-t-elle fait dans le dessein d'en faciliter l'exécution ?

11. Adélaïde-Marie Champion de Cicé est-elle convaincue d'avoir coopéré à ce complot !

12. L'a-t-elle fait dans le dessein d'en faciliter l'exécution !

13. Louise Mainguet, femme de Jean-Baptiste Leguilloux, est-elle convaincue d'avoir coopéré à ce complot !

14. L'a-t-elle fait dans le dessein d'en faciliter l'exécution !

15. Aubine-Louise Gouyon, veuve de Luc-Jean Gouyon de Beaufort, est-elle convaincue d'avoir coopéré à ce complot !

16. L'a-t-elle fait dans le dessein d'en faciliter l'exécution !

17. Marie-Anne Duquesne est-elle convaincue d'avoir coopéré à ce complot !

18. L'a-t-elle fait dans le dessein d'en faciliter l'exécution !

19. Jean-Baptiste Leguilloux est-il convaincu d'avoir coopéré à ce complot !

20. L'a-t-il fait dans le dessein d'en faciliter l'exécution !

21. Joséphine Vallon est-elle convaincue d'avoir coopéré à ce complot !

22. L'a-t-elle fait dans le dessein d'en faciliter l'exécution !

23. Angélique-Marie-Françoise Gouyon est-elle convaincue d'avoir coopéré à ce complot !

24. L'a-t-elle fait dans le dessein d'en faciliter l'exécution !

25. Madeleine Vallon est-elle convaincue d'avoir coopéré à ce complot !

26. L'a-t-elle fait dans le dessein d'en faciliter l'exécution !

27. Reine-Marie-Aubine Gouyon est-elle convaincue d'avoir coopéré à ce complot ?

28. L'a-t-elle fait dans le dessein d'en faciliter l'exécution ?

29. Basile-Jacques-Louis Collin est-il convaincu d'avoir coopéré à ce complot ?

30. L'a-t-il fait dans le dessein d'en faciliter l'exécution ?

31. Jean Baudet est-il convaincu d'avoir coopéré à ce complot ?

32. L'a-t-il fait dans le dessein d'en faciliter l'exécution ?

33. Mathurin-Jules Micault-Lavieuville est-il convaincu d'avoir coopéré à ce complot ?

34. L'a-t-il fait dans le dessein d'en faciliter l'exécution ?

35. Louise-Catherine Cudel-Villeneuve, femme Lavieuville, est-elle convaincue d'avoir coopéré à ce complot ?

36. L'a-t-elle fait dans le dessein d'en faciliter l'exécution ?

DEUXIÈME SÉRIE.

37. Le feu a-t-il été mis, le 3 nivôse dernier, dans la rue Nicaise, à la machine meurtrière ?

38. Le feu a-t-il été mis pour effectuer une attaque à dessein de tuer la personne du premier Consul ?

39. Plusieurs personnes ont-elles été tuées par l'effet de l'explosion de cette machine ?

40. Plusieurs personnes ont-elles été blessées par l'effet de ladite explosion ?

41. Pierre Robinault, dit Saint-Réjant, dit Pierrot, dit Soyer, dit Sollier, dit Pierre-Martin, est-il l'auteur de cette action ?

42. L'a-t-il fait dans l'intention de tuer le premier Consul !

43. A-t-il aidé et assisté les coupables dans les faits qui ont préparé l'exécution de cette action !

44. A-t-il aidé et assisté les coupables dans les faits qui ont facilité l'exécution de cette action !

45. L'a-t-il fait sciemment et dans l'intention du crime !

46. François-Jean, dit Carbon, dit le Petit-François, dit Constant, a-t-il aidé et assisté les coupables dans les faits qui ont préparé l'exécution de cette action !

47. A-t-il aidé et assisté les coupables dans les faits qui ont facilité l'exécution de cette action !

48. A-t-il procuré aux coupables les moyens qui ont servi à l'exécution de cette action !

49. A-t-il procuré les instrumens qui ont servi à l'exécution de cette action !

50. L'a-t-il fait sciemment et dans l'intention du crime !

51. Catherine Jean, femme Vallon, est-elle convaincue d'avoir aidé et assisté les coupables dans les faits qui ont préparé l'exécution de cette action !

52. Est-elle convaincue d'avoir aidé et assisté les coupables dans les faits qui ont facilité l'exécution de cette action !

53. L'a-t-elle fait sciemment et dans l'intention du crime !

54. A-t-elle logé chez elle le nommé Carbon !

55. En a-t-elle fait la déclaration à la mairie de son arrondissement !

56. Adélaïde-Marie Champion de Cicé est-elle convaincue d'avoir aidé et assisté les coupables dans les faits qui ont facilité l'exécution de cette action !

57. L'a-t-elle fait sciemment et dans l'intention du crime !

V 4

58. Louise Mainguet, femme Leguilloux, est-elle convaincue d'avoir aidé et assisté les coupables dans les faits qui ont facilité l'exécution de cette action ?

59. L'a-t-elle fait sciemment et dans l'intention du crime ?

60. Ladite femme Leguilloux a-t-elle logé chez elle le nommé Saint-Réjant ?

61. En a-t-elle fait la déclaration à la mairie de son arrondissement ?

62. Jean-Baptiste Leguilloux est-il convaincu d'avoir aidé et assisté les coupables dans les faits qui ont facilité l'exécution de cette action ?

63. L'a-t-il fait sciemment et dans l'intention du crime ?

64. Ledit Leguilloux a-t-il logé chez lui le nommé Saint-Réjant ?

65. En a-t-il fait la déclaration à la mairie de son arrondissement ?

66. Aubine-Louise Gouyon, veuve Gouyon-Beaufort, est-elle convaincue d'avoir aidé et assisté les coupables dans les faits qui ont facilité l'exécution de cette action ?

67. L'a-t-elle fait sciemment et dans l'intention du crime ?

68. Ladite veuve Gouyon-Beaufort a-t-elle logé chez elle le nommé Carbon ?

69. En a-t-elle fait la déclaration à la mairie de son arrondissement ?

70. Marie-Anne Duquesne est-elle convaincue d'avoir aidé et assisté les coupables dans les faits qui ont facilité l'exécution de cette action !

71. L'a-t-elle fait sciemment et dans l'intention du crime ?

72. Ladite Duquesne a-t-elle logé chez elle le nommé Carbon ?

73. En a-t-elle fait la déclaration à la mairie de son arrondissement ?

74. Joséphine Vallon est-elle convaincue d'avoir aidé et assisté les coupables dans les faits qui ont facilité l'exécution de cette action ?

75. L'a-t-elle fait sciemment et dans l'intention du crime ?

76. Angélique-Marie-Françoise Gouyon est-elle convaincue d'avoir aidé et assisté les coupables dans les faits qui ont facilité l'exécution de cette action ?

77. L'a-t-elle fait sciemment et dans l'intention du crime ?

78. Madeleine Vallon est-elle convaincue d'avoir aidé et assisté les coupables dans les faits qui ont facilité l'exécution de cette action ?

79. L'a-t-elle fait sciemment et dans l'intention du crime ?

80. Reine-Marie-Aubine Gouyon est-elle convaincue d'avoir aidé et assisté les coupables dans les faits qui ont facilité l'exécution de cette action ?

81. L'a-t-elle fait sciemment et dans l'intention du crime ?

82. Basile-Jacques-Louis Collin a-t-il aidé et assisté les coupables dans les faits qui ont facilité l'exécution de cette action ?

83. L'a-t-il fait sciemment et dans l'intention du crime ?

84. Ledit Collin a-t-il été appelé pour donner ses soins comme officier de santé, le 3 nivôse dernier, au nommé Saint-Réjant ?

85. A-t-il donné ses soins au nommé Saint-Réjant ?

86. En a-t-il donné connaissance au commissaire de police de son arrondissement ?

87. Jean Baudet a-t-il aidé et assisté les coupables dans les faits qui ont facilité l'exécution de cette action ?

88. L'a-t-il fait sciemment et dans l'intention du crime !

89. Mathurin-Jules Micault-Lavieuville est-il convaincu d'avoir aidé et assisté les coupables dans les faits qui ont facilité l'exécution de cette action !

90. L'a-t-il fait sciemment et dans l'intention du crime !

91. Louise-Catherine Cudel-Villeneuve, femme Micault Lavieuville, est-elle convaincue d'avoir aidé et assisté les coupables dans les faits qui ont facilité l'exécution de cette action !

92. L'a-t-elle fait sciemment et dans l'intention du crime !

[Les jurés se retirent pour délibérer ; il est midi et demi.]

La séance est suspendue.

SÉANCE DU 16 GERMINAL AN IX.

Une heure de l'après-midi.

Le président. Citoyens jurés, quel est le résultat de votre délibération sur les questions qui vous ont été soumises par le tribunal !

Le chef du jury. Les jurés n'ont pu se réunir à l'unanimité sur les questions qui leur ont été présentées.

Le président. Le tribunal, attendu la déclaration du chef du jury, que les jurés n'ont pu se réunir à l'unanimité, et que les vingt-quatre heures sont expirées, ordonne que les jurés se retireront de nouveau dans leur chambre des délibérations pour rendre une déclaration sur les questions sur lesquelles ils ne sont pas unanimes, à la majorité absolue.

[Les jurés se retirent.]

La séance est suspendue.

Cinq heures.

[Les jurés rentrent.]

Le président. Citoyens jurés, quel est le résultat de votre délibération sur les questions qui vous ont été soumises par le tribunal !

Le chef du jury. Sur mon honneur et ma conscience, la déclaration du jury est, à la majorité absolue,

PREMIÈRE SÉRIE.

Il a existé, au commencement de nivôse dernier, un complot tendant au meurtre du premier Consul.

Il y a eu amas de poudre, mitraille, balles et pierres, pour l'exécution de ce complot.

Ces munitions ont servi à composer une machine meurtrière.

Cette machine a été composée pour l'exécution de ce complot.

François-Jean, dit Carbon, dit le Petit-François, dit Constant, est convaincu d'avoir coopéré à ce complot.

Il l'a fait dans le dessein d'en faciliter l'exécution.

Pierre Robinault, dit Saint-Réjant, dit Pierrot, dit Soyer, dit Sollier, dit Pierre-Martin, est convaincu d'avoir coopéré à ce complot.

Il l'a fait dans le dessein d'en faciliter l'exécution.

Catherine Jean, femme d'Alexandre Vallon, est convaincue d'avoir coopéré à ce complot.

Elle n'est pas convaincue de l'avoir fait dans le dessein d'en faciliter l'exécution.

Adélaïde-Marie Champion de Cicé n'est point convaincue d'avoir coopéré à ce complot.

Louise Mainguet, femme de Jean-Baptiste Leguilloux, n'est point convaincue d'avoir coopéré à ce complot.

Aubine-Louise Gouyon, veuve de Luc-Jean Gouyon de Beaufort, n'est point convaincue d'avoir coopéré à ce complot.

Marie-Anne Duquesne n'est point convaincue d'avoir coopéré à ce complot.

Jean-Baptiste Leguilloux n'est point convaincu d'avoir coopéré à ce complot.

Joséphine Vallon n'est point convaincue d'avoir coopéré à ce complot.

Angélique-Marie-Françoise Gouyon n'est point convaincue d'avoir coopéré à ce complot.

Madeleine Vallon n'est point convaincue d'avoir coopéré à ce complot.

Reine-Marie-Aubine Gouyon n'est point convaincue d'avoir coopéré à ce complot.

Basile-Jacques-Louis Collin n'est point convaincu d'avoir coopéré à ce complot.

Jean Baudet n'est point convaincu d'avoir coopéré à ce complot.

Mathurin-Jules Micaut-Lavieuville n'est point convaincu d'avoir coopéré à ce complot.

Louise-Catherine Cudel-Villeneuve, femme Lavieuville, n'est point convaincue d'avoir coopéré à ce complot.

DEUXIÈME SÉRIE.

Le feu a été mis, le 3 nivôse dernier, dans la rue Nicaise, à la machine meurtrière.

Le feu a été mis pour effectuer une attaque à dessein de tuer la personne du premier Consul.

Plusieurs personnes ont été tuées par l'effet de l'explosion de cette machine.

Plusieurs personnes ont été blessées par l'effet de ladite explosion.

Pierre Robinault, dit Saint-Réjant, dit Pierrot, dit Soyer, dit Sollier, dit Pierre-Martin, est l'auteur de cette action.

Il l'a fait dans l'intention de tuer le premier Consul.

Il a aidé et assisté les coupables dans les faits qui ont préparé l'exécution de cette action.

Il a aidé et assisté les coupables dans les faits qui ont facilité l'exécution de cette action.

Il l'a fait sciemment et dans l'intention du crime.

François-Jean, dit Carbon, dit le Petit-François, dit Constant, a aidé et assisté les coupables dans les faits qui ont préparé l'exécution de cette action.

Il les a aidés et assistés dans les faits qui ont facilité l'exécution de cette action.

Il a procuré aux coupables les moyens qui ont servi à l'exécution de cette action.

Il a procuré aux coupables les instrumens qui ont servi à l'exécution de cette action.

Il l'a fait sciemment et dans l'intention du crime.

Catherine Jean, femme Vallon, n'est pas convaincue d'avoir aidé et assisté les coupables dans les faits qui ont préparé l'exécution de cette action.

Elle n'est pas convaincue d'avoir aidé et assisté les coupables dans les faits qui ont facilité l'exécution de cette action.

Elle a logé chez elle le nommé Carbon.

Elle n'en a pas fait sa déclaration à la mairie de son arrondissement.

Adélaïde-Marie Champion de Cicé n'est pas convaincue d'avoir aidé et assisté les coupables dans les faits qui ont facilité l'exécution de l'action.

Louise Mainguet, femme Leguilloux, n'est pas convaincue d'avoir aidé et assisté les coupables dans les faits qui ont facilité l'exécution de l'action.

Ladite femme Leguilloux a logé chez elle le nommé Saint-Réjant.

Elle n'en a pas fait sa déclaration à la mairie de son arrondissement.

Jean-Baptiste Leguilloux n'est pas convaincu d'avoir aidé et assisté les coupables dans les faits qui ont facilité l'exécution de l'action.

Ledit Leguilloux a logé chez lui le nommé Saint-Réjant.

Il n'en a pas fait sa déclaration à la mairie de son arrondissement.

Aubine-Louise Gouyon, veuve Gouyon-Beaufort, n'est pas convaincue d'avoir aidé et assisté les coupables dans les faits qui ont facilité l'exécution de l'action.

Ladite veuve Gouyon-Beaufort a logé chez elle le nommé Carbon.

Elle n'en a pas fait sa déclaration à la mairie de son arrondissement.

Marie-Anne Duquesne n'est pas convaincue d'avoir aidé et assisté les coupables dans les faits qui ont facilité l'exécution de l'action.

Ladite Duquesne a logé chez elle le nommé Carbon.

Elle n'en a pas fait sa déclaration à la mairie de son arrondissement.

Joséphine Vallon n'est pas convaincue d'avoir aidé et assisté les coupables dans les faits qui ont facilité l'exécution de l'action.

Angélique - Marie - Françoise Gouyon n'est pas convaincue d'avoir aidé et assisté les coupables dans les faits qui ont facilité l'exécution de l'action.

Madeleine Vallon n'est pas convaincue d'avoir aidé et assisté les coupables dans les faits qui ont facilité l'exécution de l'action.

Reine-Marie-Aubine Gouyon n'est pas convaincue d'avoir aidé et assisté les coupables dans les faits qui ont facilité l'exécution de l'action.

Basile-Jacques-Louis Collin n'est pas convaincu d'avoir aidé et assisté les coupables dans les faits qui ont facilité l'exécution de l'action.

Ledit Collin a été appelé pour donner ses soins comme officier de santé, le 3 nivôse dernier, au nommé Saint-Réjant.

Il a donné ses soins au nommé Saint-Réjant.

Il n'en a pas donné connaissance au commissaire de police de son arrondissement.

Jean Baudet n'est pas convaincu d'avoir aidé et assisté les coupables dans les faits qui ont facilité l'exécution de l'action.

Mathurin-Jules Micault-Lavieuville n'est pas convaincu d'avoir aidé et assisté les coupables dans les faits qui ont facilité l'exécution de l'action.

Louise-Catherine Cudel-Villeneuve, femme Micault-Lavieuville, n'est pas convaincue d'avoir aidé et assisté les coupables dans les faits qui ont facilité l'exécution de l'action.

[On fait entrer les accusés de Cicé, filles Gouyon-Beaufort, filles Vallon, Baudet, Lavieuville et sa femme.]

Le président. Accusés de Cicé, filles Gouyon-Beaufort, filles Vallon, Baudet, Lavieuville et sa femme, la déclaration du jury est à la majorité absolue, &c. (*Il lit la déclaration.*)

En conséquence de la déclaration du jury, vous êtes acquittés de l'accusation intentée contre vous, et vous serez à l'instant mis en liberté, si vous n'êtes détenus pour autre cause.

Sursis néanmoins à l'exécution de notre présente ordonnance pendant vingt-quatre heures, conformément aux dispositions de la loi.

[On fait entrer les femmes Vallon et Leguilloux, la veuve Gouyon, la femme Duquesne, Leguilloux père et Collin.]

Le président. Accusés femme Vallon, femme Leguilloux, veuve Gouyon-Beaufort, Madeleine Duquesne, Leguilloux père et Collin, la déclaration du jury est, &c. (*Il lit la déclaration.*)

Vous allez entendre le réquisitoire du commissaire du Gouvernement.

Le commissaire. Citoyens juges, attendu que le fait constaté par la déclaration du jury, dont lecture vient d'être donnée, n'établit pas, à l'égard des accusés présens, un délit qui soit de la nature du code pénal, mais qu'il en résulte un délit prévu par le code de police correctionnelle, en ce que les accusés femmes Leguilloux, Vallon, Gouyon-Beaufort et Duquesne, et Leguilloux père, ont logé chez eux un étranger à la commune de Paris, sans en faire leur déclaration à la mairie de leur arrondissement,

Je requiers que, conformément aux articles 1.er, 2 et 3 de la loi du 27 nivôse an 4, et conformément à l'article 434 du code des délits et des peines,

ces

ces cinq accusés soient condamnés en trois mois d'emprisonnement.

Et attendu que le fait porté dans la déclaration du jury et concernant l'accusé Collin, ne constitue pas un délit qui soit du ressort pénal, mais qu'il en constitue un du ressort de la police correctionnelle, en ce que Collin a pansé un homme qui avait été blessé, sans en faire la déclaration devant le commissaire de police de son arrondissement; je requiers que, conformément à l'article 12 de l'ordonnance du 8 novembre 1780 et à l'article 434 du code pénal, il soit condamné en 300 livres d'amende et en trois mois d'emprisonnement.

[Les défenseurs demandent la parole.]

Larrieu, défenseur de l'accusée Gouyon-Beaufort, contre le commissaire du Gouvernement. Mes conclusions sont à ce qu'il plaise au tribunal, attendu que, s'il est constant, d'après la déclaration du jury, que la veuve Gouyon-Beaufort a logé Carbon, et n'a point fait sa déclaration à la mairie de son arrondissement dans les vingt-quatre heures, il est également constant, d'après l'instruction, d'après le débat et d'après l'acte d'accusation même, que ledit Carbon est seulement resté chez la veuve Gouyon-Beaufort pendant la nuit du 7 au 8 nivôse dernier; que depuis le matin dudit jour 8 nivôse, il a été loger chez la C.ne Duquesne; d'où il suit que la retraite donnée pendant moins de douze heures n'est pas un acte de logement dont on doive faire aucune déclaration, et que la loi du 27 ventôse an 4 ait assujetti à cette formalité; que conséquemment la veuve Gouyon-Beaufort n'a pas été tenue de faire la déclaration prescrite par la loi du 27 ventôse an 4.

Sans s'arrêter ni avoir égard au réquisitoire du commissaire du Gouvernement, dire et ordonner qu'il

2.

X

n'y a pas lieu, à l'égard de la veuve Gouyon-Beau-fort, à l'application de l'article 1.er de la loi dudit jour 27 ventôse an 4.

Le président. D'autres personnes prennent-elles des conclusions ?

Thevenin, défenseur de l'accusée Duquesne. Je me présente dans la cause pour Marie-Anne Duquesne, je demande par mes conclusions qu'il plaise au tribunal, en acquittant Marie-Anne Duquesne de l'accusation contre elle intentée, sans avoir égard au réquisitoire du commissaire du Gouvernement, ordonner qu'elle sera mise en liberté.

Citoyens juges, c'est plus encore à votre humanité qu'à votre justice que je m'adresse en ce moment pour Marie-Anne Duquesne.

Je ne contesterai pas l'existence de la loi qui est invoquée par le commissaire du Gouvernement, mais je vous prie de vouloir bien considérer quelle est et quelle a été jusqu'à ce moment la position de Marie-Anne Duquesne.

Elle est arrêtée depuis le 28 nivôse dernier ; depuis le 28 nivôse dernier elle est dans les prisons. Elle n'a pas subi une détention ordinaire, elle a subi toutes les longueurs et toutes les anxiétés attachées à une procédure criminelle, à une accusation grave qui a pesé sur sa tête.

La loi du 27 nivôse an 4, en punissant de trois mois d'emprisonnement celui qui a logé un étranger à la commune de Paris sans avoir fait une déclaration préalable à la mairie de son arrondissement, cette loi se trouve exécutée en très-grande partie dans la personne de Marie-Anne Duquesne.

Si elle eût fait cette déclaration, Carbon eût été arrêté ; Marie-Anne Duquesne ne l'aurait pas été ; elle se trouve donc avoir subi plus de trois mois d'emprisonnement ; elle se trouve avoir subi de plus toutes les inquiétudes, toutes les anxiétés attachées à une procédure criminelle, attachées à une accusation grave.

Elle a donc subi en quelque sorte, par anticipation, la peine attachée au défaut de déclaration.

Vous avez, citoyens juges, le bienheureux pouvoir de diminuer la punition que vous pouvez appliquer en police correctionnelle; je m'adresse sous ce rapport à votre humanité; je vous recommande Marie-Anne Duquesne, elle est dans un état de maladie; en considération de tous les maux qu'elle a soufferts, vous vous empresserez sans doute, citoyens, de la rendre à la liberté.

Je persiste dans mes conclusions.

Laporte, défenseur de la femme Leguilloux et son mari, contre le commissaire du Gouvernement. Je demande, par mes conclusions, qu'il plaise au tribunal, attendu que Saint-Réjant avait une carte de sûreté qui le constituait citoyen de Paris, sous le nom de Soyer, laquelle carte il a exibée à la femme Leguilloux; qu'en conséquence il n'était pas pour elle et ne pouvait être regardé comme étranger à la ville de Paris : au moyen de quoi, il n'y a point lieu de faire, au cas dont il s'agit, l'application de la loi du 27 ventôse de l'an 4, renvoyer Leguilloux et sa femme des conclusions contre eux prises par le commissaire du Gouvernement, et ordonner qu'ils seront mis en liberté.

Je n'ajouterai rien, citoyens juges, à ces conclusions, la loi est précise. « Tout citoyen qui a logé » chez lui, dans sa maison ou dans une partie de la » maison qu'il occupe, un citoyen étranger à la » commune de Paris, &c. » Or, celui-ci ayant une carte qui le constituait citoyen de Paris, n'était pas étranger à la commune.

On dit que cette carte était fausse : je n'étais pas le

X 2

Juge de la fausseté : cet homme était pour moi citoyen de Paris ; je ne suis pas dans le cas de la loi.

Le commissaire. La loi est trop positive pour que j'aie besoin de reprendre la parole sur le réquisitoire que j'ai présenté, sans les dernières conclusions qui viennent d'être prises et sans les faits avancés à l'appui de ces mêmes conclusions.

Est-il donc vrai que Saint-Réjant fut étranger ou ne fut pas étranger à la ville de Paris ! En vérité, citoyens juges, j'aurais honte d'examiner cette question. Est-il vrai qu'il ait eu une carte de sûreté ! Où est la preuve juridique, la preuve légale de ce fait ! Dans l'allégation seule de l'accusée ! Rien ne constate qu'il a existé entre les mains de Saint-Réjant une carte ; cette carte n'a jamais été représentée ; ce fait n'est donc pas établi.

D'après cela il ne reste plus que le texte de la loi, et je persiste dans mes conclusions.

Prochard, défenseur pour Collin. Je parle pour Bazile-Jacques-Louis Collin.

Mes conclusions tendent à ce qu'il plaise au tribunal, attendu que la loi précitée ne peut s'appliquer qu'aux personnes blessées, et qu'il résulte des débats que le nommé Saint-Réjant n'était pas blessé, et n'a reçu que des soins qui paraissaient nécessités par une première maladie, sans s'arrêter au réquisitoire du commissaire du Gouvernement, ordonner que le citoyen Collin sera sur-le-champ mis en liberté.

Citoyens magistrats. A peine la conscience publique vient-elle de nous acquitter et de nous affranchir de la plus épouvantable accusation, que la police s'empresse de nous ressaisir.

Ce n'est donc pas assez que les tourmens et les angoisses qui ont accompagné cette terrible instruction ! ce n'est donc pas assez que notre nom ait été attaché à cette effroyable procédure ! ce n'est donc pas assez que la nécessité, l'intérêt public nous aient obligés de figurer dans ces affreux débats ! ce n'est pas assez que pour rassurer la prévention la plus inquiétante, nous ayons été obligés de dérouler le tableau de notre vie entière !

A l'amertume dont nous avons été abreuvés pendant quatre-vingts mortels jours, la justice exige de nous la consommation d'un nouveau sacrifice. Vous êtes innocens, nous dit-elle ; mais vous avez commis une imprudence ; vous avez commis une indiscrétion qui était commune à tous vos confrères, une indiscrétion tolérée par le silence d'un nombre d'années ; une indiscrétion tolérée même par la justice, et cependant la loi vous en demande compte aujourd'hui. Je déplore avec vous la fatalité qui vous a si injustement, si malheureusement traînés aux pieds de la justice ; je verse avec complaisance des larmes sur vos malheurs ; je vous accorde l'intérêt touchant dont vous êtes si dignes ; mais la pitié, la compassion doit céder à la rigueur de mon ministère. Je suis comme vous comptable à la loi ; chargé d'en requérir l'exécution, je ne puis, sans prévarication, autoriser son inobservation par mon silence.

Ah ! Je m'abaisse religieusement devant la loi, et je viens de lui payer une contribution terrible. Je respecte les motifs qui déterminent l'action de votre ministère ; mais permettez-moi d'examiner avec vous si l'inobservation que vous me reprochez est punissable, et, d'abord, je suis étranger, absolument étranger à l'ordonnance de police du 17 ventôse, puisque j'étais dans les fers lorsqu'elle a été publiée ; je ne dépends donc que de l'édit de 1666, de cet édit que l'ordonnance de police a ressuscité. Eh bien ! cet édit était-il en vigueur avant le 3 nivôse ! suis-je placé dans son espèce ! l'omission que vous me reprochez...

Le président au défenseur. Faites attention que les

jurés ont besoin de rentrer chez eux; plaidez vos moyens.

Le défenseur. Ce sont mes moyens que je plaide.

Le président. Cessez toute déclamation.

Le défenseur. L'omission que vous me reprochez est indubitable, je l'ai franchement confessée dans mes interrogatoires; toutes les déclarations de jury de jugement ne pourraient plus l'établir en question. Oui, le 3 nivôse, j'ai traité un malade, je lui ai donné des soins; ultérieurement je n'en ai fait aucune déclaration à la police. Eh bien! cette action est-elle punissable!

Si je n'avais à répondre qu'au tribunal de ma conscience, je me dirais : Si j'ai commis une faute, il était au-dessus de la sagesse et de la prudence humaine de la prévoir et de l'éviter ; mais j'ai à répondre aux hommes de la loi.

Citoyens magistrats, il est une vérité de tous les siècles et de tous les peuples ; il est une vérité conservatrice de la sûreté individuelle, de la liberté publique ; il est une vérité qui se retrouve consacrée dans le projet de code civil présenté à la sanction législative. *Les lois cessent d'avoir leur effet dans deux cas; le premier, lorsqu'elles sont abrogées par des lois nouvelles ; le second, lorsqu'elles sont tombées en désuétude.* Et je vous le demande, la loi dont on requiert aujourd'hui l'application n'est-elle pas précisément dans le cas cité. Une seule fois on a pu, pour condamner un grand homme, rechercher une ancienne loi ; mais cette iniquité appartenait à un siècle barbare ; elle appartenait à des juges pervers; elle ne peut appartenir à notre siècle : la postérité n'aura pas à nous reprocher de l'avoir imité dans cet affreux exemple.

En effet, à quoi reconnaît-on la caducité d'une loi! A deux caractères........

Le président. Il n'y a point de lois caduques ; tant qu'elles ne sont pas rapportées elles doivent être exécutées.

Rigault, juge. J'observe au défenseur qu'il y a six mois que l'on a rappelé cette ordonnance.

Le défenseur. Je ne suis pas dans l'habitude d'être interrompu dans ma défense ; le tribunal est là, il jugera le mérite de ce moyen.

Le président. C'est pour le public ; il ne faut pas faire croire au public qu'une loi tombe en désuétude. Plaidez votre cause.

Le défenseur. Je soutiens que je ne suis pas dans le cas prévu par l'édit de 1666. En effet, que porte cet édit ? ou que porte l'ordonnance que vient de citer le commissaire du Gouvernement. Voici ses dispositions. *Seront tenus, lesdits chirurgiens, de déclarer aux commissaires du quartier les blessés qu'ils auront pansés*.

C'est donc à ces deux termes que se réduit en définitif toute la discussion : *blessé* et *panser*. Tout se réduit à cette question de fait. *Le malade que Collin a traité le 3 nivôse était-il blessé ! Le médecin Collin lui a-t-il appliqué quelques pansemens !* D'abord, de ses déclarations à la police, de ses déclarations dont la vérité est attestée par toutes celles qui les ont suivies, par tous les témoins, par tous les accusés que l'on a soigneusement interrogés sur cette circonstance, il résulte qu'il n'existait sur l'accusé Saint-Réjant, aucune plaie, aucune contusion, aucun signe, aucune marque extérieure ; il résulte qu'il n'a été fait aucune espèce de pansement. Rien ne contrarie ici la vérité de cette déclaration ; et en vérité, je le dirais, si la décence permettait de descendre à cette recherche : il serait encore possible à la justice de le vérifier.

Ainsi, donc la déclaration du jury porte, que

Collin a visité son malade postérieurement au 3 nivôse; mais la déclaration du jury ne s'explique pas sur cette circonstance, dont le commissaire du Gouvernement se sert pour demander l'application de la loi contre le médecin Collin; et encore une fois, il n'existe devant la justice aucune espèce de preuve, aucune espèce d'indice que les deux circonstances indiquées par la loi, pour provoquer la peine qu'elle prononce, se rencontrent ici.

Ce serait donc contre l'équité et contre la justice qu'on appliquerait au C.ᵉⁿ Collin le réquisitoire du commissaire du Gouvernement.

Dans ces circonstances, citoyens juges, rendez le citoyen Collin à la société; rendez-le aussi innocent et aussi pur qu'il l'était lorsque la patrie a exigé de lui de si nombreux et de si pénibles sacrifices. Il ne rentrera dans la société que pour se livrer à ses études, que pour se perfectionner dans la connaissance de son art, que pour secourir l'humanité, pour trouver des consolations dans le plaisir, qui lui est si naturel, de soulager les malheureux. Enfin, citoyens juges, encouragez les espérances que la patrie a si justement conçues de son application et de ses talens.

Le président. Y a-t-il d'autres conclusions à prendre ?

Le tribunal va se retirer pour délibérer.

[Le tribunal rentre en séance.]

JUGEMENT.

Le président. LE tribunal, vu la déclaration du jury, après avoir entendu le commissaire du Gouvernement en ses conclusions, ainsi que les défenses des parties également en leurs conclusions, fixées par écrit et déposées sur le bureau : tendantes,

1.º A l'égard de la veuve Gouyon-Beaufort, à ce qu'il plaise au tribunal, attendu que s'il est constant, d'après la déclaration du jury, que la veuve Gouyon-Beaufort a logé Carbon, et n'a point fait sa déclaration dans les vingt-quatre heures, il est également constant, d'après l'instruction et l'acte d'accusation même, que ledit Carbon est seulement resté chez la veuve Gouyon-Beaufort, pendant la nuit du 7 au 8 nivôse dernier : que depuis le matin dudit 8 nivôse, il a été logé chez la citoyenne Duquesne; d'où il suit que la retraite donnée pendant moins de douze heures, n'est point un acte de logement dont on doive faire aucune déclaration, et que la loi du 27 ventôse de l'an 4 ait assujetti à cette formalité; que conséquemment la veuve Gouyon-Beaufort n'a point été tenue de faire la déclaration prescrite par loi du 27 ventôse de l'an 4, sans s'arrêter ni avoir égard au réquisitoire du commissaire du Gouvernement; dire et ordonner qu'il n'y a pas lieu, à l'égard de la veuve Gouyon-Beaufort, à l'application de l'art. II de la loi dudit jour 27 ventôse an 4; ordonner qu'elle sera mise en liberté.

Signé SIMON, *avoué.*

2.º A l'égard de Marie-Anne Duquesne, attendu la déclaration du jury et l'ordonnance d'acquit, ordonner que Marie-Anne Duquesne sera à l'instant mise en liberté, sans avoir égard au réquisitoire du commissaire du Gouvernement.

Signé ANGELOT, *avoué.*

3.º A l'égard de Jean-Baptiste Leguilloux et de Louise Mainguet, femme Leguilloux, attendu que Saint-Réjant avait une carte de sûreté qui le constituait citoyen de Paris, sous le nom de Soyer, laquelle carte il a exibée à la femme Leguilloux;

qu'en conséquence il n'était pas pour elle, et ne pouvait être regardé comme étranger à la ville de Paris; au moyen de quoi, il n'y a point lieu de faire, au cas dont il s'agit, l'application de la loi du 27 ventôse an IV, renvoyer Leguilloux et sa femme des conclusions contre eux prises par le commissaire du Gouvernement, et ordonner qu'ils seront mis en liberté.

Signé SIMON, *avoué.*

Et 4.° A l'égard de Bazile-Jacques-Louis Collin, à ce qu'il plaise au tribunal, attendu que la loi précitée ne peut s'appliquer qu'aux personnes blessées, et qu'il résulte des débats, que le nommé Saint-Réjant n'était pas blessé, et n'a reçu que des soins qui paraissaient nécessités par une première maladie, sans s'arrêter au réquisitoire du commissaire du Gouvernement, ordonner que ledit Collin sera sur-le-champ mis en liberté.

Signé ROUGEOL, *avoué.*

Après en avoir délibéré, les juges ayant opiné conformément à la loi,

Attendu qu'il résulte de la déclaration du jury, que Catherine Jean, femme Vallon; Jean-Baptiste Leguilloux; Louise Mainguet, femme Leguilloux; Aubine-Louise Gouyon, veuve Gouyon-Beaufort; Marie-Anne Duquesne, et Bazile-Jacques-Louis Collin, ne sont point convaincus d'avoir pris part au complot tendant au meurtre du premier Consul, à l'attaque à dessein de tuer la personne du premier Consul, ni d'avoir aidé et assisté les coupables dans les faits qui ont préparé ou facilité l'exécution dudit complot et de l'attaque à dessein de tuer;

Acquitte lesdites femme Vallon, veuve Gouyon-Beaufort, Duquesne, Mainguet, femme Leguilloux,

Jean-Baptiste Leguilloux et Collin, de l'accusation intentée contre eux;

Mais attendu qu'il résulte de la même déclaration du jury, que la femme Vallon, Marie-Anne Duquesne et la veuve Gouyon-Beaufort, sont convaincues d'avoir logé François Jean, dit Carbon, dit le petit François, dit Constant, sortant de l'armée des chouans, arrivé depuis peu de temps à Paris, où il n'avait pas antérieurement de domicile connu, sans passe-port, carte de sûreté, ni permission, et de n'avoir pas fait leur déclaration dans le délai de la loi, devant l'administration municipale de leur arrondissement; attendu qu'il résulte de la même déclaration, que Leguilloux et sa femme, ont également logé Robinault-Saint-Réjant, sortant de l'armée des chouans, arrivé depuis peu de temps à Paris, où il n'avait pas antérieurement de domicile connu, sans passe-port, carte de sûreté, ni permission, et de n'en avoir point fait de déclaration dans le délai de la loi;

Attendu que l'exception résultant d'une part, de ce que la veuve GouyonBeau-fort n'a logé Carbon que pendant une nuit, de l'autre, que ledit Carbon est le frère de la femme Vallon, ne peut être admise; qu'à la faveur de pareils prétextes, on éluderait facilement des mesures sagement établies pour connaître les étrangers qui arrivent dans cette cité; sans s'arrêter aux conclusions prises par les défenseurs des parties, déclare lesdites Catherine Jean, femme Vallon; Aubine-Louise Gouyon, veuve Gouyon-de-Beaufort; Marie-Anne Duquesne; Louise Mainguet, femme Leguilloux et Jean-Baptiste Leguilloux, coupables de contravention aux articles 1.er et 2.e de la loi du 27 ventôse an 4; en conséquence, et conformément à l'article 3 de la même loi et à l'article 434 du code des délits et des peines ainsi conçus; savoir:

Article 434 du code des délits et des peines :
« Si le fait dont l'accusé est déclaré convaincu, se
» trouve être du ressort, soit des tribunaux de po-
» lice, soit des tribunaux correctionnels, le tribunal
» n'en prononce pas moins définitivement et en der-
» nier ressort, les peines qui auraient pu être pro-
» noncées par ces tribunaux. »

Loi du 27 ventôse an IV, article 1.er « Toutes
» personnes arrivées à Paris depuis le 1.er fructidor
» an III, ainsi que celles qui y arriveront par la
» suite sans y avoir eu antérieurement leur domicile,
» seront tenues, dans les trois jours de la publication
» de la présente résolution, ou de leur arrivée, de
» déclarer devant l'administration municipale de leur
» arrondissement, leurs nom et prénoms, âge, état
» ou profession, leur domicile ordinaire, leur de-
» meure à Paris, et d'exhiber leur passe-port. »

Art. 2. « Indépendamment de la déclaration ci-
» dessus ordonnée, tout citoyen habitant de Paris,
» qui aura un étranger à cette commune, logé dans
» la maison ou portion de maison dont il est loca-
» taire; tout concierge ou portier de maison non
» habitée, seront tenus de faire déclaration devant
» l'administration municipale de l'arrondissement,
» de chaque étranger de la commune de Paris, logé
» chez eux, dans les vingt-quatre heures de son
» arrivée. »

Et art. 3. « Toute personne qui, aux termes des
» articles précédens, négligera de faire sa déclara-
» tion, sera condamnée, par voie de police cor-
» rectionnelle, à trois mois d'emprisonnement : en
» cas de récidive, la peine de détention sera de six
» mois. »

Condamne lesdites Catherine Jean, femme d'A-
lexandre Vallon ; Aubine-Louise Gouyon, veuve
de Luc-Jean Gouyon de Beaufort ; Marie-Anne

Duquesne ; Louise Mainguet, femme Leguilloux ; et ledit Jean-Baptiste Leguilloux, chacun en trois mois d'emprisonnement dans une maison de correction ; leur fait défense de récidiver, sous les peines portées par la loi.

Et à l'égard de Collin, attendu qu'il résulte de la déclaration du jury, que, le 3 nivôse dernier, après les effets de l'explosion, il a été appelé pour donner ses soins à Robinault-Saint-Réjant, chez Leguilloux et sa femme ; qu'il lui a administré ceux de son art, et qu'il n'en a fait aucune déclaration, et qu'il résulte, en outre, de l'instruction et des aveux de Collin, que Saint-Réjant avait été blessé ;

Déclare ledit Collin coupable de contravention à l'ordonnance du 8 novembre 1780, et vu l'article 12 de ladite ordonnance dont il a été fait lecture, et qui est aisi conçu :

« Enjoignons au maître en chirurgie, et à tous
» autres exerçant la chirurgie à Paris, d'écrire les
» noms, surnoms, quartiers et demeures des per-
» sonnes qui seront blessées, soit de nuit, soit de
» jour, et qui auront été conduites chez eux pour
» y être pansées ou qu'ils auront été panser ailleurs,
» et d'en instruire incontinent le commissaire du
» quartier, ainsi que de la qualité et des circons-
» tances de leurs blessures, sous peine de 300 fr.
» d'amende, d'interdiction, et même, peine de puni-
» tion corporelle ; le tout conformément aux règle-
» mens. »

En conséquence, et d'après l'article 434 du code des délits et des peines, précité, condamne Bazile-Jacques-Louis Collin en 300 francs d'amende, au paiement de laquelle il sera contraint par corps, conformément à l'article 41 de la loi du 22 juillet 1791 ainsi conçu :

« La restitution et les amendes qui seront pro-

» noncées en matière de police correctionnelle,
» emporteront la contrainte par corps ».

Et en trois mois d'emprisonnement dans une maison de correction.

Condamne lesdites femmes Vallon, veuve Gouyon-Beaufort, Duquesne, femme Leguilloux et lesdits Leguilloux et Collin, chacun en ce qui le concerne, aux frais du présent jugement, aux termes de l'article I.er de la loi du 18 germinal an 7;

Ordonne que le présent jugement sera imprimé et affiché dans toute l'étendue du département de la Seine, et qu'il sera exécuté à la diligence du commissaire du Gouvernement.

[On fait entrer les accusés Carbon et Saint-Réjant.]

Le président. Accusés François Jean dit Carbon, et Pierre Robinault dit Saint-Réjant, la déclaration du jury est, &c. *Il lit la déclaration.*

Vous allez entendre le réquisitoire du commissaire du Gouvernement.

Le commissaire. Citoyens juges,

Vu la déclaration du jury spécial de jugement, et attendu qu'il en résulte d'une part en point de fait;

Que dans le mois de nivôse dernier, il a été formé un complot tendant au meurtre du premier Consul;

Que les accusés Robinault dit Saint-Réjant et François Jean dit Carbon, ont pris part à ce complot dans le dessein d'en faciliter l'exécution;

D'une autre part, qu'il résulte en point de fait de cette même déclaration du jury;

Qu'il a été fait amas de poudre, mitraille et autres matériaux;

Qu'il a été construit une machine meurtrière; que ces matériaux ont servi à la construire;

Que le feu a été mis à cette machine meurtrière;

qu'il y a été mis dans l'intention d'effectuer une attaque à dessein de tuer la personne du premier Consul ;

Que plusieurs personnes ont été tuées par l'effet de cette machine meurtrière ; que plusieurs autres ont été blessées ;

Que ledit accusé Robinault dit Saint-Réjant est l'auteur de cette action ; qu'il a aidé et assisté les coupables dans l'exécution de cette action ;

Que Jean dit Carbon a aidé et assisté les coupables dans les faits qui ont préparé, accompagné et suivi cette action ; qu'il a fourni les objets propres à la construction de cette machine ;

Qu'en point de droit,

Le fait résultant de la première série tend à troubler la République par une guerre, en armant les citoyens les uns contre les autres et contre l'exercice de l'autorité légitime ;

Que le fait résultant de la seconde série constitue un crime qualifié, par le code pénal, d'assassinat,

Je requiers que, conformément aux dispositions de l'art. 612 du code des délits et des peines, et des art. 11 et 13 de la seconde partie du titre II du même code, enfin conformément aux dispositions de l'art. 4 du titre I.er du code pénal, Robinault dit Saint-Réjant, et François Jean dit Carbon, soient condamnés à la peine de mort ;

Que pour être menés au lieu de leur supplice ; ils soient revêtus d'une chemise rouge ;

Je requiers que, conformément aux dispositions des art. 1.er et 12 de la loi du 22 germinal an VII, ils soient condamnés aux frais auxquels l'instruction a donné lieu ; que le jugement à intervenir soit lu, publié et affiché dans toute l'étendue du département.

J'ajouterai à ce réquisitoire qu'il est résulté du

débat que le nommé Leclerc, et un autre particulier
(Larbitret) dont le nom m'échappe en ce moment,
quoiqu'il se trouve dans la procédure, ont fourni des
logemens en contravention aux règlemens dont vous
venez de faire l'application il y a un moment.

Je requiers en conséquence qu'ils soient renvoyés
en état de mandat d'amener devant un officier de
police judiciaire, conformément aux dispositions de
la loi, et que le jugement à intervenir soit lu, publié
et affiché dans toute l'étendue du département.

Le président, aux accusés. Avez-vous quelque chose
à dire sur l'application de la loi?

Carbon. J'ai à dire que je n'ai aucune connaissance de ces sortes de choses; que j'ai été chargé
d'acheter la charrette et le cheval.....

Le président. Je vous demande si vous avez quelque
chose à dire sur l'application de la loi. (*Les accusés*
ne répondent point.)

JUGEMENT.

Le président. Le tribunal, vu la déclaration du Jury,
à la majorité absolue, après avoir entendu le commissaire du Gouvernement sur l'application de la loi,
les juges ayant opiné conformément à la loi;

Attendu qu'il résulte de la déclaration du Jury,
en point de fait,

Qu'il a existé un complot tendant au meurtre du
premier Consul; qu'il y a eu amas de poudre, mitraille, balles et pierres pour l'exécution de ce complot; que ces munitions ont servi à composer une
machine meurtrière; que cette machine a été composée pour l'exécution dudit complot, et que François
Jean dit Carbon, dit le petit François, dit Constant;
et Pierre Robinault, dit Saint-Réjant, dit Pierrot, dit
Pierre Martin, dit Soyer ou Sollier, sont convaincus

d'avoir

d'avoir coopéré à ce complot, dans l'intention d'en faciliter l'exécution ;

Attendu qu'en point de droit, un complot tendant au meurtre du premier magistrat de la République est un attentat à la puissance publique, et tendant à troubler l'État par une guerre civile, en armant les citoyens les uns contre les autres, et contre l'exercice de l'autorité légitime, délit prévu par l'art. 612 du code des délits et des peines;

Attendu qu'il résulte également de la déclaration du jury, en point de fait,

Que le feu a été mis le 3 nivôse dernier, dans la rue Nicaise, à ladite machine meurtrière; qu'il y a été mis pour effectuer une attaque à dessein de tuer la personne du premier Consul; que plusieurs personnes ont été tuées par l'effet de l'explosion de ladite machine, et que plusieurs autres ont été blessées; que Pierre Robinault, dit Saint-Réjant, dit Pierrot, dit Pierre Martin, dit Soyer ou Sollier, est l'auteur de cette action; qu'il a, ainsi que Carbon, aidé et assisté les coupables dans les faits qui ont préparé et facilité l'exécution de cette action, et que lesdits Robinault dit Saint-Réjant et Jean dit Carbon ont agi sciemment et dans l'intention du crime;

Attendu, en point de droit, qu'une attaque à dessein de tuer, quand elle a été effectuée, est un assassinat prévu par le code pénal, et vu l'art. 612 du code des délits et des peines, les art. 11 et 13 du titre II de la 1.re section de la seconde partie du code pénal, et l'art. 1.er du titre III de la même partie dudit code, ainsi conçus :

Art. 612. « Toutes conspirations et complots ten-
» dant à troubler la République par une guerre civile,
» en armant les citoyens les uns contre les autres,
» et contre l'exercice de l'autorité légitime, seront

2.   Y

» punis de mort, tant que cette peine subsistera, et de
» vingt-quatre années de fers quand elle sera abolie»;

Art. 11 du titre II du code pénal. « L'homicide
» commis avec préméditation sera qualifié d'assassinat
» et puni de mort » ;

Art. 13 *idem.* « L'assassinat, quoique non con-
» sommé, sera puni de la peine portée en l'art. 11,
» lorsque l'attaque à dessein de tuer aura été effec-
» tuée » ;

Art. 1.er, titre III, *Des complices des crimes.* « Lors-
» qu'un crime aura été commis, quiconque sera con-
» vaincu d'avoir, par dons, promesses, ordres ou
» menaces, provoqué le coupable ou les coupables
» à le commettre, ou d'avoir, sciemment et dans le
» dessein du crime, procuré au coupable ou aux
» coupables les moyens, armes ou instrumens qui
» ont servi à son exécution, ou d'avoir, sciemment
» et dans le dessein du crime, aidé et assisté le
» coupable ou les coupables, soit dans les faits qui
» ont préparé ou facilité son exécution, soit dans
» l'acte même qui l'a consommé, sera puni de la
» même peine prononcée par la loi contre les auteurs
» dudit crime » ;

Condamne lesdits Pierre Robinault-Saint-Réjant,
dit Pierrot, dit Soyer ou Sollier, dit Pierre Martin,
et François Jean, dit Carbon, dit le Petit-François,
dit Constant, à la peine de mort;

Ordonne, conformément à l'article 4 du titre I.er
de la 1.re partie du code pénal, ainsi conçu:

« Quiconque aura été condamné à mort pour
» crime d'assassinat, d'incendie ou de poison, sera
» conduit au lieu de l'exécution, revêtu d'une che-
» mise rouge ; le parricide aura la tête et le visage
» voilés d'une étoffe noire; il ne sera découvert
» qu'au moment de l'exécution » ,

Que lesdits Robinault-Saint-Réjant, et Jean, dit

Carbon, seront conduits au lieu de l'exécution, revêtus d'une chemise rouge;

Condamne les nommés Robinault-Saint-Réjant et Jean, dit Carbon, et solidairement, au remboursement, au profit de la République, des frais auxquels les poursuite et punition de leur crime ont donné lieu;

Ordonne que le présent jugement sera exécuté, à la diligence du commissaire du Gouvernement, et qu'il sera imprimé, et affiché dans toute l'étendue du département de la Seine;

Faisant droit sur les conclusions du commissaire du Gouvernement, lui donne acte de son réquisitoire à l'égard des C.ens Leclerc et Larbitret, et renvoie, à cet égard, devant l'officier de police judiciaire compétent.

Le président aux accusés. La loi vous accorde trois jours pour vous pourvoir en cassation contre le jugement qui vient d'être prononcé.

Saint-Réjant. Je demande à être exécuté dans les vingt-quatre heures.

[On fait retirer les accusés.]

La séance est levée à six heures moins un quart.

PROCÉDURE

DEVANT

LE TRIBUNAL DE CASSATION.

Y 3

PROCÉDURE

INSTRUITE par le Tribunal de cassation, sur le pourvoi des nommés François Jean, *dit* Carbon, *et* Robinault-Saint-Réjant.

***

SÉANCE DU 29 GERMINAL AN IX.

[Le Tribunal entre en séance.]

Le président. Le rapporteur a la parole.

Busschop, rapporteur.

François Jean, dit Carbon, dit le Petit-François, dit Constant, et Pierre Robinault, dit Saint-Réjant, dit Pierrot, dit Soyer ou Sollier, dit Pierre Martin, se sont pourvus, dans le délai légal, contre un jugement rendu par le tribunal criminel du département de la Seine, qui les condamne à la peine de mort pour le fait dont ils ont été déclarés convaincus par la déclaration du jury spécial, après vingt-quatre heures de délibération.

Voici cette déclaration. Je ne lirai que ce qui est relatif à ces deux individus.

PREMIÈRE SÉRIE.

Il a existé, au commencement de nivôse dernier, un complot tendant au meurtre du premier Consul.

Il y a eu amas de poudre, mitraille, balles et pierres, pour l'exécution de ce complot.

Ces munitions ont servi à composer une machine meurtrière.

Cette machine a été composée pour l'exécution de ce complot.

François Jean, dit Carbon, dit le Petit-François, dit Constant, est convaincu d'avoir coopéré à ce complot.

Il l'a fait dans le dessein d'en faciliter l'exécution.

Pierre Robinault, dit Saint-Réjant, dit Pierrot, dit Soyer ou Sollier, dit Pierre Martin, est convaincu d'avoir coopéré à ce complot.

Il l'a fait dans le dessein d'en faciliter l'exécution.

DEUXIÈME SÉRIE.

Le feu a été mis, le 3 nivôse dernier, dans la rue Nicaise, à la machine meurtrière.

Le feu a été mis pour effectuer une attaque à dessein de tuer la personne du premier Consul.

Plusieurs personnes ont été tuées par l'effet de l'explosion de cette machine.

Plusieurs personnes ont été blessées par l'effet de ladite explosion.

Pierre Robinault, dit Saint-Réjant, dit Pierrot, dit Soyer ou Sollier, dit Pierre Martin, est l'auteur de cette action.

Il l'a fait dans l'intention de tuer le premier Consul.

Il a aidé et assisté les coupables dans les faits qui ont préparé l'exécution de cette action.

Il a aidé et assisté les coupables dans les faits qui ont facilité l'exécution de cette action.

Il l'a fait sciemment et dans l'intention du crime.

François Jean, dit Carbon, dit le Petit-François, dit Constant, a aidé et assisté les coupables dans les faits qui ont préparé l'exécution de cette action.

Il les a aidés et assistés dans les faits qui ont facilité l'exécution de cette action.

Il a procuré aux coupables les moyens qui ont servi à l'exécution de cette action.

Il a procuré aux coupables les instrumens qui ont servi à l'exécution de cette action.

Il l'a fait sciemment et dans l'intention du crime.

D'après cette déclaration du jury spécial, voici le jugement qui est intervenu, jugement de condamnation, dont je ferai encore lecture en ce qui concerne ceux qui se pourvoient. *(Voyez page 336.)*

D'après l'examen que j'ai fait des pièces, je n'ai point d'observations à faire sur la procédure; le tribunal examinera si elle est régulière, et si la peine a été bien appliquée : les condamnés n'ont point fourni de requête.

Le C.ʳⁿ Arnaud, substitut du commissaire du Gouvernement. Citoyens juges, quel abominable complot! quelle horrible et criminelle action ! quels affreux, quels épouvantables résultats en ont été la suite !

Que de crimes réunis dans un seul ! Le glaive de la justice a frappé !

Mais les auteurs reconnus de ces crimes se sont pourvus contre le jugement qui les condamne à la peine de mort; ils ne présentent cependant aucune ouverture à cassation.

Vous venez d'entendre, citoyens juges, le rapport de ce grand procès.

Quant à nous, notre ministère se tait. Nous avons trouvé tout conforme à la loi ; procédure et jugement.

L'examen le plus attentif ne nous a laissé qu'une indignation profonde, que nous avons partagée avec tous les citoyens ; et nous nous empressons de requérir, au nom de la loi, le rejet des pourvois des réclamans.

Le Tribunal, après en avoir délibéré, rend le jugement suivant :

A l'audience de la section criminelle de cassation, tenue au palais de justice, à Paris, le 29 germinal, an 9 de la République française, une et indivisible ;

Sur la demande de François Jean, dit Carbon, dit le Petit-François, dit Constant, et de Pierre Robinault, dit Saint-Réjant, dit Soyer ou Sollier, dit Pierre Martin, en cassation du jugement rendu par le tribunal criminel du département de la Seine, le 16 germinal dernier,

Est intervenu le jugement suivant :

Ouï le rapport du C.en Busschop, et Arnaud, substitut du commissaire du Gouvernement, en ses conclusions ;

Considérant que l'acte d'accusation a été dressé d'après le vœu de la loi ; que la procédure est régulière, et la peine justement appliquée,

Le Tribunal rejette le pourvoi de François Jean, dit Carbon, dit le Petit-François, dit Constant, ainsi que celui de Pierre Robinault, dit Saint-Réjant, dit Soyer ou Sollier, dit Pierre Martin.

Nous certifions avoir recueilli textuellement, aux audiences des tribunaux criminel et de cassation, la procédure contenue en ces deux volumes.

Igonel et Breton, *sténographes.*

FIN DU TOME II ET DERNIER.

TABLE DES MATIÈRES

Contenues dans ce volume.

(348)

FIN de la Table du Tome II.

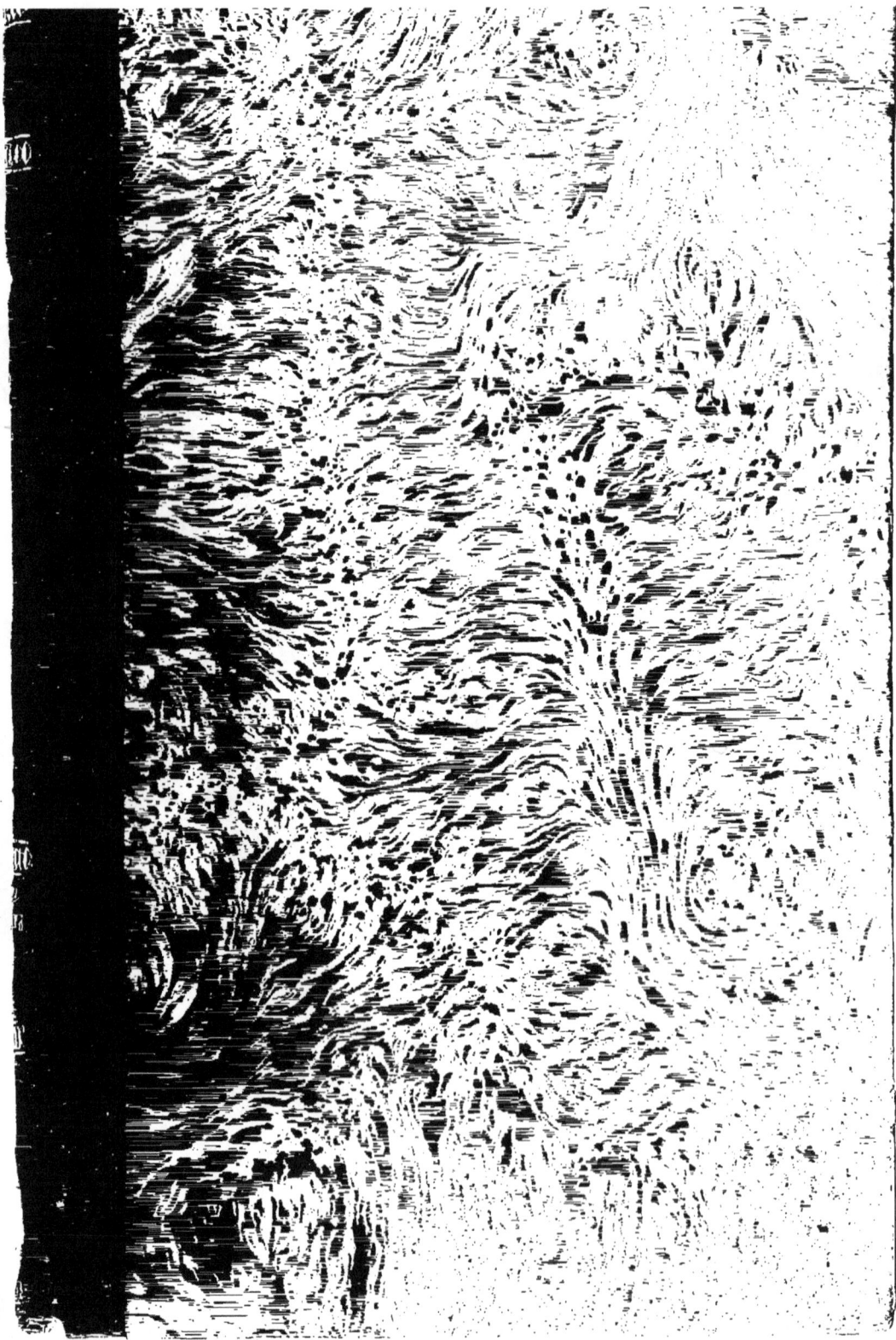